D1934350

Originalausgabe
Ein Band in der Reihe
»Informationen zur Zeit«

Über dieses Buch

Der vorliegende Band ist von besonderer Art: Die Herausgeber sammelten Schilderungen, Erfahrungsberichte, Reportagen und Erzählungen nicht *über* die »Gast«-Arbeiter-Problematik, sondern direkt *aus* der »Szene« – vermittelt von Bürgern, die sich seit Jahren helfend darin aufhalten, vermittelt von ausländischen Mitbürgern, die ihre Sorgen und Nöte offenlegen. Was dabei herauskommt: eine sinnlich faßbare, spannend zu lesende Darstellung der Lebenswirklichkeit der ausländischen Arbeitnehmer und deren Familien in der Bundesrepublik, die den Leser betroffen macht.
»Wir hatten ein Buch im Sinne«, schreiben die Herausgeber in ihrem Vorwort, »das verständlich ist und verstehen läßt, das erzählt und beschreibt und durchaus auch subjektiv und parteilich und emotional ist . . . Wir hoffen, daß ein Buch entstanden ist, das seinen Lesern Spaß macht und sie ermutigt, selbst aktiv zu werden.«

Die Herausgeber

Pea Fröhlich, geboren 1944, Spiel- und Theaterpädagogin. 1972 Promotion zum Dr. phil. Von 1971 bis 1975 leitete sie einen Modellversuch der Stadt München für außerschulische Jugendarbeit mit sozial Benachteiligten (»Modell Kinderspielclub«, Köln 1974). Von 1975 bis 1979 führte sie für die Deutsche Forschungsgemeinschaft (DFG) eine Untersuchung über emanzipatorische Bildungskonzepte durch. Sie arbeitet heute als Hochschullehrerin für Sozialpädagogik in München.

Peter Märthesheimer, geboren 1937, Diplom-Soziologe. Er arbeitete von 1964 bis 1979 als Fernsehdramaturg beim WDR in Köln. Dort betreute er u.a. »Warum ist Frau B. glücklich?«, »Millionenspiel«, »Smog«, »Acht Stunden sind kein Tag«, »Ein Herz und eine Seele«, »Lina Braake«, »Holocaust«. Seit 1979 arbeitet er als Dramaturg und Drehbuchautor (»Die Ehe der Maria Braun«) in München.

Ausländerbuch für Inländer

Bausteine zum Begreifen der Ausländer-Probleme

Herausgegeben von
Pea Fröhlich und Peter Märthesheimer

Fischer
Taschenbuch
Verlag

Lektorat: Walter H. Pehle

Originalausgabe
Fischer Taschenbuch Verlag
Juni 1980
Umschlagentwurf: Jan Buchholz/Reni Hinsch
Foto: Jens Heilmeyer
Fischer Taschenbuch Verlag GmbH, Frankfurt am Main
© Fischer Taschenbuch Verlag GmbH, Frankfurt am Main 1980
Gesamtherstellung: Hanseatische Druckanstalt GmbH, Hamburg
Printed in Germany
780-ISBN-3-596-24220-7

Inhalt

Vom Arbeiten und Leben

Was tun? – Was lesen?

Ganz unten, wo die Menschen leben

Von vier Millionen ausländischer Mitbürger heißen hierzulande zwei Millionen »ausländische Arbeitnehmer«. Eigentlich heißen sie Ali Ünal, Giovanni Batista oder Spyros Tyrakis, aber das kümmert diejenigen wenig, die sie hergeholt haben. Als sie Ali Ünal herholten, interessierten sie sich ja nicht etwa für den Menschen Ali, sondern einzig für seine Arbeitskraft. *Die* wollten sie kaufen und nichts anderes, und dafür zahlten sie durchaus auch den Preis, der auf dem Markt für diese Ware als angemessen galt.
Nun ist das Problem an Ali Ünal und seinesgleichen, daß er unglücklicherweise nicht nur aus dem begehrten Merkmal »Arbeitskraft« besteht, sondern darüber hinaus noch viele andere Merkmale hat, wie das bei Menschen nun einmal der Fall ist. Am liebsten wäre es den Importeuren von Ali freilich gewesen, wenn er nur seine Arbeitskraft nach Deutschland geschickt hätte und er selbst zu Hause geblieben wäre. Aber das hat Ali irgendwie nicht geschafft. Er ist selbst mitgekommen, der ganze komplizierte Mensch, den man gar nicht gewollt hat.
Das Verwertbare an Ali, fanden seine Einkäufer, war die Fähigkeit seiner Hände, acht Stunden am Tag etwas zu produzieren, und die Fähigkeit seiner Beine, ihn dabei aufrechtzuerhalten. Der Rest von Ali war unverwertbar, leider. So kam es, daß Alis Einkäufer sich einzig für Alis Hände und Beine verantwortlich fühlten, jedenfalls solange sie sie brauchen konnten, und für sonst nichts; daß die Politiker und die Behörden, die bei Alis Import mitgeholfen hatten, sich einzig für jenen Arbeitsmarkt verantwortlich fühlten, auf dem Alis Hände und Beine gehandelt wurden; daß sich für Ali selbst niemand verantwortlich fühlte.
Das selbstverschuldete Unglück von Ali hat seinen Grund darin, daß er »Ausländer« ist. Auch ein »Inländer« wird, von denen, die ihn für sich arbeiten lassen, auf das Merkmal

»Arbeitskraft« reduziert. Gleichwohl aber wird ihm als Inländer zusätzlich immer auch noch unterstellt, insgesamt so etwas wie ein Mensch zu sein. Die staatlichen und gesellschaftlichen Instanzen setzen wie selbstverständlich voraus, daß er leben und lieben, denken und träumen möchte, daß er eine Wohnung will und eine Familie und Feierabend und Wochenende. Bei einem Ausländer wird all das nicht unterstellt. Er hat im Unterschied zu einem Inländer eben nur eine Arbeitskraft zu sein und nicht auch noch ein Mensch. Ein Mensch, das kostet viel, und unterm Rechenstift mußten Ali und seinesgleichen als eine Art sozialer Umweltverschmutzung erscheinen, lästig und unwillkommen wie all die anderen Umweltverschmutzungen, für deren Kosten ja auch niemand aufkommen will und die Verursacher schon gar nicht.

Natürlich haben jene Institutionen, die hierzulande beruflich mit Demütigungen und Leid zu tun haben – die Kirchen, die Wohlfahrtsverbände – versucht, die angerichteten Schäden zu mildern, so gut es eben ging. Natürlich haben die Intellektuellen mit der ihnen eigenen überdurchschnittlichen Informiertheit und dem ihnen eigenen überdurchschnittlichen Problembewußtsein versucht, das Unglück zu analysieren, so gut es eben ging. Beides hat sich in die herrschende durchschnittliche Gleichgültigkeit gut eingefügt, die die Verantwortung für eine Humanisierung unserer Gesellschaft langfristig dem Gang der Geschichte und kurzfristig dem Gang der Behörden überträgt und sich selbst angesichts der ohnehin globalen Inhumanität gar nicht erst die Finger schmutzig machen will.

Einzelne haben diese Art der Distanz gebrochen, Menschen nämlich, die bereit waren, sich in einem täglichen, zermürbenden Kleinkampf doch die Finger schmutzig zu machen – sei es, weil sie den Gang der Geschichte oder auch den der Behörden nicht abwarten wollten, sei es, weil sie den gesellschaftlich proklamierten Humanitätsanspruch einfach auf sich selbst genommen und sich selbst für dessen Einlösung verantwortlich fühlten: Hausfrauen und Sozialarbeiter, Kindergärtnerinnen und Lehrer, Bürger eben. Gemeinsam ist diesen Bürgern ihr tatkräftiges, praktisches, unverdrossenes Handeln mitten in den ganz konkreten Problemfeldern, weitab von den offiziellen politischen und administrativen Ebenen, ganz unten, dort wo die Menschen leben.

Oben, auf den offiziellen Ebenen geschah erst gar nichts und später dann nur zögernd Weniges. Eine naive Erwartung hätte verlangen können, daß die Administrationen vorausschauend tätig geworden wären, wenn sie schon mit einer so empfindlichen Ware handelten, wie es Menschen nun einmal sind. Vorausschauend waren jedoch die staatlichen Anwerbekommissionen nur gewesen, solange es galt, für die Deckung der Nachfrage an Arbeitskräften zu sorgen, die die ebenso vorausschauenden Unternehmer errechnet und angemeldet hatten; vorausschauend waren jedoch die Politiker nur dann gewesen, als es darum ging, die so erstandene Ware marktgerecht zu erhalten und ein handhabbares Umtausch- und Rückgaberecht zu ersinnen. Vorausschauend waren alle gewesen, solange es um die objektive Kategorie »Arbeitskraft« ging. Nach dessen subjektiver Erscheinungsform, nach Ali Ünal, fragte niemand. Sie hätte die Buchhalter des »Arbeitsmarkts« und des »Wirtschaftswachstums« ohnehin nur beim Rechnen gestört.
Die sogenannte »Ausländerpolitik«, wenn es sie überhaupt gab und wenn sie nicht immer nur eine gehorsame Funktion der Wirtschaftspolitik war, hat bewußt oder fahrlässig all jene Wertvorstellungen riskiert, auf die sich unser Staat im Grundgesetz verpflichtet hat. Im Namen der Konjunktur wurde Alis Familie zerrissen, seine kulturelle Identität zerbrochen, die Lebensperspektive seiner Kinder aufs Spiel gesetzt. In Kauf genommen wurde die Hilflosigkeit von Menschen, die sich unvermittelt und unvorbereitet einer ihnen fremden und im wörtlichen Sinne »unverstehbaren« Welt ausgesetzt sahen, vor deren Andersartigkeit und Feindseligkeit sie nur an deren Ränder flüchten konnten. In Kauf genommen wurde, kalt, uninteressiert, rechenhaft, nicht weniger als die psychische Verelendung Alis.
Ali ist schließlich freiwillig gekommen, und die nach ihm kamen, auch, gewiß. Aber darf ein Staat, der seine Steuerungsinstrumente so planvoll und so wirksam einzusetzen weiß, wenn es um die abstrakte Größe »Arbeitskraft« geht, sich im Handumdrehen auf die passive Haltung des frühkapitalistischen Nachtwächterstaats zurückschrumpfen, wenn es um das konkrete Schicksal von Menschen geht? Darf ihm das egal sein – oder darf man ihn nicht doch daran erinnern, daß er als sein vornehmstes Ziel die Erhaltung der »Menschenwürde« genannt hat?

Es gibt nun allerdings gegenwärtig einige Anzeichen dafür, daß der Staat sich auf diese seine Verpflichtungen auch gegenüber den Ausländern besinnt. Über zwanzig Jahre nach den ersten großen Anwerbewellen im Ausland hat die Bundesregierung, endlich, einen Ausländerbeauftragten eingesetzt; die Kultusminister versuchen, endlich, pädagogische Konzepte für die Erziehung und Ausbildung ausländischer Kinder zu entwickeln; die Aufhebung des Zwangszusammenhangs von Arbeitserlaubnis und Aufenthaltserlaubnis – des wirksamsten Herrschafts- und Einschüchterungsinstruments der Behörden – wird, endlich, immerhin öffentlich diskutiert. Eine gewisse Bewegung also scheint in die Ausländerpolitik gekommen zu sein, eine späte Besinnung darauf, daß Ausländer mit Inländern gemeinsam haben, daß sie Menschen sind.
Eine Besinnung – oder vielleicht doch nur wieder eine Berechnung? Wenn zur Begründung der neuerdings geforderten »humanen« Ausländerpolitik angeführt werden muß, daß andernfalls mit entsprechenden Kosten für die Bekämpfung der Ausländerkriminalität und mit Resozialisierungsmaßnahmen zu rechnen ist, dann scheint es, als würde sich der Geist der Rechenhaftigkeit auch in Zukunft durchsetzen. Die Politik, die Ali immer nur als »Arbeitskraft« wahrgenommen hat, bliebe sich auch dann gleich, wenn sie »die Menschenwürde« für Ali nur als neuen Rechenfaktor einführt.

Wir haben den Entschluß zu diesem Buch in einer Mischung aus Wut und Hoffnung gefaßt: aus Wut darüber, wie ein Staat, der doch vorgeblich den Menschen dienen soll, in seiner alltäglichen Praxis mit den Menschen umspringt; in der Hoffnung darauf, daß aus den vielen einzelnen Bürgern, die jetzt schon – ohne offizielles Mandat, ohne amtlichen Auftrag oder Unterstützung – aktive Ausländerarbeit machen, durch dieses Buch noch mehr werden.
Wir hatten ein Buch im Sinne, das verständlich ist und verstehen läßt, das erzählt und beschreibt und durchaus auch subjektiv und parteilich und emotional ist. Weil es von jedermann handelt, sollte es auch so geschrieben sein, daß jedermann es lesen und einen Nutzen daraus ziehen kann. Anstatt einmal mehr *von außen* über die Ausländer zu verhandeln, sollte hier gleichsam *von innen* heraus geschrie-

ben werden. Deshalb haben wir den Schreibgeübten gesagt, sie sollten für dieses Buch so schreiben, daß sie mit ihren Beiträgen auch andere Leute als nur ihre Kollegen erreichen. Deshalb haben wir die Schreibungeübten dazu ermuntert, ihre Erfahrungen so unmittelbar und direkt wie möglich weiterzugeben. Wir hoffen, daß mit dieser Konzeption ein Buch entstanden ist, das seinen Lesern Spaß macht und sie ermutigt, selbst aktiv zu werden.

Pea Fröhlich
Peter Märthesheimer

Vom Kindergarten bis zur Berufsschule

Tarzan Radosavljević

Was bin ich?

Ausländische Kinder in Deutschland müssen zwei verschiedene Kulturen verarbeiten und dabei doch eine Identität bilden. Sie sind hier zu Hause und haben doch auch noch ein anderes Zuhause, sie wachsen in diese Kultur hier hinein und werden doch auch noch für eine andere Kultur erzogen. Tarzan Radosavljević gibt mit seinen Antworten einen Einblick in diese Probleme ausländischer Kinder.

Tarzan Radosavljević ist ein neunjähriger Jugoslawe. Er ist mit vier Jahren nach Deutschland gekommen, hat hier den deutschen Kindergarten besucht und geht heute in die 4. Klasse einer Münchner Schule, an der in jugoslawischer Sprache unterrichtet wird.

Was ist ein ausländisches Kind?
Ein ausländisches Kind ist zum Beispiel, wenn ein Kind aus der Türkei oder aus Jugoslawien kommt, aber es kann leider nicht die deutsche Sprache.

Warum ist ein ausländisches Kind in Deutschland?
Ein ausländisches Kind ist in Deutschland, weil seine Eltern sind hiergekommen in Deutschland, daß sie Geld verdienen. Zum Beispiel in der Türkei können sie nicht soviel Geld wie hier verdienen. Sie wollen es aber selber verdienen und nicht klauen und all das.

Woran erkennt man ein ausländisches Kind?
Man erkennt es zum Beispiel bei Türken, die sind brauner, haben andere Augen oder anderes Gesicht. Man erkennt es zum Beispiel – kann es noch nicht gut deutsch sprechen – an der Sprache.

Hat es ein deutsches Kind besser als ein ausländisches Kind?
Ja, eigentlich schon, weil es sich in Deutschland auskennt und das ausländische Kind nicht. Es hat auch mehr Freunde, und das ausländische Kind nicht.

Was ist schwer für ein ausländisches Kind?
Die Sprache zum ersten, dann Lesen, dann auch Schreiben. Es ist schwer, Kinder zu verstehen, wenn man nicht deutsch sprechen kann. Dann gibt es auch welche Deutsche, die sind recht unverschämt zu den ausländischen Kindern. Und da sind auch deutsche Kinder, die sind auch gemein. Das ist schwer und das ist nicht sehr schön.

Haben es manche ausländische Kinder besonders schwer?
Ja, zum Beispiel die, die sind so viel an der Sonne gewöhnt. Die müssen sich erst langsam daran gewöhnen, mehr an das Regen und all das, wenn sie nach Deutschland kommen. Die sind auch nicht soviel gewöhnt zu laufen, sind mehr an die Kamele gewöhnt. Am besten, glaube ich jedenfalls, haben es die Kinder aus Amerika. In Amerika gibt es genauso alles wie hier. Die müssen also nur Deutsch lernen, was viele schon können.

Sind die Eltern von ausländischen Kindern anders als die Eltern von deutschen Kindern?
Ja, die Eltern von ausländischen Kindern sind schon anders, weil sie anders kochen, anders essen. Die Eltern haben außerdem nicht soviel Zeit wie die Deutschen für die Kinder, weil sie viele Überstunden machen. Sie haben keine Zeit mit dem Kind auszugehen oder so, weil sie müssen unbedingt viel Geld verdienen, damit sie wieder nach der Heimat können.

Sollen die Eltern von ausländischen Kindern Deutsch sprechen?
Ja, sie sollen Deutsch sprechen. Es gibt welche, die können gar kein Deutsch, die wollen unbedingt Geld verdienen, aber wenn sie nicht Deutsch können, müssen sie schon ein bißchen besser Deutsch können, wenn sie Geld verdienen wollen. Sonst können sie es nicht aushalten mit den Deutschen. Wenn zum Beispiel einer sagt: Geh und mach das, dann versteht er nicht und macht etwas Falsches. Kann nicht

verstehen. Wenn ein Kind von ihm besser Deutsch sprechen kann, soll das Kind ein bißchen dolmetschen. Das ist dann besser.

Sollen ausländische Kinder versuchen, wie deutsche Kinder zu sein?
Ja, eigentlich schon, damit sie sich besser mit den Deutschen verstehen, damit sie zeigen, daß sie nicht nur um Geld hiergekommen sind, sondern auch um Freundschaft, auch Freundschaft suchen. Ich möchte auch so gut sein mit den deutschen Kindern. Wenn zum Beispiel ein Ausländer bei uns kommt, der nicht Deutsch spricht, mein Cousin zum Beispiel, der nicht Deutsch sprechen kann, möchte ich ihm versuchen, alles beizubringen, sich besser auszukennen hier und all das, damit er sich besser mit den Deutschen versteht.

Wo ist ein ausländisches Kind eher wie zu Hause, und wo ist es eher wie zu Besuch?
Wir gehen immer nur ein paar Wochen nach Jugoslawien. Also finde ich, hier zu Hause, weil wir hier ein bißchen mehr sind und in Jugoslawien immer bei Besuch sind und hier zu Hause. Mein Cousin, der ist genau das Gegenteil, der ist mehr an Jugoslawien gewohnt und weniger hier, also hier bei Besuch und in Jugoslawien zu Hause.

Was ist, wenn ausländische Kinder wieder von Deutschland weggehen?
Man sollte nicht zu lange weggehen. Man geht einfach nur ein bißchen nach Jugoslawien oder nach Türkei und so, nicht zu lange. Man muß nicht gleich für immer zurückgehen. Man geht Jugoslawien oder Türkei besuchen, wenn man Zeit hat. Man sollte welche Sachen mitnehmen, ein deutsches Buch mitnehmen, damit die Kinder, wenn sie älter werden und vielleicht wieder nach Deutschland fahren, damit sie nicht die deutsche Sprache verlernen. Man muß nicht für immer gehen. Da ist zum Beispiel ein Junge, der Vater fährt Autobus nach Jugoslawien, da fährt er manchmal mit, Freitag, Samstag, Sonntag nach Jugoslawien mit seinem Vati. Dann ist er Montag wieder hier in der Schule. Er kommt immer wieder. Ich tät also sagen: Gehn wir doch zum Beispiel ein Jahr, dann könnten wir ja wieder gehen nach Deutschland. Nicht für immer nach Deutschland, mein

ich, aber so lange wie es geht nach Deutschland. Nicht ganz zu Hause in Deutschland, nur so wie zum Beispiel im Kindergarten, man bleibt nicht für immer, nur man bleibt ein bißchen.

Haben es ausländische Kinder, die wieder zu Hause sind, besser als andere Kinder?
Eigentlich nicht. Sie müssen sich wieder dann dran gewöhnen, an die Kinder, das andere Essen, die andere Kleidung, eigentlich alles. Zum Beispiel, es kann einer am besten Deutsch, besser als die andere Sprache, die andere Sprache müßte er dann erst lernen und all das.

Wollen manche ausländischen Kinder lieber Deutsche sein?
Ja, damit sie mehr die Kinder hier verstehen und damit einer zum Beispiel nicht sagt: Du wirst nie Deutscher. Du wirst nie lernen, Deutsch zu sprechen. Und all das zu den Kindern. Und sie möchten es doch so gerne tun und von ganzem Herzen. Wenn sie dann vielleicht ein bißchen besser in Deutsch sprechen, vielleicht könnten sie dann noch einen deutschen Paß kriegen. Das wär dann sehr gut. Die Kinder hätten auch bestimmt mehr Freunde, auch deutsche, und es wär besser mit dem Spielen.

Wollen manche deutschen Kinder lieber Ausländer sein?
Glaub ich kaum, kann ich nicht glauben. Die sind für sie so braun, und die Hautfarbe, die gefallen ihnen nicht wahrscheinlich. Wenn, dann vielleicht ein Japaner, weil die so gut Karate können. Oder welche, die Amerikaner sein wollen, weil in Amerika so gute Spielzeuge sind und all das. Aber täte auch für die deutschen Kinder gut, in ein anderes Land zu fahren, weil hier gibt es soviel Vergaser und all das von den Autos. Es leben hier wenige in der Landschaft, das gibt es sowieso hier nicht soviel. Aber sonst glaube ich kaum, weil ihnen die ausländischen Kinder nicht gefallen und weil sie nicht gut Deutsch sprechen.

Würdest du selbst dich freuen, wieder nach Jugoslawien zurückzugehen?
Eigentlich nicht ganz. Freuen, nicht so ganz. Also ich würde sagen: Also das enttäuscht mich sehr, weil ich so viele Freunde hier verliere und das finde ich gar nicht sehr gut.

Abb. 2 Was bin ich?

Und es gibt soviele Dinge, das ist sehr schade, wenn ichs vergesse und all das. Es sind zuviele Dinge, die kann ich wirklich nicht vergessen, obwohl ichs tun muß, aber ich kanns nicht vergessen. Soll ich alleine hierbleiben? Wie soll das gehen? Bei wem soll ich wohnen? Alleine kann ich nicht wohnen. Das geht nicht, ohne deutschen Paß. Ich tät sagen: Ich tu schon sehr gerne in Deutschland bleiben und das beste wär, wenn wir in Deutschland bleiben.

Wenn du drei Wünsche frei hättest, was würdest du für die ausländischen Kinder wünschen?

Wenn ich mir alles wünschen kann, was ich will, dann tät ich am liebsten zwei Wünsche für die anderen ausländischen Kinder und einen für mich. Und zwar als erstes würd ich wünschen, daß die Kinder sich alle sehr gut verstehen und sich mögen und all das, daß die Eltern Arbeit haben und daß sie gut Deutsch sprechen können. Das war das erste. Das zweite würde eigentlich sein, daß nicht soviel Krach ist, Autos und all das. Wenn, dann sollte es Kutschen geben, wie in alten Zeiten, das ist wenigstens schöner und besser. Und dann den letzten Wunsch für mich: Da tät ich mir zehn andere Wünsche wünschen, damit ich noch zehn Wünsche für mich wünschen kann. Ich möchte zum Beispiel so gerne etwas werden, vielleicht Schauspieler. Oder technischer Zeichner, das ist auch gut. Oder ins Kino gehen. Und dann auch Feuer machen, Lagerfeuer machen, weil ich im Winter geboren bin, da war mir immer kalt, deswegen mache ich so gerne Feuer. Und dann möchte ich gern jemand haben, der mit mir spielt. Und dann möchte ich zum Beispiel auch ganz gerne hierbleiben.

Ingeborg Huber

Wie das in meiner Gruppe ist

Den ausländischen Kindern, die schon den deutschen Kindergarten besuchen konnten, bleiben später viele Probleme erspart, denn im Kindergarten gelingt die verlangte Integration in die deutsche Umgebung noch am mühelosesten. Ingeborg Huber schildert an konkreten Fällen, wie diese Integration ausländischer Kinder im einzelnen verlaufen kann.

Ingeborg Huber hat sich nach einem abgeschlossenen Kunststudium zur Erzieherin und Vorschulgruppenleiterin ausbilden lassen. Sie arbeitet heute in einer städtischen Kindertagesstätte in West-Berlin.

Im Laufe der Zeit habe ich Kinder vieler Nationalitäten in unserem Kindergarten kennengelernt. Die meisten aber aus der Türkei und aus Jugoslawien.
Bei den jugoslawischen Kindern, die ich erlebt habe, ist mir immer wieder aufgefallen, daß sie enorm sprachbegabt sind. Sie sprechen häufig besser Deutsch als die deutschen Kinder. Viele der jugoslawischen Eltern haben ihre Kinder nur so lange in Deutschland gelassen, bis sie hier schulpflichtig werden. Dann wurden sie nach Jugoslawien zurückgeschickt, wo erst mit sieben Jahren eingeschult wird. Alexandra aus meiner Gruppe ist gerade abgereist. Kristina ist erst fünf Jahre, die bleibt noch ein bißchen.

Der Ljubomir konnte auch so gut Deutsch sprechen. Das war ein ganz temperamentvoller Bursche, der kam mit viereinhalb Jahren in meine Gruppe und wurde leicht überschätzt, weil er für sein Alter schon sehr groß und kräftig war. Er hatte ein erstaunliches Gedächtnis. Wenn ich eine Geschichte zum zweiten Mal vorlas, wußte er das sofort, auch wenn Monate dazwischen lagen. Eine Zeitlang nervte er mich, weil er ausschließlich Partisan spielen wollte und ständig deutsche Faschisten erschoß. Mit diesem Spiel hatte er bei den anderen großen Anklang gefunden; ich sah mich ständig von Leichen umgeben. Ich fragte die Mutter ganz vorsichtig nach den Gründen für dieses Spiel. Sie lachte und meinte, Ljubomir sähe in Jugoslawien, wenn er die Großeltern besucht, viele solcher Filme im Fernsehen. Das Problem hat sich dann von selbst gelöst, weil andere Spiele interessanter wurden.

Der Jugoslawe Mirsalem ist gerade in die deutsche Schule gekommen, und es geht wohl auch recht gut. In der Beurteilung für die Schule habe ich ihm »kreatives Problemlösungsverhalten« bescheinigt, ich fand seine Einfälle manchmal ganz umwerfend. Unsere Bekanntschaft fing auch gleich so an. Wir saßen zusammen am Tisch, und Mirsi kippte Bausteine aus dem Kasten, ließ sie liegen und spielte etwas anderes. Nach einer Weile bat ich ihn, die Bausteine wieder einzuräumen, er sah mich aus großen Augen ganz erstaunt an und meinte sehr überzeugend: »Ich war das aber nicht!« Als ich lachte, mußte er auch grinsen. Er ist es dann noch sehr oft nicht gewesen.

Nicht alle Kinder aber erleben den Kindergarten so selbstbewußt und selbständig. Und jedes Kind muß sich auf seine eigene Weise in den Kindergarten einleben. Manchmal hilft ihm (und uns) dabei auch ein Zufall.
Benny zum Beispiel, ein dreijähriger Jugoslawe mit braunen Knopfaugen, war sehr, sehr unglücklich, heulte herzzerreißend, und nachmittags stand er sowieso nur noch am Gartenzaun und wartete auf die Mutter. Nichts mochte er. Der große Garten, die Roller und Dreiräder interessierten ihn nicht, und auch auf die Annäherungsversuche anderer Kinder ging er nicht ein. Er stand oder saß herum und weinte. Tagelang. Es war trostlos.
Dann kam der Donnerstag, der Tag, an dem unsere damalige Leiterin mit Bennys Kindergruppe sang und musizierte. Von zwei größeren Kindern wurde ihr die Tasche mit dem Akkordeon vorangetragen, in der Ecke stand der Kasten mit den Kinderinstrumenten – Triangel, Rasseln, Klanghölzer – bereit. Ilse machte Musik, kleine Lieder und Spiele – und Benny war auf einmal still. Tatsächlich weinte er nicht

mehr, er hörte zu. Benny vergaß für eine halbe Stunde sein Unglück. Als er nachmittags im Garten wieder vor sich hinweinte, holte Ilse gleich das Akkordeon, und wieder war Benny still und hörte zu.
Damit war's dann eigentlich schon geschafft. Denn bald darauf begann Benny mitzusingen, sah sich auch genauer im Kindergarten um, wollte mitspielen und fing an, mit uns zu sprechen. Das Größte für ihn blieb immer Ilse und ihr Schifferklavier.

Der Aleem, ein spindeldürrer Pakistani, kam im letzten Sommer in unsere Tagesstätte. Ein Notfall, weil seine Mutter sehr lange im Krankenhaus sein mußte. Der stand herum und guckte, und besonders froh war er wirklich nicht. Anfangs hatte er ein bißchen Glück, denn es war Urlaubszeit, viele Kinder waren verreist, und wir Erzieher hatten für die Übriggebliebenen mehr Zeit. Jeder, der etwas zu besorgen hatte, nahm Aleem mit, und dann quackelte er ganz fröhlich in seiner Sprache vor sich hin. Zwischendurch bemerkte er immer wieder: »Vater arbeiten, Mutter krank!« Seine große Sorge war, ob er auch abgeholt werden würde. Schließlich sagte meine Kollegin Tina: »Na klar, Aleem, dein Vater kommt heut abend!« Das gefiel Aleem, den ganzen Tag über rief er immer wieder: »Na klar, Tina, dein Vater kommt heut abend!«
Als ich mal mit Aleem losging, um einzukaufen, begegneten uns dauernd Pakistani, ich hatte schon Angst, angehalten und nach meiner Legitimation gefragt zu werden. Wir holten Ersatzteile für unsere Fahrräder und türkische Wurst und türkisches Brot für ein türkisches Kindergartenfrühstück. Schließlich fiel mir ein, Aleem mit den Wundern der Technik bekannt zu machen. Ich rief im Kindergarten an, bat die Tina an den Apparat, und sie sagte »Hallo, Aleem!« und er sagte »Hallo, Tina!« Als wir zurückkamen, ging's dann ununterbrochen weiter »Hallo, Tina!« – »Hallo, Aleem!«
Als die Urlaubszeit vorbei und die Kindergruppen wieder vollzählig da waren, da war's auch vorbei mit Aleems schöner Zeit, denn nun konnte sich keiner mehr intensiv mit ihm beschäftigen. Seither kümmert er vor sich hin, spricht wenig. Wenn die Mutter ihn abholt, holt er alles nach und schnattert unentwegt.

Mit Efrem war das ganz anders. Seine Eltern, christliche Armenier aus der Türkei, leben schon sehr lange in Deutschland und wollen auch hierbleiben. Sie holten Efrem, als er fünf Jahre alt war, von zu Hause – einem türkischen Dorf, in dem alle versippt und verschwägert sind. Seine Eltern waren ihm ebenso fremd wie die Stadt.
Aber Efrem war sehr neugierig. Er betastete und beschnüffelte wie mein Kater alles, was er nicht kannte. Besonders technische Geräte interessierten ihn. Immer wieder fummelte er am Kassettenrecorder herum und kicherte in sich hinein. Die anderen Kinder waren erst ganz freundlich zu Efrem, aber dann beschwerten sie sich über ihn. Da er nicht mit ihnen sprechen konnte, versuchte er es anders, boxte gelegentlich oder stieß unterm Tisch mit seinen Füßen und amüsierte sich dann sehr über die aufgeregte Reaktion.
In den ersten Wochen sprach er eigentlich fast überhaupt nichts, grinste nur immer sehr freundlich. Einige Kinder fanden das ganz praktisch, denn da war eben der Efrem an allem schuld. Der hatte alle Spiele durcheinandergeworfen, die Handtücher abgerissen, neben das Klo gepinkelt und die Suppe verschüttet. Mittags, wenn vorgelesen wird, es im Gruppenraum also ganz ruhig ist, und die Kinder schon in ihren Betten liegen, wurde Efrem auf einmal gesprächig, plapperte und sang vor sich hin, wiederholte endlos Wörter aus den Geschichten, »Rotkäppchen, Rotkäppchen, Rotkäppchen . . .« zum Beispiel. Na, und das störte auf die Dauer auch wieder.
Ich besorgte Dias aus der Türkei, um den Kindern Efrems Verhalten verständlicher zu machen, aber ich bekam nur welche von Istanbul, das war für Efrem ebenso fremd wie London oder Tokio. Aber die Kinder fanden die Bilder sehr schön und nahmen Efrem, dem sie die Vorführung zu verdanken hatten, an diesem Tag sehr wichtig. Für Efrem dagegen war der Projektor eine neue Quelle des Vergnügens. Da konnte er nicht nur auf der Leinwand Schattenspiele machen, er konnte auch die Dias ganz schnell durchsausen lassen oder einfach die Hand vorhalten, und dann war nichts mehr zu sehen.
Das erste Wort, das Efrem lernte und anwendete, war »aih du«, damit beschwerte er sich, wenn er sich ungerecht behandelt fühlte. Dann, nachdem Efrem sich im Kindergarten auskannte, ging's mit dem Sprechen sehr schnell. Er

begann, alles zu wiederholen. Katja schenkte ihm eine Pflaume, er sagte »Pflaume«, und wir hatten ein neues Spiel. Jeder gab ihm etwas: Von Thomas bekam er ein Stück Gurke, Efrem sagte »Gurke«, Anja teilte ihren Keks mit ihm, Efrem sagte »Keks« . . .

Jetzt wollte er auch bei allem mitmachen, wollte schneiden, kleben, malen und wußte auch, was gemacht werden sollte, denn er beobachtete genau. Ich war ganz begeistert und hatte großen Spaß an Efrems Entwicklung. Sehr lange konnte ich sie leider nicht verfolgen, denn nach einem Vierteljahr kam er in einen anderen Kindergarten, der für ihn und seine Mutter nicht so umständlich zu erreichen war: Seine Mutter mußte Efrem nämlich schon um 6 Uhr früh bringen, um pünktlich bei der Arbeit sein zu können. Zum Faschingsfest luden wir Efrem noch einmal ein, er kam als Astronaut in einem silbernen Anzug.

Efrems Mutter redete wie ein Wasserfall. Sie hatte eine Menge Probleme, weil der Mann seit Jahren arbeitslos war und sich wie ein Pascha benahm. Einmal war ich mit Kolleginnen bei ihnen zu Hause. Sie hatte meine Frage auf dem Elternabend, ob Eltern vielleicht bereit seien, einmal die Kindergruppe und mich zu einem Hausbesuch einzuladen, mißverstanden und nun drei Erzieher eingeladen. Efrem, dem wir eine Murmelbahn mitbrachten, war ganz erstaunt, die Kindergartenleute bei sich zu Hause zu sehen. Auch der Vater, der fernsah, wunderte sich und ging bald aus dem Zimmer. Drei quatschende Frauen, die rauchten und den angebotenen Wein tranken, zu Besuch bei seiner Frau, das war ihm zuviel, glaube ich.

Wir wurden ganz großartig bewirtet, mit Gemüse, Fleisch und Reis und Kaffee und Sekt. Unsere Gastgeber entschuldigten sich etwas verlegen, sie würden nicht mitessen. Sie trauten sich nicht, wie sonst alle aus einem Topf zu essen, stocherten also nur ein bißchen auf ihren Tellern herum. Durch das Essen gab's eine Menge Gesprächsstoff. Uns wurde beispielsweise normaler Supermarktreis angeboten, aber wir bekamen auch den Reis zu sehen, der sonst in der Familie gegessen wird. Der ist angereichert mit winzigen Nudeln aus Mehl, die im Winter im Dorf reihum für alle von allen gemacht werden.

Wir wollten die Einladung erwidern, besprachen auch schon

die Einzelheiten, bei wem und wie, aber dann geriet das in Vergessenheit – erst jetzt fällt's mir wieder ein.

Hakan, der auch aus der Türkei stammt, wurde gleich in den ersten Tagen etwas Außergewöhnliches geboten, daran erinnert er sich jetzt – eineinhalb Jahre später – noch immer. Es war Winter, der Schnee war sogar in der Stadt liegengeblieben. Meine Kindergruppe wurde mit einem Doppeldekker-Bus abgeholt und in den Wald gefahren, wo wir mit anderen Kindern die Einweihung einer Wanderhütte feierten. Es gab Suppe, Luftballons und Fähnchen, Kaugummis und Schokolade. Es gab ein Feuer und eine Blaskapelle. Mit den Taschen voll Süßigkeiten wurden wir wieder zurückgefahren. Das gefiel allen sehr. Bei der Rückfahrt durch die Stadt machte Hakan zum ersten Mal den Mund auf. Er zeigte aus dem Busfenster auf ein Auto und sagte: »Taxi.« Damit hatte er großen Erfolg, denn die Kinder wollten ihm unbedingt den Unterschied zwischen einem Taxi, das immer weiß ist, und einem normalen Pkw, der viele Farben haben kann, klarmachen. Hakan brauchte nur »Taxi« zu sagen, schon war er Gegenstand eifriger Bemühungen, und das kapierte er sehr schnell. »Taxi« wurde sein Schlüsselwort. Selbst die Schlitten im Kindergarten nannte er »Taxi« und wußte genau, daß wir das komisch finden würden. Später hat er's mir erzählt. Hakan lernte unwahrscheinlich schnell Deutsch, heute ist sein Wortschatz größer als der mancher deutscher Kinder.
Hakan lernte auch sehr schnell, daß es Spaß macht, wenn die anderen lachen. »Taxi« allein reichte dafür auf die Dauer nicht aus, so wurde er Meister im Faxenmachen und Grimassenschneiden. Das finden wir Erzieher durchaus nicht immer so lustig wie die Kinder. Überhaupt ist Hakan sehr erfindungsreich. Zeitweilig saß er dauernd unterm Tisch, bis wir den einmal kurz entschlossen anhoben und woanders hinstellten. Da guckte er ganz verblüfft und ließ es dann sein. Am schnellsten lernte er Schimpfwörter und ist recht ungeniert in ihrer Anwendung. Die anderen Kinder, die sich nicht trauen würden, fremde Erwachsene »altes, fettes Schwein« zu nennen, spornen ihn durch ihre Reaktion zu immer neuen Einfällen an, und ich hab dann damit so meine Probleme. Neulich, als wir auf den Bus warteten, war er wieder in Hochform: Eine ausländische Frau war sein Op-

fer, und die fand das gar nicht ulkig. Sie beschimpfte mich ihrerseits. Hakan, hocherfreut über seinen Erfolg, war überhaupt nicht zu bremsen. Da griffen auf einmal die anderen Wartenden ein, um mich zu unterstützen. »Warum reden Sie denn mit der, lassen Sie die doch einfach quatschen!« Hätten die Leute wohl auch so reagiert, wenn es sich nicht um eine Ausländerin gehandelt hätte?

Ich hab dann schließlich mit Hakans Vater gesprochen und ihn gebeten, Hakan zu erklären, warum er so was nicht tun darf. Der Vater blaffte Hakan kurz an und sagte, er würde es nun nicht wieder tun. Besonders gern wende ich mich nicht an den Vater, der eigenartige Vererbungstheorien hat: »Wenn Kind schlecht, dann Frau schlecht!«

Alles, was ich so an Spielen anbiete, macht Hakan sehr eifrig mit. Und beim Basteln macht er alles doppelt: für Mutter und Vater. Seit einigen Monaten ist auch seine Schwester Metap im Kindergarten. Als ich sie zum ersten Mal sah, kam sie mir wie ein kleines Ungeheuer vor: Der Kopf war ihr ganz kahlgeschoren, um das Haar kräftiger werden zu lassen.

Metap ist drei Jahre alt, sehr selbstbewußt, sie weiß sich durchzusetzen, notfalls quengelt und schimpft sie so lange, bis es läuft, wie sie will. Ich glaube, sie hat uns alle fest im Griff. Die Kollegin, die Metap in der Gruppe hat, braucht einen schier unerschöpflichen Einfallsreichtum, und gelegentlich holt sie Hakan zu Hilfe, damit er seiner Schwester alles noch einmal auf Türkisch erklärt. Auch Metap lernt die neue Sprache schnell. Die braucht sie wohl auch mehr als die türkische, denn sie ist wie Hakan regelmäßig elf Stunden lang in der Tagesstätte. So einen langen Arbeitstag hat in der Regel kein Erwachsener.

Die Mutter der beiden spricht nicht viel, sie kommt meist ganz abgehetzt an, um die Kinder abzuholen. Als sie vor einiger Zeit ins Krankenhaus mußte, war ihr Mann gerade arbeitslos. Er klagte sehr über die viele zusätzliche Arbeit durch die kranke Frau: Heizen, Essen kochen, Kinder zum Kindergarten bringen. Darauf, daß seine Frau das normalerweise noch neben ihrer Berufstätigkeit zu schaffen hat, ging er nicht ein.

Er selbst ist ganz geschickt darin, irgendwelchen zusätzlichen Belastungen auszuweichen. Zum Elternabend kann er nicht kommen, weil »viel böse Leute gehen durch Straße,

Abb. 3 Metarp ist sehr selbstbewußt, sie weiß sich durchzusetzen.

Kinder nicht allein bleiben!« Einmal mußte er dann aber doch teilnehmen. In der Vorweihnachtszeit machen wir immer einen Laternenumzug, und anschließend wird mit Eltern und Kindern gebastelt. Ausgerechnet an diesem Tage nun kam Hakans Vater ganz ungewöhnlich früh, um die Kinder abzuholen. Doch Hakan setzte ihm so zu, daß er bleiben durfte und auch die Mutter noch geholt wurde. Vater bastelte dann ganz pflichtbewußt mit seinen Kindern. Als er aber sah, daß sich eine Mutter verabschiedete, stand er sofort auf und fragte erwartungsvoll: »Dürfen wir gehen?«
Viele ausländische Kinder benutzen nicht gern ihre Muttersprache im deutschen Kindergarten. Hakan ist da ganz selbstverständlich, wenn er nur mit türkischen Kindern spielt, spricht er Türkisch, sonst spricht er Deutsch.

Mit dem Mohamed aus dem Libanon ist es in unserem Kindergarten schiefgegangen. Der ist jetzt wieder zu Hause

mit drei Geschwistern in einer Ein-Zimmer-Wohnung, Klo eine halbe Treppe tiefer. Ich glaube, er wurde durch die Familienfürsorge bei uns angemeldet, das kommt häufig vor. Er war vier Jahre alt, und kam in meine Gruppe, aber sehr unregelmäßig. Eigentlich ist das ja ganz schön, wenn die Gruppe nicht immer vollzählig ist. Die Kinder quetschen einen nicht so aus wie eine Zitrone, und man kann sich, wenn nicht alle da sind, mehr um die einzelnen kümmern.
Aber bei Mohamed war's doch wichtig, daß er regelmäßig kam. Allerdings wohnte er ziemlich weit weg. Von Sohier, der Ägypterin, die bei uns im Kindergarten arbeitet, holte ich mir Rat und Vokabeln, um mich mit Mohamed besser verständigen und ihm das Einleben erleichtern zu können. Aber dann fehlte er sehr lange unentschuldigt. Ewig können die Kindergartenplätze nicht freigehalten werden, so machte ich mit Sohier einen Hausbesuch. Wir nahmen für Mohamed sein Nikolausgeschenk mit. Im Zimmer sahen Mohamed und zwei andere Kinder fern. Sohier erklärte den Eltern, was zu erklären war. Der Vater meinte, sein Junge ginge nicht so gern alleine in den Kindergarten, und er selbst müsse Arbeit suchen, und die Frau hätte das Baby, und der Onkel sei verreist und könne Mohamed auch nicht bringen. Die Frau sagte gar nichts. Dann bot der Vater Kaffee an. Der Kaffee schmeckte ganz hervorragend, mit so einem frischen zitroneähnlichen Geschmack. Der stammt von einem Gewürz, das mitgemahlen wird. Ich bekam das Kaffeemehl gezeigt.
Es gab auch noch ein privates Gespräch. Der Vater wollte wissen, ob ich auch Kinder habe. »Ja, einen Sohn.« »Und wie lange verheiratet?« »17 Jahre.« »Was – 17 Jahre und nur ein Kind? Wir 4 Jahre – drei Kinder!« Das wurde mir dann noch genauer erklärt: Wir in Deutschland hätten die Rentenversicherung, bei ihnen würde die durch die Kinder ersetzt, die im Alter für ihre Eltern sorgen.
Der Mohamed kam dann, nachdem der zuständige Sozialarbeiter sich auch noch mal darum kümmerte, jeden Tag und, nach allem, was zu beobachten war, auch gern. Er verstand bald eine Menge, sagte aber kaum etwas, nur »Toilette«. Er spielte ganz intensiv für sich allein. Dann suchte er auch Mitspielmöglichkeiten und begann deshalb schließlich, ein paar Brocken Deutsch zu reden. Aber lieber verständigte er sich mit Gesten, das machte er sehr geschickt. Dann wurde

er krank. Wir erklärten den Eltern, daß er erst wieder in den Kindergarten kommen könne, wenn wir eine Bescheinigung des Arztes hätten. Daraufhin sahen wir Mohamed nie wieder. Er wurde abgemeldet. Grund: Kind weigert sich, in den Kindergarten zu gehen.

Meine Kollegin Sohier kommt aus Kairo und lebt mit ihrem Mann seit ein paar Jahren in Deutschland. Sie hat sich hier zur Erzieherin ausbilden lassen. Die Sehnsucht nach Hause und das Wetter beeinträchtigen zwar ihr Wohlbefinden, aber sie hat sich doch ganz gut eingelebt. Anfangs war vieles für sie ungewohnt: nach der Schule oder der Arbeit noch mit Kollegen in die Kneipe gehen, der bei den Deutschen übliche Alkoholgenuß zwecks Erzeugung von Fröhlichkeit, die unterschiedliche, hier viel weniger familienbezogene Lebensart, überhaupt: »Man geht nicht einfach zu Freunden oder Verwandten, wenn man Lust hat, man muß erst telefonieren!« Aber ihre Mitschüler halfen ihr, trotz Sprachschwierigkeiten die Ausbildung zu schaffen, gingen mit ihr nach dem Unterricht noch einmal alles durch. Das findet sie gut. »Doof«, besser ungerecht, findet sie, daß hier nur an christlichen Feiertagen frei ist. In Ägypten gibt es die zusätzlich zu den mohammedanischen. Während des Ramadan ist hier die Arbeitszeit ungekürzt, in Ägypten aber arbeiten dann auch die Christen, die nicht fasten müssen, weniger. Das ärgert Sohier am meisten.
Sohier hat für uns öfter ägyptisch gekocht, »foul« schmeckte uns besonders. Das wird aus Bohnen gemacht, die bei kleiner Flamme zwölf Stunden kochen müssen. Sohier verbraucht viel von diesen Bohnen, eines Tages fragte die Verkäuferin, wozu. »Nun, wir essen«, antwortete Sohier zum Entsetzen der Dame, denn es handelt sich um Pferdefutter, Pferdebohnen. Ich habe Sohier auch schon zum Essen eingeladen und war ganz stolz, daß sie das Rezept der Hammelfleischsuppe haben wollte. Und Ellen versucht, die Herstellung von »foul« mit dem Schnellkochtopf zu vereinfachen. Zwischen Weihnachten und Neujahr, wenn die Tagesstätte geschlossen ist, wollen wir alle eine Kurzreise nach Ägypten unternehmen.
Unterschiedliche Reglementierungen hier und bei sich zu Hause sind Sohier aufgefallen. Hier müssen die Kinder zu bestimmten Zeiten ins Bett, dürfen nicht alles im Fernsehen

gucken. In Ägypten können die Kinder sich ansehen, was sie wollen, und einen festen Zeitpunkt zum Schlafengehen gibt es auch nicht. Andererseits ist man hier großzügiger, wenn's ums Essen geht. In Ägypten werden die Kinder nicht gefragt, was sie essen mögen, der Teller wird leergemacht, denn sie sollen groß und stark werden. (Rentenversicherung?)

In Ägypten, sagt Sohier, meckert keiner über schmutzige Kleidung. Auch wenn es keine Waschmaschinen gibt und mit der Hand gewaschen wird, regt sich niemand darüber auf, daß die Kinder sich beim Spielen dreckig machen. Das ist in Deutschland anders. Oder überhaupt in europäischen Ländern oder je nach Einstellung der Eltern . . . Mirsalem aus Jugoslawien zum Beispiel und sein Bruder Almir, der jetzt in meiner Gruppe ist, haben oft große Angst gehabt, sich zu bekleckern. Almir wollte neulich sein Hemd auswaschen, sein Vater sollte nicht merken, daß er sich bekleckert hatte beim Essen. Ich hab's ihm abgenommen, Almir mahnte: Es muß auch trocken sein bis zum Abholen – das war es dann glücklicherweise auch.

Das ist überhaupt so eine Crux mit dem Sauberbleiben, wie oft hören wir von den Kindern, sie dürften sich nicht schmutzig machen. Wenn Ausflüge angekündigt sind, werden die »Sonntagskleider« angezogen. Nach so einem Ausflug gibt es dann manchmal kleine Dramen, wenn man nicht sehr aufpaßt. Lello hatte sich im Park in feuchten Sand gesetzt, und ich vergaß, die Hose auszubürsten. Beim Abholen war er völlig geknickt und die Mutter sehr böse. Sie wollte gleich mit ihm zum Zahnarzt gehen, nun müsse er erst umgezogen werden. Das naheliegende Argument, der Zahnarzt schaue doch in den Mund und nicht auf den Popo, zog nicht. Ich schlug vor, Lello eine alte Spielhose für den Kindergarten anzuziehen und die feinen Sachen an der Garderobe zu deponieren. Diese Idee fand Lellos Mutter sehr gut, doch am nächsten Tag hatte Lello wieder himmelblaue Hosen an. Er hatte seiner Mutter versprochen, sich nicht schmutzig zu machen!

Sohier meint, da wär kein Unterschied zu bemerken zwischen ausländischen und deutschen Kindern in unserem Kindergarten. Vorurteile haben fast alle Kinder: deutsche Kinder den Ausländern – besonders den Türken – gegenüber, aber auch ausländische Kinder verschiedener Natio-

nalitäten unter sich. Anna aus Italien zum Beispiel war ganz empört und sagte zu mir nachdrücklich: »Ich geh doch nicht auf einen Türkenspielplatz!« und bei einem arabischen Vater erkundigte sie sich zu dessen Verblüffung, ob er ein Chinese sei.
Die Türken bilden häufig eine relativ starke Gruppe, und von Kolleginnen aus anderen Kindergärten weiß ich, wie problematisch das werden kann. Die reagieren dann nicht mehr auf die deutsche Erzieherin, sondern verständigen sich nur noch untereinander. So dominierende Gruppen einer Nationalität gab es bei mir bisher nie, also hatte ich solche Probleme auch nicht. Die Gruppenzugehörigkeit – ich bin bei Inge, du bist bei Tina usw. – hat den Vorrang. Ein die Gruppe störendes Verhalten wird eigentlich auch nie auf die Staatsangehörigkeit zurückgeführt.
In meiner Gruppe werden Nicole aus Deutschland, Ayfar aus der Türkei und Kristina aus Jugoslawien von anderen sehr oft für Geschwisterkinder gehalten. Alle haben braune Augen, braune Haare und die gleiche Frisur. Als wir uns darüber unterhielten, fanden alle Kinder das ganz komisch, aber auch selbstverständlich: Alle drei gehören zur Gruppe von Inge – das ist im Augenblick ihre »Staatsangehörigkeit«.

Was ich beobachten kann, sind nur Teilaspekte, Entwicklungen über einen begrenzten Zeitraum. Zufälle in ganz konkreten Kinderbiografien. Ausländische Kinder kommen in Kontakt mit deutschen Kindergärten, sie stellen sich langsam auf die neue Umgebung ein, werden dagelassen oder wieder herausgenommen, weil ältere Geschwister auf sie aufpassen können oder weil sie ganz plötzlich wieder nach Hause geschickt werden, ohne sich wehren zu können. Die Älteren wehren sich schon mal, wie ich gehört habe. Die Schwester von Nur zum Beispiel, die sollte in die Türkei zurück, da ging sie auf Trebe, weil sie in Deutschland bleiben will. Deutsch kann sie nämlich besser als Türkisch.
Kinder bedeuten immer zunächst einmal Chaos, und das will niemand haben. Von welcher Nationalität das Chaos ist, ist nicht so entscheidend. Leute giften mich an, weil ich mit so vielen Kindern unterwegs bin, die laut sind, nicht weil es Türken sind oder Griechen, sondern weil es Kinder sind. Wer will Kinder haben? Türken, Jugoslawen, Deutsche, Griechen, Italiener, Libanesen . . .?

Traudel Müller

Ali und Güzel bei Besentanz und Eierschluck

Das gemeinsame Spielen ist sicher die beste Möglichkeit, um deutsche und ausländische Kinder im Kindergarten miteinander vertraut zu machen und dabei durch den Spaß am Spiel beiden Seiten auch Lernen zu ermöglichen. Traudel Müller gibt hier praktische Beispiele für solche Spiel- und Lernmöglichkeiten im Kindergarten.

Traudel Müller ist Erzieherin und graduierte Sozialpädagogin. Sie hat lange Zeit in deutschen Kindergärten in Spanien, Portugal und Bolivien gearbeitet, war Dozentin für Sozialpädagogik an der Fachhochschule Mannheim und ist heute am Stadtjugendamt Mannheim auf dem Gebiet der Arbeit mit ausländischen Kindern tätig.

1. Namensspiele

Ali, ein vierjähriger türkischer Junge, und seine Schwester Güzel, 5 Jahre alt, sind heute den ersten Tag im Kindergarten. Morgens wurden sie von ihren Eltern gebracht, und nun sitzen sie mit großen, staunenden Augen zwischen uns im Kreis. Wir wollen ein paar Spiele machen, bei denen sie unsere Namen kennenlernen können:

Eins, zwei, drei, ich bin Peter, wer bist du?
Peter macht den Anfang. Er geht in die Kreismitte, dreht sich herum und sagt: »Eins, zwei, drei, ich bin Peter, wer bist du?« Peter zeigt auf Christine, und nun ist die Reihe an ihr. Auch sie geht in die Kreismitte, stellt sich vor, und so geht das Spiel immer weiter, bis alle Kinder dran waren.
Ali und Güzel verstehen sehr bald, worum es bei diesem Spiel geht, und sie verfolgen das Ganze mit Interesse. Als Andreas auf Güzel mit der Frage »Wer bist du?« zugeht,

sieht man ihr an, daß sie auch gerne in die Mitte möchte, aber bei so vielen neugierigen Blicken von allen Seiten fällt es ihr doch noch schwer. Ich helfe ihr dabei und kann den Kindern erklären, daß Güzel aus der Türkei kommt und einen sehr schönen Namen hat: Güzel heißt im Türkischen »schön«.

Begrüßungsspiel
Beatriz macht den Anfang. Sie geht vor die Tür und klopft an, worauf alle Kinder wie im Chor »Herein!« rufen. Ich sage: »Wir haben Besuch, Beatriz aus Spanien ist gekommen und möchte nach der langen Reise alle ihre Freunde begrüßen.« Beatriz kommt in den Kreis und beginnt mit ihrer Begrüßungsreihe bei Markus. »Guten Morgen, Markus« – »Guten Morgen, Beatriz«, »Guten Morgen, Ali« – Guten Morgen, Beatriz«, »Guten Morgen, Güzel . . .« Als Beatriz alle Kinder begrüßt hat, kommt der Nächste an die Reihe und geht vor die Tür.
Dieses Spiel eignet sich gut zum gegenseitigen Sich-Kennenlernen und Vertrautwerden und wird, so einfach es ist, von allen Kindern immer wieder gerne gespielt. Es läßt sich auch beliebig abwandeln und erweitern, und mit der Zeit können ganze Begrüßungszenen gespielt werden:

»Guten Tag, Frau Isabel.« – »Guten Tag, Herr Felix.«
»Wie geht es dir?« – »Mir geht es gut, und dir?«
»Mir geht es nicht so gut. Ich glaube, ich bin krank.« – »Oh, was hast du denn, wo tut es weh?«
»Mein Bauch tut mir so weh. Ich glaube, ich habe zu viel Kuchen gegessen.« – »Da mußt du schnell zum Doktor gehen!«
»Ja, Auf Wiedersehen, Frau Isabel.« – »Auf Wiedersehen, Herr Felix.«

Bei Ali und Güzel hört sich dieses Gespräch dann folgendermaßen an:

»Guten Tag, Herr Ali.« – Guten Tag, Frau Güzel.«
»Bist du gut?« – »Nein, ich bin krank von Bauch.«
»Du gehst zum Doktor?« – »Ja, ich gehen.«
»Auf Wiedersehen, Herr Ali.« – »Auf Wiedersehen, Frau Güzel.«

Mein Ball rollt
Wir machen einen Kreis, lassen die Hände los und setzen uns alle auf den Boden. Wenn wir nun mit unseren Beinen

ein »Tor« bilden (Beine grätschen), ist der Kreis überall geschlossen, und unser Ball kann nicht wegrollen. Frank hat einen Ball geholt und beginnt mit dem Spiel: Er nimmt den Ball in beide Hände und beugt sich nach vorn, um ihn rollen zu können. Vorher hat er sich im Kreis nach einem Kind umgeschaut, zu dem er ihn schicken möchte. »Mein Ball rollt zu Andreas.« Andreas braucht nicht lange zu warten, bis der Ball bei ihm ankommt, er fängt ihn auf, und schon ruft er: »Mein Ball rollt zu Güzel.« So geht das Spiel weiter, bis jedes der Kinder den Ball einmal hatte und ihn weiterschickte. Jeder möchte ihn einmal bekommen, und die Kinder passen untereinander auf, daß abgewechselt wird.
Zu Beginn des Spieles hüpft der Ball trotz des geschlossenen Kreises ab und zu doch weit in den Raum, was jedesmal ein großes Gelächter auslöst und zur allgemeinen Erheiterung beiträgt.

Reifendrehen
Bärbel geht in die Mitte des Kreises, beginnt einen Reifen zu drehen, ruft dabei »Mehmet!« und setzt sich wieder auf ihren Platz. Mehmet muß nun versuchen, in den sich drehenden Reifen zu hüpfen und ihn dann aufzufangen. Das ist gar nicht so einfach, aber Mehmet, der schon länger bei uns ist, gelingt es, den Reifen aufzufangen und die Schwingungen ohne Geräusch zu beenden. Er ist ganz stolz auf seine Leistung und beginnt nun wieder, den Reifen zu drehen. Er ist derart auf die schwingende Bewegung konzentriert, daß er ganz vergißt, einen Namen zu rufen. Sofort melden sich die übrigen Kinder: »Wer kommt jetzt?« – »Ayse.« – Mehmets kleine türkische Freundin ist noch nicht so lange hier und geht etwas zögernd in die Mitte. Der Reifen hat noch ziemlich viel Schwung, und es fällt ihr schwer, eine Stelle zum Hineinhüpfen zu finden. Endlich hat sie es geschafft, aber es ist zu spät, den Reifen auch noch aufzufangen; er klappert mit den letzten Schwingungen auf den Boden. Das ist nicht schlimm und wird von allen akzeptiert. Ayse nimmt den Reifen auf und beginnt ihn zu drehen. Vorher hat sie nicht vergessen, sich nach dem nächsten Kind umzuschauen: »Ali!«
Das Spiel kann auch in einer einfacheren Form durchgeführt werden: Der Reifen wird gedreht, ein Kind wird aufgerufen

und muß nun versuchen, den Reifen mit beiden Händen von außen aufzufangen. Auch diese Art macht den Kindern viel Spaß.

2. Einfache Gruppen- und Versteckspiele

Neben den einfachen Spielen zum Kennenlernen der Namen gibt es eine Reihe von anderen Spielen, bei denen Ali und Güzel und auch ausländische Kinder ohne deutsche Sprachkenntnisse von Anfang an mitspielen können und somit ganz selbstverständlich in das Spielgeschehen einbezogen werden:

Besentanz
Alle Kinder sitzen auf Stühlen im Kreis, bis auf Christine, die in der Kreismitte mit einem Besen steht. Wir singen: »Es tanzt ein Bi-Ba-Butzemann«, während Christine mit dem Besen im Kreis herumgeht und immer mehr Kinder auffordert, sich ihr anzuschließen: Das betreffende Kind berührt sie dabei mit dem Besen an den Füßen. Allen macht das Spaß, und zum Schluß wandert die ganze Gruppe singend im Kreis hinter Christine her, bis Christine plötzlich den Besen fallen läßt. Das ist das Zeichen dafür, daß sich alle schnell einen Platz suchen müssen. Es entsteht ein wildes Durcheinander, die Kinder rennen kreuz und quer, und schließlich sitzen alle, bis auf Bärbel. Jetzt kommt sie mit dem Besen in den Kreis.
Den Besen möchte jeder einmal haben, und deshalb entwikkelt sich das Spiel bald so, daß ein paar ganz Schlaue zum Schluß im Kreis stehen bleiben und darauf warten, bis alle anderen sitzen. Dann müssen wir eine neue Spielregel finden: Wer den Besen hatte, übergibt ihn nach dem Spiel einem anderen Kind.

Bello, hörst du den Dieb?
In unserer Gruppe kann sich jedes Kind an seinem Geburtstag ein paar Spiele wünschen. Bei diesen Wunschspielen ist meistens »Bello, hörst du den Dieb?«, kurz »Bello« genannt; vielleicht auch deshalb, weil man dabei ein Bonbon gewinnen kann.
In die Mitte des Kreises wird ein Stuhl als »Hundehütte«

gestellt. Unter den Stuhl legen wir den »Knochen« – ein Bonbon –, und auf den Stuhl setzt sich Tilman, unser Geburtstagskind, der den Wachhund Bello spielt. Er bekommt die Augen verbunden und muß jetzt aufpassen, damit ihm kein Dieb den »Knochen« wegnimmt. Immer, wenn Tilman als Bello irgendein Geräusch hört, muß er ganz laut bellen, damit die Diebe wieder weglaufen. Das geht allerdings nur, wenn alle anderen Kinder im Kreis ganz leise sind. Pablo beginnt: Er steht leise auf und will sich an den »Knochen« schleichen, aber das Stuhlbein ist ihm im Wege, und schon bellt der Hund. Auch Matthias, Karin und Güzel werden von dem guten Wachhund erwischt und müssen ohne »Knochen« auf ihren Platz zurück. Nur Ali gelingt es: Er hat vorher seine Schuhe ausgezogen und krabbelt mit großer Vorsicht bis an die Hundehütte. Erst, als er das Bonbon strahlend in der Hand hält, fängt der Hund an zu bellen, aber da ist es zu spät.
Anstelle eines Bonbons kann auch ein Baustein oder etwas anderes als »Knochen« dienen. Je nach Gegenstand ist es entweder für den Dieb oder für Bello leichter: Ein Schwamm läßt sich ohne Geräusch aufheben, während ein Schlüsselbund leicht rasselt.

Bonbon verstecken

Für alle Kinder, gleich welcher Nationalität, ist es ein besonderer Reiz, etwas zu verstecken und es dann suchen zu lassen. Weil wir von Tilmans Geburtstag noch einige Bonbons übrig haben, machen wir deshalb ein Bonbon-Versteckspiel:
Als erster geht Peter vor die Tür und wartet, bis er hereingerufen wird. In der Zwischenzeit versteckt sein Freund Felix ein Bonbon im Raum, und zwar so, daß es ein bißchen zu sehen ist. Als Peter hereinkommt, sind schon alle gespannt, ob er das Versteck – die Eisenbahn in der Bauecke – finden wird. Anna-Maria will es ihm schon verraten, kann aber noch zurückgehalten werden, und Felix ist ganz aufgeregt. Peter geht langsam im Raum herum, schaut in alle Lieblingsecken – und schon hat er das Bonbon entdeckt. – Das Spiel geht immer weiter, bis jeder einmal an der Reihe war. Manchmal müssen wir beim Suchen mit rhythmischem Klatschen etwas nachhelfen: Je weiter das suchende Kind vom

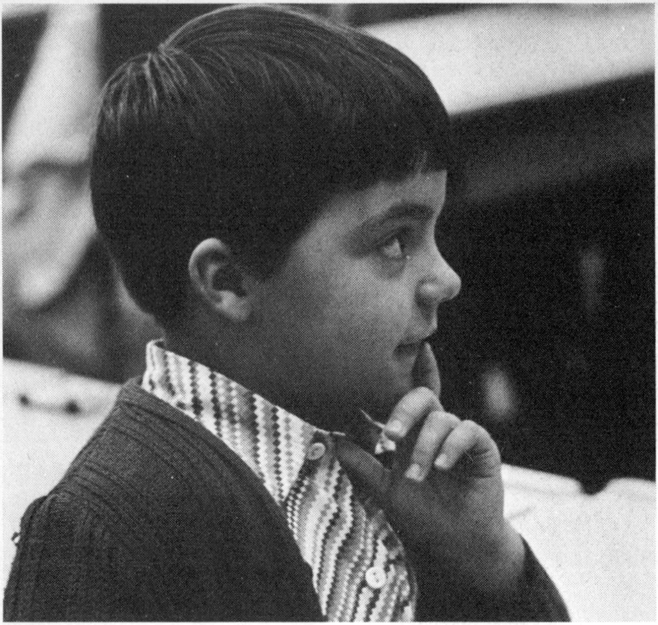

Abb. 4 Als Peter hereinkommt, sind schon alle gespannt.

Bonbon entfernt ist, desto leiser klatschen wir, je näher es dem Ziel ist, desto lauter wird unser Klatschen.
Vor allem bei kleineren Kindern fällt auf, daß sie immer das gleiche Versteck wählen. Sie sind noch nicht so weit, sich besonders schwierige Platze auszusuchen. Bei ihnen steht die Freude an der Wiederholung eines immer ähnlichen und für sie doch spannenden Ablaufs noch ganz im Vordergrund.

Wer ist verschwunden?
Während Güzel vor der Tür wartet, wird so leise wie möglich ein Kind gewählt – Güzel darf ja nichts hören da draußen. Nach einigem Hin und Her hockt sich Mehmet hinter das Regal mit den Bilderbüchern, alle anderen Kinder wechseln ihre Plätze, und Güzel wird hereingerufen. Sie muß nun erraten, wer nicht mehr im Kreis sitzt, und dann noch

herausfinden, wo er sich versteckt hat. Güzel, die hier überhaupt nicht durch ihre Sprachschwierigkeiten gehemmt ist, erweist sich als eine besonders gute Beobachterin: Sie blickt sich einmal im Kreis um, und schon hat sie herausgefunden, daß Mehmet fehlt. Jetzt muß sie ihn nur noch suchen, aber das ist nicht schwer, weil alle Kinder immer wieder gespannt in Richtung Bilderbuchregal schauen.
Variation dieses Spiels bei Kindern mit fortgeschrittenen Sprachkenntnissen: Das versteckte Kind sitzt unter einer Decke und nickt oder schüttelt mit dem Kopf auf bestimmte Fragen, durch die herausgefunden werden soll, wer sich unter der Decke versteckt hat. Etwa: »Hast du blaue Augen? Hast du eine rote Hose an? Hast du lange Haare?« usw.

Topfschlagen
Für dieses altbekannte und beliebte Spiel benötigen wir einen Topf, eine Schüssel oder einen kleinen Eimer, einen großen Kochlöffel, eine Augenbinde, Bonbons oder andere kleine Überraschungen zum Suchen.
Martin kommt in die Kreismitte, bekommt die Augen verbunden und den großen Kochlöffel in die rechte Hand. Am besten drehen wir ihn noch ein paarmal um, damit er nicht mehr weiß, wo eben noch der Topf klapperte, als José das Bonbon darunterlegte. Mit dem Löffel muß Martin nun den Boden nach dem Topf absuchen. Das ist gar nicht so einfach, und oft ist er ganz in der Nähe des Topfes, ohne ihn aber mit dem Löffel zu treffen. Schließlich hat er es doch geschafft und trommelt begeistert auf den blechernen Topfboden. Schnell wird die Augenbinde wieder abgenommen, und Martin steckt das Bonbon in die Hosentasche. Als nächster möchte Ali den Topf suchen, und am liebsten möchten alle auf einmal drankommen. – Kein Wunder, daß die ausländischen Kinder schon bald »ich, ich auch« mitrufen können.

3. Kreis- und Singspiele

Alle Kinder singen und spielen gerne im Kreis, und die türkischen, spanischen, griechischen und italienischen Kinder in unserem Kindergarten haben bei Kreis- und Singspielen von Anfang an mit Begeisterung mitgemacht. Zunächst wurden allerdings Spiele mit einfachen Bewegungsabläufen und entsprechend einfachem Text ausgewählt. Im Laufe der Zeit konnten die ausländischen Kinder dann ohne Schwierigkeiten bei allen Kreis- und Singspielen mitmachen und haben uns auch entsprechende Spiele aus ihrer Heimat gezeigt.

Kriecht eine Schnecke

Im Garten finden wir eine Schnecke und schauen sie uns ganz genau an. Das ist eine gute Gelegenheit für das Lied von der Schnecke:

> »Kriecht eine Schnecke, kriecht eine Schnecke den Berg hinauf, den Berg hinauf und dann wieder runter, und dann wieder runter auf dem Bauch, auf dem Bauch.«

Die Kinder bilden mit beiden Händen eine »Schnecke«: Eine flache Hand mit zwei Fingern als »Fühler« ist der Körper, die zweite Hand, zur Faust gebildet, liegt darauf als »Schneckenhaus«. Den einfachen Text singen wir nach der Melodie des französischen Kinderliedes »Frère Jacques«. Während des Singens wird die »Schnecke«, dem Melodiebogen und Text folgend, hinauf- und hinuntergeführt.
Das macht den Kindern großen Spaß, und irgendwann kommt Pedro auf die Idee, seine »Schnecke« zum Schluß auf dem Boden kriechen zu lassen, was von den meisten Kindern aufgegriffen wird. Auch Güzel findet eine neue Variante: Bei ihrer »Schnecke« fällt immer wieder das »Schneckenhaus« herunter, was sie zum Schluß allen mitteilt: »Ist gefallen«, sagt sie und zeigt uns ihre kleine Faust, die auf den Boden gefallen ist.

Was machen wir so gerne

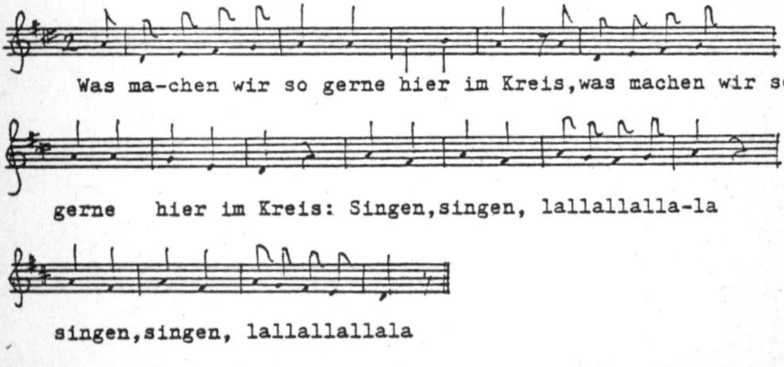

2. Klatschen, klatschen, pitsche, pitsche, patsch
3. Spielen, spielen, plom, plom, plom, plom, plom
4. Flöten, flöten, didel, didel, dum
5. Drehen, drehen, immer rundherum
6. Tanzen, tanzen, hoppe, hoppe, hopp

Die einzelnen Bewegungen ergeben sich aus dem Liedtext (nach Karl Foltz) und können beliebig ergänzt werden.

Dreh dich, kleiner Kreisel

Zur Einführung dieses Spieles habe ich einen Holzkreisel aus Spanien mitgebracht. Jeder darf ihn einmal drehen, und so ist das neue Wort »Kreisel« allen bald bekannt. In unserem Spiel ist Ali zuerst der Kreisel: Er dreht sich und dreht sich, bis er am Ende des Liedes stehenbleibt und auf ein Kind deutet, auf Ruth. Jetzt ist Ruth der Kreisel, und Ali geht zurück in den Kreis.

Wir fahren mit der Eisenbahn

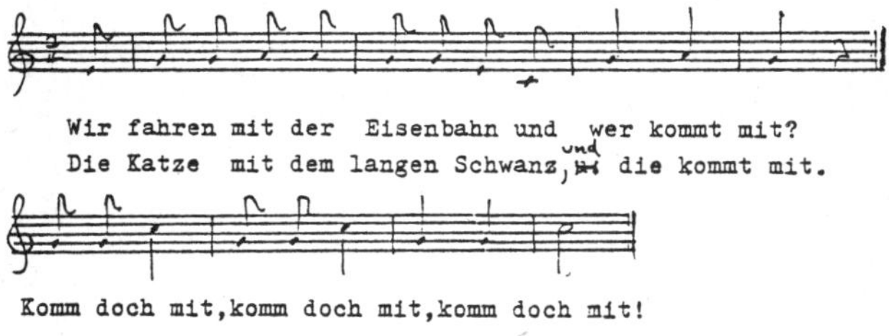

Angelo ist die »Lokomotive«: Er geht um den Kreis herum und schlägt jeweils bei »komm doch mit« einem Kind auf den Rücken. So wird die Eisenbahn immer länger, und zum Schluß »fahren« wir durch den ganzen Raum oder durch den Garten.

Ei, so tanzt der Hansel

Das folgende Spiel, ursprünglich ein Männertanz aus Frankreich, hat sich bei uns im Kindergarten seit Jahren als beliebtes Tanzspiel eingebürgert. Der Text ist sehr einfach, die Melodie ansprechend, und die Bewegungen werden von den Kindern immer wieder gerne ausgeführt und teilweise erweitert. Ich habe oft den Eindruck, daß dieses Tanzspiel die ausländischen Kinder an Tänze ihrer Heimat erinnert:

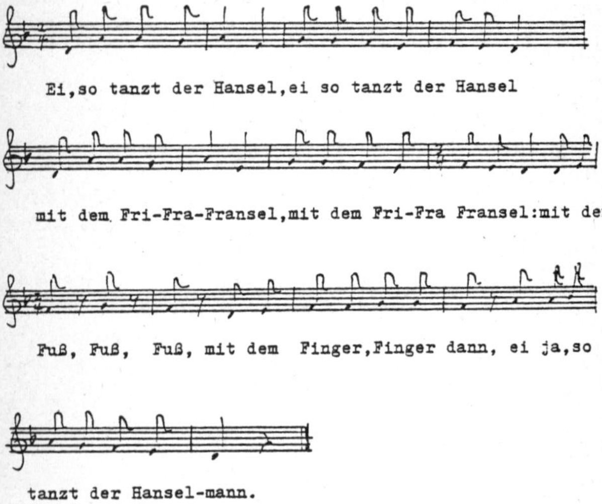

Alle Kinder gehen singend im Kreis, vor »mit dem Fuß« drehen sie sich zur Kreismitte und stampfen dann bei »Fuß, Fuß, Fuß« entsprechend auf. Bei »Finger, Finger« stupfen alle mit dem Finger auf den Boden, bei »dann, ei ja« werden die Hände hochgeworfen und die Finger geschnalzt. Anschließend drehen sich alle und gehen weiter im Kreis.

Bei jeder neuen Strophe kommt auch eine neue Bewegung dazu, so daß es immer mehr werden und wir zum Schluß ganz außer Atem kommen, wenn es dann etwa heißt:

»Ei, so tanzt der Hansel, ei, so tanzt der Hansel
mit dem Fri-Fra-Fransel, mit dem Fri-Fra-Fransel:
mit dem Fuß, Fuß, Fuß,
mit dem Bein, Bein, Bein,
mit dem Bauch, Bauch, Bauch,

mit dem Kopf, Kopf, Kopf, . . .
mit dem Finger, Finger dann,
ei ja, so tanzt der Hanselmann.«

4. Dialog- und Begriffsspiele

Es ist erstaunlich, wie schnell ausländische Kinder zwischen vier und sechs Jahren beim Spielen die deutsche Sprache lernen. Für die Kinder steht dabei immer der Spaß am Spielen im Vordergrund; nur wir Erzieher wissen, daß durch viele Spiele auch Sprachstrukturen und Begriffe eingeübt werden können.

Hatschi Patschi
Alle Kinder sitzen auf Stühlen im Kreis, nur Ines hat keinen Stuhl. Ines geht vor die Tür und in der Zwischenzeit wird ausgemacht, wer »Hatschi Patschi« ist. Ines wird hereingerufen, und sie fragt nun jedes Kind »Wie heißt du?«, worauf sie jeweils die Antwort bekommt »Ich heiße . . .«. Alle Kinder antworten mit ihrem Namen, bis auf Ali, der bei diesem Spiel »Hatschi Patschi« ist. Sobald die Reihe an ihn kommt und er »Ich heiße Hatschi Patschi« antwortet, ist das für alle ein Signal, den Platz zu wechseln. Ines sucht sich dabei auch schnell einen Stuhl. Ein Kind bleibt übrig, dieses Mal Anne, und nun geht sie vor die Tür.
Dieses Spiel kann beliebig abgewandelt werden und ist deshalb besonders vielseitig; etwa: »Wo wohnst du?«, »Was bist du?«, »Was machst du?«, »Was möchtest du gerne essen?« usf. In spielerischer und reizvoller Form kann dabei geübt werden, in ganzen Sätzen zu antworten: »Ich wohne in . . .«

Kuckuck, Eierschluck!
Dies einfache Frage-und-Antwort-Spiel ist bei ausländischen und deutschen Kindern sehr beliebt, und am besten gefällt allen das Wort »Eierschluck«:

»Kuckuck, wo bist du?« – »Im Wald.«
»Was hast du?« – »Ein Ei!«
»Gib es mir!« – »Kriegst es nicht.«
»Kuckuck!« – »Eierschluck!«

Das Spiel wurde eingeführt, nachdem wir auf einem Spaziergang im Wald einen Kuckuck hörten, und seither wird es immer wieder gerne gespielt und in einfacher Ruftonmelodik gesungen. Zunächst wurde die Gruppe aufgeteilt, so daß die eine Hälfte die Fragen stellte und die andere als Kuckuck antwortete. Jetzt, wo alle das Spiel gut kennen, ist ein Kind der Kuckuck, und die übrigen stellen die Fragen. Inzwischen entwickelt sich dabei immer auch ein kleines Rollenspiel mit neuen Fragen an den Kuckuck, auf die er dann ganz frech antwortet. Auch hier können in spielerischer Form einfache Satzstrukturen eingeübt werden.

Eins, zwei, drei, vier, wer steht hinter dir?
Angelo setzt sich in die Kreismitte und verschließt die Augen mit beiden Händen. Simon schleicht sich heran, klopft Angelo auf den Rücken und fragt: »Eins, zwei, drei, vier, wer steht hinter dir?« Sofort erkennt Angelo die Stimme: »Simon.« Nun sitzt Simon auf dem Stuhl und hat einige Mühe, Eva zu erkennen. Sie verstellt ihre Stimme nämlich und piepst von hinten »Eins, zwei, drei . . .« Dreimal darf Simon raten, und schließlich findet er auch heraus, daß es Eva war, die so schön piepste.

Kofferpacken
Ich beginne das Spiel, indem ich sage: »Ich möchte eine lange Reise machen und muß meinen Koffer packen: Zuerst lege ich einen roten Pullover hinein. Wer hat einen roten Pullover an?« – Jedes Kind prüft nun nach, was es anhat. – Juan hat einen roten Pullover, er kommt und hockt sich vor mich. Es werden noch viele andere Dinge eingepackt: eine blaue Hose, ein gelbes Hemd, ein Paar braune Stiefel, ein gestreifter Faltenrock, ein grünes Halstuch, ein Paar rote Socken und ein blauer Gürtel. Jeweils das Kind, das ein entsprechendes Kleidungsstück anhat, steht auf und hockt sich hinter die anderen in die Reihe, und schließlich ist der Koffer voll. Ich sage: »Ich mache den Deckel zu!« Das erste Kind bekommt dabei einen kleinen Schubs von mir, fällt nach hinten und mit ihm die ganze Reihe, was in einem heiteren Durcheinander endet.
Das Spiel ist besonders für ausländische (und deutsche) Kinder geeignet, die sich noch nicht so gut ausdrücken können, denn hier geht es nur um das Verstehen. Auch

wenn man eine Sprache vielleicht noch nicht sprechen kann, so kann man sie doch eben schon ganz gut verstehen. Dabei können dann bestimmte Begriffe mit der Zeit auch soweit vertraut werden, daß sie schließlich zum aktiven Wortschatz gehören und auch gesprochen werden können.

Kunterbunt
Wir sitzen auf Stühlen im Kreis, nur Ali hat keinen Stuhl und steht in der Mitte. Dorothee übernimmt die Spielleitung und ruft z. B. »Alle roten Strümpfe!« Alle Kinder, die rote Strümpfe anhaben, müssen jetzt den Platz wechseln, was für Ali eine Chance ist, einen Stuhl zu erwischen. Ein anderer bleibt dann übrig. Am meisten Spaß macht es, wenn Dorothee ruft »Kunterbunt!« Das ist das Signal dafür, daß nun alle Kinder (nicht nur die mit roten Strümpfen, schwarzen Hosen usf.) die Platze wechseln müssen; was jedesmal mit viel Hallo geschieht.
Dieses bewegungsreiche Spiel eignet sich sehr gut zum Erlernen der verschiedenen Farbbegriffe. Nicht nur Beatriz, Isabel, Ali und Güzel haben Schwierigkeiten mit der Benennung der Farben, auch Andreas, Peter, Christine und Eva verwechseln noch oft die Farben Blau, Grün und Rot.

Mein rechter Platz ist leer
Wir sitzen auf Stühlen im Kreis, ein Stuhl rechts neben Matthias ist leer. Bevor wir das Spiel richtig beginnen, mache ich ein paar Vorübungen zum Begriff »rechts«, etwa: »Mit welcher Hand malen wir?« »Mit welcher Hand sagen wir guten Tag?« Schließlich frage ich: »Bei wem ist der rechte Platz leer?« – Matthias ruft gleich: »Mein rechter, rechter Platz ist leer, ich wünsche mir die Güzel her.« Güzel setzt sich nun neben Matthias auf den leeren Stuhl. Dadurch wird ein neuer Stuhl frei, und das Kind rechts davon kann sich jetzt einen Nachbarn herbeiwünschen.
Ein anderes Mal spielen wir: »Mein linker Platz ist leer« oder wir erweitern auch die jeweiligen Wünsche: »Mein linker, linker Platz ist leer, ich wünsche mir die Isabel als Schnecke (Elefant, Schlange, Hund, Affe, Katze . . .) her.« Es können auch Kleidungsstücke oder andere Merkmale des gewünschten Nachbarn genannt werden. Jedes Kind kann sich auch eine Karte umhängen, auf die eine bestimmte

Form, Farbe oder ein Gegenstand gemalt ist: ». . . ich wünsche mir das Dreieck . . . den Apfel . . . her.«
Bei diesem Spiel wird das Sprechen durch Rhythmus und Reim sehr erleichtert, und Ali und Güzel fällt es hier gar nicht schwer, einen ganzen deutschen Satz über die Lippen zu bringen.

Erika Rohrbach

Man muß doch was machen

Mit dem Schuleintritt bekommen die Schwierigkeiten, die ausländische Kinder mit der deutschen Sprache haben, eine neue Bedeutung: Sie bestimmen ihren Bildungsweg und damit auch ihre späteren Berufschancen. Angesichts der Untätigkeit öffentlicher Stellen versuchen private Initiativgruppen, ausländischen Kindern durch Einschulungshilfen einen besseren Start in der Schule zu ermöglichen. Erika Rohrbach berichtet über ihre Arbeit in einer solchen Initiativgruppe.

Erika Rohrbach war vor ihrer Verheiratung mit einem Fernsehjournalisten Wirtschaftskorrespondentin und Reisebürokaufmann. Heute ist sie Hausfrau und Mutter von zwei Kindern und arbeitet seit 1978 ehrenamtlich im »Arbeitskreis für das ausländische Kind« (AaK) in Köln. Der Arbeitskreis wurde 1973 gegründet und hat heute rund 300 freiwillige Mitarbeiter.

Als ich gestern auf den Schulhof kam, lief mir Sandra entgegen und umarmte mich. Kurz darauf erschienen auch Enzo, Giovanni und Gaetano, und bald war ich von strahlenden Kindern umringt. So herzlich begrüßt werde ich seit Beginn einer Arbeit, von deren Möglichkeiten ich bis vor einem Jahr noch nichts ahnte. Nur durch einen Zufall, es war bei einer Party, hatte ich von der Existenz eines Vereins erfahren, der sich um ausländische Kinder in Köln bemüht.

Damals war ich mit mir und meinem Leben nicht recht zufrieden. Meine eigenen Kinder, vierzehn und elf Jahre alt, kamen eigentlich zunehmend ohne mich aus. Bis auf gelegentliche Hilfen bei Schulproblemen gestalteten sie ihren Tag allein. Ich hatte keine Lust, in meinen alten Beruf

zurückzukehren, fühlte aber doch den Wunsch, etwas zu tun, was außerhalb meiner Familie lag. Darum beschloß ich, mir diesen Verein, »Arbeitskreis für das ausländische Kind« (AaK, Köln), genauer anzusehen. Hier hörte ich zum ersten Mal etwas mehr über die Probleme der Kinder, die sich in einem Land zurechtfinden müssen, in das sie hineingeworfen wurden, ohne die Sprache zu beherrschen und ohne eigentlich erwünscht zu sein. Sie kommen an allen Ecken und Enden zu kurz und haben Hilfe dringend nötig.
Kaum hatte ich mein Interesse gezeigt, da lief bald alles über mich hinweg. Der Verein ist ständig auf der Suche nach Mitarbeitern, die gegen ein Minimalhonorar an den Schulen in Köln Initiativgruppen leiten. So fand ich mich eines Tages in einer katholischen Grundschule im Zimmer der Rektorin. Von ihr bekam ich eine Liste der ausländischen Kinder, die im Herbst eingeschult werden sollten. (Übrigens hatte ich in der ersten Zeit mit beklemmenden Gefühlen zu kämpfen, sobald ich die Schule betrat; eine Erfahrung, die ich bei meinen eigenen Kindern geltenden Schulbesuchen auch schon gemacht hatte. Waren meine persönlichen Schulerlebnisse wirklich so negativ, daß mich die Schulatmosphäre jetzt noch ängstigte?)
Als nächstes waren Besuche bei den Eltern der Kinder zu machen, die ich in einem Einschulungskurs betreuen wollte. Mit einer Einladung in italienischer Sprache (es waren fast nur italienische Kinder angemeldet worden) und ziemlich aufgeregt machte ich mich auf den Weg. Vor dem ersten Haus, in dem Giovanni wohnt, mußte ich meinen ganzen Mut zusammennehmen, um hineinzugehen. Das Haus war völlig verwahrlost, die Türe stand offen, und es sah aus, als könnte sie auch nie geschlossen werden. Ein schmutziger, dunkler Flur, abblätternde Farben an den Wänden, ein häßliches Treppenhaus – dann stand ich vor der Wohnungstür. Ich zitterte, hatte Angst. Natürlich hatte ich davon gehört, daß »Gastarbeiter« nur schwer an gute Wohnungen kommen, daß sie von den Vermietern »ausgebeutet« werden, daß sie zum Räumen von Häusern benutzt werden, die zum Abriß bestimmt sind usw. Trotzdem war ich entsetzt über das, was ich hier sah.
Giovannis Mutter öffnete und führte mich ins Wohnzimmer, das gleichzeitig Giovannis Zimmer ist. Ein großer Fernseher war eingeschaltet – Giovanni guckte »Pippi Langstrumpf«.

Er sprach ganz gut Deutsch: Wegen eines Beinleidens hatte er zwei Jahre in einer Kölner Klinik gelegen. Mit seiner Mutter konnte ich mich nicht verständigen, weil ich nicht italienisch spreche. Sie lächelte mich nur verlegen an. Zum Glück kam kurz darauf Giovannis Vater von der Arbeit. Er war von meinem Vorschlag ganz angetan, Giovanni jetzt schon – im Frühjahr – zweimal in der Woche in die Schule zu schicken. Plötzlich verschwand er und kam mit einem Riesenformular zurück. Er bat mich, ihm beim Ausfüllen zu helfen. Warum ist es eigentlich nicht möglich, solche Formulare – hier ging es um einen komplizierten Gesundheitsfragebogen – in der Sprache der ausländischen Arbeiter anzufertigen?
Die Atmosphäre in der nächsten Familie war heiterer, weniger beklemmend. Cosimo wohnt in einem großen Haus, in dem viele Ausländer leben. Es ist sehr einfach, doch ordentlich, und hat geräumige Wohnungen. Cosimo hat mir sofort besonders gut gefallen. Er ist ein hübscher, intelligent aussehender Junge und war gleich sehr zutraulich. Er hat zwei Geschwister. Seine Mutter ist eine resolute Frau, die etwas Deutsch spricht. Sie servierte mir zunächst einen köstlichen Espresso. Nach und nach versammelte sich dann die ganze Familie um mich. Wieder lief im Wohnzimmer der Fernseher – Werbeprogramm, und der Vater saß davor und büffelte Verkehrsregeln für den Führerschein. Sein Lehrbuch war in italienischer Sprache geschrieben. Cosimo zeigte mir, was er schon schreiben konnte und versprach mir, in die Schule zu kommen. Ich begann, mich richtig auf meine Arbeit zu freuen.
»Meine« nächste Familie, die Familie C., hatte Probleme, ihre große Wohnung in einem schönen Altbau zu behalten. Die zehn Kinder waren dem Hausbesitzer unheimlich. (Durch die Hilfe des AaK kann die Familie jetzt bleiben.) Anna Maria und Patricia, die beiden jüngsten Kinder der Familie, waren besonders hübsche, zarte Mädchen. Sie sahen aus wie Püppchen, waren schüchtern und ängstlich und sprachen überhaupt kein Wort Deutsch. Aber sie wollten kommen. Allerdings mußte ich versprechen, sie jeweils abzuholen und wieder nach Hause zu bringen.
Andere Besuche verliefen ähnlich. Einmal wurde ich von einem offensichtlich angetrunkenen Mann sehr kurz im Treppenhaus abgefertigt. Ich spürte seine Ablehnung, etwas

Feindseliges ging von ihm aus. Ich brachte das mit seiner Situation in Zusammenhang. Jedenfalls war ich froh, als ich wieder auf der Straße stand. Das Mädchen aus dieser Familie habe ich nie kennengelernt.
Ein Wochenendseminar, veranstaltet vom AaK, hat mich dann ein wenig auf meine Arbeit vorbereitet. Der ersten »Spielstunde« sah ich mit Spannung entgegen. Wir hatten einen Klassenraum zur Verfügung, wo nach und nach die Kleinen mit ihren Müttern oder großen Schwestern erschienen. Angeleitet von einer erfahrenen Mitarbeiterin des Vereins und zusammen mit Frau R., die aus ähnlichen Gründen wie ich zum AaK gekommen war, machte ich meinen ersten Versuch im Umgang mit den Kindern. Ein großes, wenn auch eher lustiges Problem in diesen ersten Stunden waren die Mütter! Sie hielten sich im Hintergrund des Klassenraumes auf und unterhielten sich so temperamentvoll, daß wir Mühe hatten, dagegen anzukommen. Später baten wir sie, die Kinder nur zu bringen und abzuholen. Ich habe dennoch den Eindruck, daß sie unsere Arbeit sehr schätzen. Wann immer ich der Mutter eines »meiner« Kinder auf der Straße begegne, gibt es eine herzliche Begrüßung.
Unsere Arbeit in der Einschulungsgruppe hatte zum Ziel, die Kinder an »Schule« zu gewöhnen. Von den zwölf Jungen und Mädchen waren nur zwei eine kurze Zeit im Kindergarten gewesen. Sie lernten bei uns, sich an den Ablauf der Stunden mit sehr lebhaften Spielen, aber auch mit ruhiger Beschäftigung zu gewöhnen. In dieser Zeit hatten wir kaum Schwierigkeiten. Die Kleinen waren ein wenig schüchtern und taten ganz brav, was wir ihnen vorschlugen. Es wurden Kreisspiele gemacht, es wurde gesungen, gebastelt, gemalt und geknetet. Die Kinder lernten Formen, Farben und Dinge kennen und die Bezeichnung auf Deutsch dazu. Ich erlebte dabei voller Erstaunen, wieviel Geduld ich aufbringen kann; und noch etwas erfuhr ich schon ganz bald – daß ich geliebt wurde. Ich erhielt Bilder, Süßigkeiten und kleine Briefe (von den Müttern geschrieben) und immer wieder Küßchen – auf die Hände, die Arme, den Mund. Das Schulgebäude war für mich plötzlich kein Alptraum mehr!
Unsere Art, mit den Kindern umzugehen, war sicher für die meisten völlig ungewohnt. Wir haben ihnen sehr viel Freiheit gelassen, nie Druck ausgeübt, und – was ich für das Wichtigste halte – wir waren nie böse auf sie. Wir haben

gezeigt, daß wir sie mögen, auch wenn sie einmal nicht »lieb« waren. Dieser Eingewöhnungskurs ging vor den Sommerferien zu Ende. Zum Abschied gab es einen Ausflug an den Rhein mit anschließendem Gartenfest.

Dann hatte ich, zusammen mit Frau R., meine erste eigene Gruppe. Zwölf Kinder zwischen sechs und acht Jahren, die meisten kannte ich schon, betreuten wir zweimal in der Woche. Jetzt war unsere Intention eindeutig: Deutschförderung. Wir wollten den Kindern helfen, sich besser in ihrer Umwelt zu behaupten.

Ich machte viele neue Beobachtungen, z. B. im Bereich des sozialen Verhaltens: Jedesmal entsteht ein kleiner Kampf, wenn es darum geht, wer bei einem Spiel anfangen darf; die kleinste Meinungsverschiedenheit geht bei einigen in einen erbitterten, brutalen Kampf über. Wenn ich Spiele austeile, gibt es Streit; manche Kinder sind nicht zu bewegen, etwas abzugeben oder auszuleihen. Ich neige dazu, dieses deutlich aggressivere Verhalten auf die Überforderung in ihrer jetzigen Situation zurückzuführen. Viele sind bis 17 Uhr in der Schule, weil beide Elternteile berufstätig sind. Die Klasse, in der sie in vier Jahren von einer italienischen Lehrerin auf den Wechsel in eine deutsche Klasse vorbereitet werden, ist viel zu groß: fünfundvierzig Kinder!

Oder ist es doch der mangelnde Einsatz von autoritären Mitteln? Es gibt Tage, da läuft alles falsch. Da stelle ich mich und meine Methode in Frage. Ich habe dann das Gefühl, ich gehe in eine Arena, in der ich mich bewähren muß: Wenn ich mein Publikum nicht bei Laune halte, verurteilt es mich erbarmungslos.

Ein Beispiel: Ich hatte mir zu Hause folgendes Spiel ausgedacht: mit T-shirts, Röcken, Pullovern, Hosen, die meinen Kindern zu klein geworden waren, bauen wir einen Laden. Alle Teile werden mit einem Preisschild versehen. Die Kinder bekommen Spielgeld. Ich hatte mir vorgestellt, daß die Kinder der Reihe nach in den Laden gehen, daß es ein Verkaufsgespräch gibt und daß schließlich etwas gekauft wird, was dann behalten werden durfte. Aber nein! Die Begeisterung war riesengroß. Nach kurzer Zeit gab es heftiges Geschrei. Es entbrannte ein wilder Kampf z. B. um eine Turnhose, die aber leider nur einmal zur Verfügung stand.

Ich fühle mich in solchen Situationen in einer ziemlich desolaten Verfassung. Zuerst versuche ich, das Spiel durch

Abb. 5 Die Begeisterung war riesengroß.

ständiges Eingreifen doch so zu gestalten, wie ich es mir vorgestellt hatte: Die Kinder sollen doch etwas dabei lernen! Dann lassen meine Kräfte nach, ich fange an, mich zu ärgern. Und zuletzt, angesichts des Chaos um mich herum, gebe ich auf und lasse sie spielen, wie *sie* wollen. Dabei fühle ich schmerzlich meine Ohnmacht, mit den Kindern einen wirklich engen Kontakt zu bekommen. Es ist kaum möglich, ein Konzept durchzuführen, das auf völliger Repressionsfreiheit beruht, wenn man dabei auf den verbalen Kontakt weitgehend verzichten muß.
Hierzu fällt mir die Geschichte mit Enzo ein: An einem Morgen hatte er zu nichts Lust, störte aber mit Ausdauer die anderen, zerstörte sogar deren aufgebaute Spiele, lief zu guter Letzt über die Tische. Ich versuchte mehrfach, ihn abzulenken, machte Spielangebote, doch er reagierte nicht. Schließlich setzte ich ihn vor die Tür. Dort blieb er eine Weile, bis ich ihn holte, oder besser – holen wollte. Er wollte nämlich nicht. Jetzt wäre ein Gespräch wichtig gewesen, um herauszufinden, was mit ihm los war. Immer das gleiche Problem: Er spricht sehr wenig Deutsch, ich kein Italienisch. Statt dessen befand ich mich unversehens in einem Handgemenge mit Enzo, weil er einerseits nicht mit uns spielen, aber andererseits auch nicht in seine Klasse gehen wollte.

Eine italienische Lehrerin kam mir zu Hilfe – aber ich hatte hinterher das traurige Gefühl, einmal mehr mit einer Situation nicht fertig geworden zu sein.
Das ist das eigentlich Schwierige an unserer Arbeit: Wir wollen Kindern helfen, die aufgrund ihrer Lebenssituation in ihrem Verhalten »beeinträchtigt« sind, die anders sind als meine eigenen Kinder und deren Freunde. Und wir können nicht mit ihnen sprechen. So stehe ich den Ausbrüchen von Zorn und übermäßigen Aggressionen ziemlich hilflos gegenüber. Ich bin nicht daran gewöhnt, damit umzugehen. Andererseits kann ich mich in solchen Momenten sehr gut in das hineindenken, was die Kinder tagein, tagaus erleben: das Gefühl der Hilflosigkeit, das aus der Unfähigkeit resultiert, sich ihrer Umgebung verständlich zu machen.
Was die Konzentrationsmöglichkeit der Gruppe angeht, so habe ich festgestellt, daß die durchschnittliche Dauer eines Spiels oder einer anderen Aktivität nur zehn Minuten sein darf. Danach gibt es Unruhe, die Kinder laufen auseinander. Dabei arbeite ich mit allen Tricks: Ich setze z. B. für jeden nachgesprochenen deutschen Satz eine kleine Belohnung aus und versuche möglichst Spiele zu erfinden, bei denen viele Kinder aktiv sein können. Außerdem verteile ich verschwenderisch Lob und auch Zärtlichkeiten, angefangen vom Kopfstreicheln bis zum herzhaften In-die-Arme-Nehmen. Jedes Bemühen wird hervorgehoben, besondere Leistungen werden mit Bravorufen gefeiert. Mißlungene beachte ich nicht. Insgesamt weiß ich natürlich, daß unsere Anstrengungen doch Früchte tragen, daß wir von der Sprache des Gastlandes sicher etwas vermitteln und daß wir vor allem den Kindern das eindeutige Gefühl geben, in unserer Gruppe nicht in einer feindlichen Umgebung zu leben.
Habe ich meinen Entschluß, mitzuarbeiten und zu helfen, in diesem einen Jahr schon einmal bereut? Ja, es gibt Tage, an denen ich mich frage, warum ich mir das freiwillig antue. Habe ich nicht genug mit meinen eigenen, soviel sanfteren, soviel angenehmeren Kindern? Doch wenn ich dann beim nächsten Mal zur Schule komme und von Sandra, Giovanna, Enzo und den anderen liebevoll und strahlend begrüßt werde, ist alles vergessen. Ich will weitermachen!

Anne von Auer

Aus meinem Klassentagebuch

Ausländische Kinder sind in der deutschen Schule meist nicht nur beim Lernen selbst benachteiligt, sondern sie werden zusätzlich auch durch eben ihre Eigenschaft, »Ausländer« zu sein, in eine soziale Außenseiterrolle gebracht. Anne von Auer hat in Tagebuchnotizen festgehalten, wieviel Mühe es kostet, deutsche und ausländische Kinder zu einer Klassengemeinschaft zusammenzubringen – Mühe für die Kinder und Mühe für ihre Lehrer, die bei dieser Aufgabe von den Schulbehörden allein gelassen werden.

Anne von Auer ist Realschullehrerin für Deutsch und Englisch. Sie hat an verschiedenen Schulen in Hessen unterrichtet und arbeitet heute an der Integrierten Gesamtschule in Groß-Gerau.

9. August

An unserer Gesamtschule habe ich eine neue 5. Klasse bekommen: Sechsundzwanzig deutsche Schüler, die sich schon aus der Grundschule kennen, und fünf Ausländer. Roberto, Leonardo, Riccardina und Giuseppe kommen aus der italienischen Vorbereitungsklasse. Sie sitzen in der letzten Reihe. Manuel ist Spanier. Zögernd hat er sich einen Einzeltisch an die Seite gerückt. Auf der anderen Seite sitzt Matthias, auch allein. Die anderen wollen ihn nicht neben sich haben.
Einige Mütter sind mitgekommen, um die neue Schule und die neue Lehrerin kennenzulernen. Skeptisch, besorgt und neugierig betrachten sie mich. Vor mir habe ich einunddreißig erwartungsvolle Gesichter: Was wird uns diese neue Lehrerin bieten? Wird sie streng sein? – Neben mir die kritischen Gesichter der Mütter: Wird sich diese kleine,

blonde Lehrerin überhaupt durchsetzen können? Wird sie genügend Rücksicht auf meinen langsamen Markus nehmen?
Ich versuche, mir mit Hilfe der Namensliste den ersten Eindruck von jedem Kind zu verschaffen.

22. August

Meine Klasse ist nicht mehr so ruhig wie in den beiden ersten Wochen. Deutlich spüre ich jetzt Spannungen. Matthias wird abgelehnt. »Er stinkt«, sagen die anderen.

5. September

Die Unruhe in der Klasse wird täglich größer.
Roberto und Leonardo sprechen noch nicht gut Deutsch. Sie unterhalten sich lebhaft in ihrer Muttersprache, sie fühlen sich nicht betroffen vom Unterricht. Leonardo soll eine Frage beantworten. Er reagiert nicht. »Leonardo!« schreien die Schüler. Leonardo blickt verwirrt um sich, dann wendet er sich an Roberto, der jedoch genauso hilflos aussieht. Giuseppe ruft etwas auf Italienisch herüber, aber es geht im Stimmengewirr unter. Jetzt geht er zum Tisch der beiden und erklärt ihnen die Frage in ihrer Sprache. Inzwischen ist die Klasse längst unruhig geworden. Unsicher murmelt Leonardo ein paar Worte. Ich kann ihn nicht mehr verstehen. Niemand hört ihm zu. – Jetzt brauche ich viel Zeit, um die Klasse zum Thema zurückzuführen; Leonardo ist entmutigt.
Ich muß also in Zukunft versuchen, solche Situationen zu vermeiden. Aber wie?

12. September

Unser Plan für die fünften Klassen sieht Satzteilbestimmung vor. In einer Übungsphase probieren die Schüler auf Arbeitsblättern aus, ob sie Prädikat und Subjekt angeben können. Bei der Erarbeitung und beim gemeinsamen Einüben waren viele Schüler noch unsicher. Ihnen habe ich vorgeschlagen, ihre Tische in der Ecke des Klassenzimmers zusammenzustellen, damit ich ihnen helfen kann. Zwölf Schüler bauen in der Ecke ihre Tische auf. In der kleinen Gruppe trauen sich viele mehr zu als sonst. Sie melden sich häufiger, kommen häufiger dran, und ich kann sie besser beraten, weil ich die Schwierigkeit des einzelnen erkennen kann. Aber Leonardo und Roberto brauchen mehr Erklärungen und mehr Zeit als die anderen. Für sie ist auch diese Gruppe zu groß. Sie kommen wieder zu kurz.

26. September

Giuseppe hat sich vorgenommen, ein guter Schüler zu werden. Er weiß, daß es dazu wichtig ist, viel Deutsch zu sprechen. Darum sitzt er jetzt bei den deutschen Schülern. In seinem ersten Physik-Test hat er eine Eins geschrieben, das haben mir die anderen Schüler voll Anerkennung erzählt.
Riccardina wird Dina genannt und sitzt jetzt neben Heidi, die sehr langsam versteht und es schwer mit dem Lesen und der Rechtschreibung hat. Dina ist ruhig. Bei leichten Aufgaben meldet sie sich, manchmal auch bei schweren, aber dann hat sie etwas mißverstanden. Einige, die schnell verstehen, rufen ihre Antwort oft ungeduldig in die Klasse. So kommt Dina nicht dazu, über ihre Antwort nachzudenken. Roberto und Leonardo haben keine Chance zu fragen. Aber warum sollten sie überhaupt fragen? Inzwischen türmen sich so viele Unklarheiten vor ihnen auf, ein Dickicht aus Nicht-Verstandenem. Mein Unterricht scheint nur für die deutschen Schüler zu sein und für die Schüler, die schon besser Deutsch sprechen, wie Giuseppe und Manuel. Roberto und Leonardo beschäftigen sich miteinander. Sie unterhalten sich lebhaft und lachen laut. Sie »stören« den Unterricht, weil sie ihn nicht verstehen.

19. Oktober

Täglich bekomme ich Klagen über meine Klasse. Die Schüler sind »unruhig« und »unkonzentriert«.

28. November

Wir wollen ein Adventsfest feiern. Feste mit 5. Klassen machen Spaß. Es gibt noch keine gelangweilten Gesichter. Die Bemerkung: »Das bringt's doch nicht«, fällt gewöhnlich erst in der 6. Klasse. Und ein Fest kann dazu beitragen, daß eine Klasse zu einer Gemeinschaft zusammenwächst. Es gibt gemeinsame Vorbereitungen, Spiele, an denen jeder teilnimmt, bei denen man sich anders und viel besser kennenlernt.

9. Dezember

Eine kleine Gruppe hat den Raum mit Tannenzweigen geschmückt. Roberto und Leonardo haben ihre Gitarren mitgebracht; vier Mädchen, die einen Beat-Gymnastikkurs besuchen, tanzen ihre einstudierten Tänze. Die anderen Mädchen trauen sich nicht mitzutanzen. Sie »können das nicht so gut«. Einige von den Jungen ahmen die tanzenden Mädchen nach. Die anderen Jungen balgen und raufen miteinander.
Mit Mühe gelingt es mir, Ruhe für Leonardos Gitarrenstück zu schaffen. Anschließend spielt Roberto ein deutsches Weihnachtslied und einen italienischen Volkstanz vor. Seine Finger greifen noch etwas unbeholfen in die Saiten, aber die Melodie ist rhythmisch und musikalisch richtig und deutlich zu erkennen. Nur ein paar hören ihm zu. Die anderen haben keine Geduld mehr.
Erleichterung, als das Fest zu Ende ist!
Enttäuschung über die Klasse!

16. Januar

Es gab Gespräche mit den Kollegen und mit dem Förderstufenleiter: Roberto und Leonardo können dem Unterricht nicht folgen. Sie gehen zurück in die italienische Einführungsklasse.
Niemand hat etwas dazu gesagt. Sie sind eines Tages einfach nicht mehr im Unterricht dabei.
Was wird in ein oder zwei Jahren sein, wenn sie nicht mehr in

der Einführungsklasse bleiben können? Werden sie dann genügend Deutsch gelernt haben, um in einer deutschen Klasse am Unterricht teilnehmen zu können? In der italienischen Einführungsklasse sind sie unter sich. Sie sprechen dort Italienisch und lernen ein paar Grammatikregeln für den Deutschunterricht. Mit ihren Eltern und Geschwistern unterhalten sie sich auch in ihrer Heimatsprache. Werden sie nach zwei Jahren Freunde in einer deutschen Klasse finden? Werden sie einen Schulabschluß bekommen können?

25. Januar

Manuel spricht gut Deutsch. Er ist eifrig und bringt sogar Dreier mit nach Hause. Seit einer Woche sitzt er neben Alexander, aber nach der Schule geht er gewöhnlich allein nach Hause.

9. März

Wir bereiten uns auf die Klassenfahrt vor. Dina sagt mir vor der Klassentür, daß sie nicht mit darf. Der Vater erlaubt es nicht. Es könnte ihr etwas zustoßen, meint er.

13. März

Ich habe mit Dinas Vater telefoniert und ihm versichert, daß ich gut auf Dina aufpassen werde. Er vertraut mir dieses Mal seine Tochter an unter der Bedingung, daß sie sich immer in meiner Nähe aufhält.

22. April

Die erste Nacht im Feriendorf: Die Kinder schlafen noch nicht, obwohl wir eine lange Wanderung gemacht haben.
Als ich den Jungen vor dem Schlafengehen eine Gespenstergeschichte vorlese, rufen mich zwei Mädchen in ihren Schlafraum: »Dina hat einen Anfall. Sie kann nicht mehr sprechen und ist ganz blau. Sie bekommt keine Luft.« Dina

liegt auf ihrem Bett mit offenen Augen, aber sie sagt kein Wort. Von den Mädchen erfahre ich, was vorgefallen ist: Claudia hat Dina gesagt, daß sie sie nicht mag. Claudia sucht bei den anderen Klassenkameraden Anerkennung. Wahrscheinlich denkt sie, Freundschaft schließen, hieße, sich gegen jemanden zusammenzuschließen.
Dina war bis zu diesem Tag niemals längere Zeit von ihrer Familie getrennt, vor allem nicht in der Nacht. Sie ist schon den ganzen Nachmittag über unruhig und aufgeregt gewesen. Bei der Wanderung hat sie sich nur in meiner Nähe aufgehalten. Jetzt ist sie Claudias Angriff schutzlos ausgeliefert. Die vertraute Familie kann sie hier nicht behüten, und die übrigen Mädchen haben sie noch nicht in ihre Gruppe aufgenommen. Von der Gemeinschaft kommt kein Halt.
Ich wende mich Dina zu und streichele sie. Ich spreche beruhigend mit ihr. Es scheint ihr langsam besser zu gehen. Sie atmet wieder regelmäßiger. Aber sie spricht nicht. Nach einer Weile richtet sie sich auf und bewegt ihre Lippen, aber ich kann sie nicht verstehen. Anke hat das obere Doppelbett neben Dina. Sie sitzt jetzt neben Dina und sagt ihr, daß die meisten Kinder der Klasse sie mögen. Dina beginnt zu weinen. Jetzt kann sie auch sprechen. Anke versteht sie zuerst. Sie hat gesagt, daß sie nicht allein schlafen möchte. Anke läßt sie zu sich ins Bett. Dina schläft sofort ein.

24. April

Auch in der zweiten Nacht hat Dina bei Anke geschlafen. Heute schläft Dina allein. Sie ist schon um 9 Uhr ins Bett gegangen und schläft wie ein kleines Kind, das nichts von dem Lärm ringsum spürt. Und der Lärm ringsum ist ungeheuer. Die Mädchen kreischen, und die Jungen gehen immer wieder zu neuen Angriffen auf das Mädchenzimmer über. Die Türklinken sind mit Zahncreme beschmiert. An Nachtruhe ist vorläufig nicht zu denken.

26. April

Es kristallisiert sich immer deutlicher heraus, welche Schüler in der Gruppe dominieren und welche um eine vorherr-

schende Stellung kämpfen. Matthias wird weiterhin von den anderen Schülern abgelehnt. Manuel ist nach wie vor zurückhaltend und freundlich. Er hält sich an Alexander und an Giuseppe, der jetzt beliebt ist, weil er gut Handball und Völkerball spielt. Man hat ihn gern auf seiner Seite. Giuseppe hat dichte schwarze Haare und dunkle Augen, die etwas unterschiedlich sind. Ich habe ihn niemals klagen oder »petzen« gehört. Die anderen nennen ihn jetzt Josi oder Pino (nach Pinocchio).
Dina ist lustiger geworden. Sie ist auch dabei, wenn es darum geht, die Jungen zu ärgern. Ich höre ihre Stimme jetzt häufig heraus, wenn die Schüler toben.

9. Mai

In der Schule ist die Klasse nach der Fahrt ebenso laut wie vorher. Aber Gespräche sind einfacher geworden, auch Gespräche zwischen den Schülern. Der Übergang zum Unterrichtsgespräch ist leicht, und die Schüler sind bereit mitzuarbeiten, obwohl sie natürlich nicht viel vom Schulbetrieb halten.

22. Mai

Die Schüler kommen aufgeregt aus der Pause. Eine Besprechung ist nötig. Türken und Italiener sind in der Pausenhalle aneinandergeraten. Giuseppe ist empört: »Die Türken sind die Schlimmsten«, berichtet er atemlos in einwandfreiem Hessisch, »sie wollen uns verprügeln, wenn wir heimgehen.« Näheres will er nicht erzählen. Die türkischen Schüler haben die Italiener in dem Streit bedroht. Giuseppe nimmt ihre Drohungen ernst. »Türkische Schüler sind schlimmer als wir«, versucht er der Klasse klarzumachen. Alles, was er so oft über die Italiener in Deutschland gehört hat, wirft er jetzt den Türken vor: »Die fangen immer Streit an mit uns, die Kümmeltürken!« Ein Teil der deutschen Schüler stimmt Giuseppe zu.
Wir sprechen über die Bezeichnungen: »Kümmeltürken«, »Ithaker«, »Knoblauchfresser« . . . Sofort schreien zwanzig Schüler: »Spaghettifresser!« Ein kleinerer Chor, unterstützt

von einigen deutschen Schülern, erwidert mit: »Kartoffelfresser!« Das ist offensichtlich ein Spiel und löst sich in Gelächter auf. Manuel hat nicht mitgemacht, nur ein wenig gelächelt.
Nils erzählt dann von einem Türken, den sie auf einem Spielplatz kennengelernt haben: Versehentlich haben sie sein Rad umgefahren. Er hat nur gelacht und »ist nicht schlimm« gesagt.

5. Juni

Jetzt haben wir auch einen Türken in der Klasse. Ylmaz kommt aus der türkischen Vorbereitungsklasse. Er macht einen freundlichen, zurückhaltenden Eindruck. Manuel hat ihm neben sich einen Platz angeboten. Die Schüler haben ihn interessiert betrachtet, sind aber bald zu ihren eigenen kleinen Beschäftigungen übergegangen.
Ich habe auch mit der türkischen Lehrerin gesprochen. Sie ist der Meinung, daß Ylmaz jetzt in einer deutschen Klasse Anschluß finden kann. Sie schildert ihn mir als einen freundlichen, ruhigen Jungen, der gern lernen möchte.

14. Juni

Ylmaz ist noch etwas scheu. In den Pausen hält er sich bei seinen türkischen Freunden auf. Wenn die Schüler sich mit schriftlichen Aufgaben beschäftigen, habe ich etwas Zeit, Ylmaz den Anfang der Aufgabe zu erklären. Er scheint darüber froh zu sein und versteht den Arbeitsauftrag gewöhnlich richtig. Aber mir fehlt dann die Zeit, um die Ausführung mit ihm gemeinsam in Ruhe durchzugehen. Viele deutsche Kinder aus der Klasse verstehen weniger als er. Ich muß mich um sie kümmern. Die Hausaufgaben oder der nächste Test beweisen fast immer, daß meine Erklärungen nicht gereicht haben.
Ich habe inzwischen einen Teil der Eltern meiner Klasse bei einem Elternabend kennengelernt. Da spürt man vor allem die Sorge heraus, die eigenen Kinder könnten zu kurz kommen, wenn sie mit so vielen leistungsschwächeren Schülern in einer Klasse sind.

22. Juni

Wir schreiben eine Deutscharbeit. Die Kinder sollen mit Hilfe von Schlüsselwörtern aus einem Text die wichtigsten Informationen entnehmen. Während der Arbeit stelle ich fest, daß Dina und Ylmaz kaum schreiben. Bei Giuseppe sieht es nicht viel besser aus. Manuel scheint die Aufgabe mit Mühe zu bewältigen. Alle vier haben Schwierigkeiten, den Text zu verstehen. Deshalb fordere ich sie auf, alle Wörter zu unterstreichen, die sie nicht kennen. Bei Ylmaz und Dina ist es etwa in jeder Zeile ein Wort, Manuel hat auf der Seite fünf Wörter unterstrichen, Giuseppe elf. Wörter, die in der Alltagssprache von Kindern nicht vorkommen, wie »Entwicklung« oder »wohlerzogen«, sind ihnen unbekannt.

Wie sollen Schüler mit Texten arbeiten können, die sie gar nicht verstehen? Soll ich ihnen eine Fünf geben für die Arbeit?

13. Juli

Die letzten Tests – hitzefrei – Versetzungskonferenzen.

Wir haben die Noten in der Klasse besprochen. Die deutschen Schüler verstehen, daß ich bei Ylmaz, Manuel, Dina und Giuseppe mit anderem Maß messe als bei ihnen. Die Noten richten sich vor allem nach der mündlichen Mitarbeit. Aber wie gerecht ist das? Ist es richtig, bei Ylmaz, der noch gebrochen Deutsch spricht, ebenso zu verfahren wie bei Giuseppe, der fließendes Hessisch spricht oder bei Manuel, der schon seit dem 1. Schuljahr in deutschen Klassen unterrichtet wird? – Wie geben die anderen Lehrer ihre Noten? Es hat keine Abstimmungen und keine Diskussionen darüber gegeben, seit ich an dieser Schule bin.

Es war nicht schwer, Giuseppe und Manuel zu versetzen, Giuseppe hat nur eine Fünf, Manuel keine. Ylmaz bekommt die Noten der türkischen Einführungsklasse. Dina wird mit drei Fünfen versetzt. Niemand verweigert ihr die Versetzung, denn sie stört niemanden. Diskussionen gibt es nur bei Schülern, die im Unterricht auffallen. Dina ist nicht aufgefallen.

12. September

Ein neues Schuljahr beginnt. Ich habe zwei italienische Schüler dazubekommen. Salvatore wiederholt das 6. Schuljahr. Er ist stärker und größer als die anderen Schüler meiner Klasse. Angela kommt aus der italienischen Vorbereitungsklasse. Dina rückt ihren Tisch neben Angela in die hintere Ecke des Klassenraums. Links haben sich Giuseppe, Salvatore, Ylmaz und Manuel zu einer Gruppe zusammengeschlossen.
Was soll jetzt aus meiner Klasse werden? Alles scheint umsonst gewesen zu sein. Nicht nur die neuen Schüler bleiben am Rande der Klassengemeinschaft, auch die, die schon einmal dazugehört haben, sind wieder außerhalb. Auch wenn ich die Sitzordnung verändere, bleiben sie eine Gruppe für sich. Es sind jetzt sechs, die Deutsch nicht als Muttersprache sprechen.

3. Oktober

Die Klasse ist unruhig und unkonzentriert. Man redet laut und ohne sich zu melden. Alte Spannungen sind wieder aufgebrochen. Matthias wird angegriffen und beschimpft. Giuseppe unterhält sich mit Salvatore laut auf Italienisch. Er bringt seinen Cassetten-Rekorder mit ins Klassenzimmer und trägt eine knallrote Schirmmütze. Ylmaz schließt sich immer mehr den Spielen der Italiener während des Unterrichts an. Claudia hat Lip-Gloss vor sich aufgebaut. Andrea und Silke malen in ihren Heften. Thomas schaukelt mit seinem Tisch, bis er umfällt. Markus knetet gedankenverloren rosa Schleimi-Zeug. Rolf unterhält sich laut und angeregt über den »Dracula«-Film vom Vorabend. Papierkügelchen sind wieder in Mode gekommen. Prügeleien in den Pausen auch mit Schülern aus anderen Klassen nehmen zu.

6. Oktober

Die anderen Lehrer beklagen sich wieder über meine Klasse. Nach einer Vertretungsstunde kommt eine Lehrerin zu mir: »So etwas habe ich noch nicht erlebt; da ist ja jedes

Kind ein Problemfall!« – Und schon möchte ein Kollege auf die »bewährten« pädagogischen Mittel aus der Väter- und Großvätergeneration zurückgreifen: »Da gehört nur noch der Knüppel rein!« empfiehlt er mir.

16. Oktober

Ein Zettel in meinem Fach: »Zugang: Antonio Gentile.« – Meine erste Reaktion: den »Zugang« ablehnen. Warum immer meine Klasse? – Wir können keine solchen »Zugänge« mehr verkraften. Je größer die Gruppe der ausländischen Schüler wird, desto schwieriger ist es, sie in die Gemeinschaft der Klasse hineinzunehmen und zu verhindern, daß sie eine Gruppe mit eigenen Gesetzen bilden.
Die Klingel schreckt mich aus meinen trüben Gedanken auf. Ich muß in den Unterricht in meine Klasse und den Einspruch auf später verschieben.
Auf dem Flur vor der Klasse stürzen mindestens zehn aufgeregte Schüler auf mich zu: »Der Neue hat die Andrea zusammengeschlagen. Sie müssen was unternehmen gegen den. – Ach, Sie machen ja doch nichts!« Sie erwarten von mir, daß ich, ohne zu zögern und zu überlegen, dem neuen Schüler Antonio vor aller Augen eine harte Strafe erteile. Die Gesichter spiegeln Empörung und Haß. Am liebsten würden sie sofort selbst ein Urteil vollstrecken.
Das ist keine Situation, in der ein Gespräch möglich wäre. Ich verbiete den Schülern jedes weitere Wort über den Vorfall und erkläre ihnen, daß ich nach der Stunde mit Antonio und Andrea sprechen werde.
Andrea hat ihren Kopf zwischen den Armen auf dem Tisch vergraben. Antonio sitzt regungslos und blaß mit weitgeöffneten dunklen Augen auf einem Platz in der letzten Reihe.
Nach der Stunde gehe ich mit den beiden auf den Flur. Andrea schildert mir den Vorfall vorwurfsvoll und empört: »Wir haben Wasserbomben aus dem Fenster geschmissen. Da ist er (sie zeigt auf Antonio) dazugekommen und hat mich gestumpt. Ich habe ihn zurückgestumpt, und da ist er über mich hergefallen wie ein Verrückter. Gucken Sie mal, wie ich aussehe!« Ich kann nichts Besonderes sehen. Andrea sieht verheult aus und hat geschwollene Augenlider.

Antonios Bericht fällt erheblich einsilbiger aus. Ich kann nichts Genaueres von ihm erfahren.
Sollte dieser Antonio so ein aggressives Kind sein? Kann sich hinter diesen ziemlich traurigen Augen Angriffslust und Haß verbergen? Ich kann es mir nicht vorstellen.
Ein salomonisch pädagogisches Urteil liegt nicht auf der Hand. Ich verurteile Antonios Verhalten und verwarne ihn eindringlich, damit sich »so etwas nicht wiederholt«. Andrea aber soll begreifen, daß ein Kind, das neu in eine Klasse kommt, dazu noch als Fremder in eine deutsche Klasse, nicht in der ersten Stunde vor den anderen zum »Sündenbock« gemacht werden darf. Andrea zieht unzufrieden und gekränkt davon.
Was kann sich wirklich abgespielt haben? Was kann Antonio zu seinem Verhalten gereizt haben? Hat Andrea vielleicht nur gesagt: »Schon wieder so'n Ithaker« oder etwas Ähnliches? – Umringt von lauter fremden Gesichtern, die ihm unfreundlich vorkamen, schlug Antonios Angst und Unsicherheit um in Wut, und er mußte jetzt beweisen, daß man jemanden wie ihn nicht ungestraft herabsetzen darf?

16. Oktober

Gegend 19 Uhr klingelt das Telefon bei mir zu Hause. Andreas Mutter ist am Apparat: »Müssen sich unsere Kinder jetzt schon von Ausländern zusammenschlagen lassen?« fährt sie mich an. »Und gleich am ersten Tag in der Klasse stürzt sich so einer auf unsere Andrea, und die anderen stehen dabei und greifen nicht ein! Man kann ja bald nicht mehr über die Straße gehen, ohne daß die mit Steinen nach einem werfen!« – »Wieso wirft Andrea denn Wasserbomben?« frage ich dazwischen. »Unsere Andrea hat keine Wasserbomben geworfen, das hat sie mir gesagt. – Die ist ja ganz schlimm zugerichtet! Und ihre Augen!«
Wie kann aus so vielen Vorurteilen und Emotionen ein Gespräch werden? Kann man jemanden, der so spricht, noch nachdenklich machen?
Vielleicht gelingt es mir, mit den Schülern gemeinsam über die Situation der Ausländerkinder nachzudenken. Der Zeitpunkt ist da. Wir müssen offen darüber sprechen.

17. Oktober

Ich habe heute aus Menzes »Schülerbuch« das Kapitel »Ausländerkinder« vorgelesen. Eine Diskussion ist nicht richtig aufgekommen, aber es war sehr ruhig in der Klasse: ein bißchen Betroffenheit – vielleicht! Zum Schluß habe ich das Lied »Die Rübe« vorgespielt. Der italienische Junge in dem Lied heißt auch Antonio.
»Wir brauchen Antonio und auch seine Brüder«, heißt es in dem Lied.
Antonio lächelt ein wenig verlegen beim Zuhören. Etwas Schalk spielt auch um seine Mundwinkel. Nur Andrea gibt noch nicht ganz den Widerstand auf. »Kindergartenkram«, murmelt sie, aber das ist schon ein Rückzugsschmollen.
Abends fällt mir ein, daß ich mich gegen diesen »Zugang« beschweren wollte. Aber inzwischen hat sich der »Zugang« als Antonio entpuppt, der fest mit mir rechnet und auch mit der Klasse. – Also, Antonio, du gehörst jetzt auch dazu! Jetzt sind wir fünf italienische, ein türkischer, ein spanischer und sechsundzwanzig deutsche Schüler. Kann das überhaupt gut gehen?

23. Oktober

Es geht nicht gut. Die »Ausländer« bilden eine eigene Gruppe, fast eine Clique. Salvatore ist schulmüde. Es hat keinen Sinn für ihn, das 6. Schuljahr zu wiederholen. Es zeichnet sich jetzt schon ab, daß seine Noten ebenso schlecht sein werden wie im vorigen Jahr. In den Pausen schließt er sich Gruppen älterer italienischer Schüler an, denen es ähnlich geht wie ihm. Er beginnt, stundenweise den Unterricht zu schwänzen. Ylmaz, Antonio und Giuseppe schwänzen nicht, aber sie sind im Unterricht meistens mit anderen Dingen beschäftigt. Interesse und Ehrgeiz sind bei Giuseppe und Ylmaz verlorengegangen, ihre Leistungen entsprechend gesunken. Manuel ist der einzige in der Gruppe, dem es gelingt, seinen Notenstand zwischen »Drei« und »Vier« zu halten. Aber er hat immer noch keinen richtigen Freund.
Angela fehlt häufig. »Meine Mutter kann keine deutschen Entschuldigungen schreiben«, erklärt sie mir. Ich glaube, Angela fühlt sich unwohl in der Klasse.

25. Oktober

Ich habe kaum noch die Nerven um weiterzumachen. Die Schüler spüren meine Unzufriedenheit, ich schimpfe oft mit ihnen.
Wir haben uns in einer Klassenkonferenz überlegt, ob wir nicht einzelne Schüler aus der Klasse herausnehmen sollen. Die Eltern der betroffenen Schüler sind zu einem Gespräch eingeladen worden. Für die Schüler wird ein Ultimatum von drei Wochen zur »Bewährung« gesetzt. Giuseppe ist auch betroffen. Sein Vater ist zum Gespräch nicht gekommen.

26. Oktober

Es hat sich etwas anderes ereignet: Ich habe Unterstützung von Florians Mutter bekommen. Florian hat der Mutter unglücklich berichtet, was jetzt alles in der Schule schiefläuft. Dabei ist die Idee entstanden, es anders zu versuchen. Florians Mutter stellt der Klasse eine Waschküche zur Verfügung für einen »Club des guten Willens«.

9. November

Die Schüler haben das Clubhaus von außen bemalt und von innen mit Bildern ausgestattet. Zweimal in der Woche sind Clubnachmittage. Am Dienstag spiele ich mit den Kindern, am Donnerstag malt Florians Mutter mit denen, die Interesse daran haben.

16. November

Das Ultimatum ist abgelaufen. Die unruhigen Schüler – das haben die betroffenen Lehrer festgestellt – sind etwas ruhiger geworden. Ist das auf den Club oder auf das Ultimatum zurückzuführen?

16. Dezember

Giuseppes Vater ist bei mir gewesen. Er hat Giuseppe vor einem halben Jahr ein Fahrrad geschenkt, weil seine Leistungen in der Schule gut waren. Danach sind seine Noten gesunken. Jetzt will er es nicht mehr mit Belohnung, sondern mit Strafe versuchen. Er will ihn mit einem Lederriemen schlagen, so wie er von seinem Vater als Kind geschlagen worden ist, wenn Giuseppes Leistungen nicht besser werden.

20. Januar

Ich habe die Eltern der »ausländischen« Schüler in ein Lokal eingeladen, denn sie scheuen sich, zu den Elternabenden zu kommen. Ich weiß, daß ich ihnen nur wenig Unterstützung bei den Schulschwierigkeiten ihrer Kinder geben kann, aber ich hoffe, daß etwas Vertrauen aufkommt und daß sie beginnen, mit mir über die Schwierigkeiten zu sprechen. Sie sollen wissen, daß die Schule auch für sie zuständig ist, und vielleicht kann ich mit ihnen zusammen herausfinden, wie man besser von diesem Wissen Gebrauch macht.
Es sind nur Antonios Eltern und Salvatores Vater gekommen, Antonio ist auch dabei. Antonios Mutter spricht gut Deutsch. Sie erzählt mir, daß sie vormittags arbeitet. Nachmittags ist sie zu Hause bei den Kindern. Sie möchte gern, daß Antonio die deutsche Sprache zu beherrschen lernt. Er besitzt viele deutsche Bücher, aber er liest nicht gern, lieber trainiert er Karate. Seine kleineren Brüder erledigen ihre Hausaufgaben regelmäßig und sorgfältig. Anders als Antonio haben sie von Anfang an den deutschen Unterricht besucht. Die Eltern haben jemanden gefunden, der mit Antonio Deutsch lernen soll. »Möchtest du lieber mit einer Krawatte oder mit einem Arbeitsanzug arbeiten?« hat die Mutter Antonio einmal gefragt. Er möchte lieber mit der Krawatte arbeiten, aber hat er eine Chance?

20. März

Die Anziehungskraft des Clubs hat nicht nachgelassen. Alle Schüler kommen. Am Anfang hat sich Antonio nicht getraut, aber jetzt tobt er genauso wie die anderen. Nur die beiden italienischen Mädchen, Dina und Angela, dürfen nicht kommen.

15. Mai

Der Unterricht in meiner Klasse ist leichter geworden. Wir sind durch die Club-Nachmittage sehr vertraut miteinander. Aber auch die anderen Kollegen kommen mit meiner Klasse jetzt besser zurecht.
Leider schwänzt Salvatore immer noch den Unterricht in einigen Fächern, leider arbeiten Antonio, Giuseppe und Ylmaz im Unterricht nicht besser mit. Ich habe daran gedacht, den schwachen Schülern am Club-Nachmittag bei den Hausaufgaben zu helfen; aber ich habe den Gedanken gleich wieder verworfen: Der Club soll ein Spiel-Club sein, anders als Schule.

5. Juni

Die Klassenfahrt in eine Jugendherberge im Odenwald steht bevor. Alle Kinder dürfen mit, außer Dina und Angela. Beide Mädchen bitten mich, mit ihren Eltern zu sprechen. Ich vereinbare Termine, treffe aber zu den abgemachten Zeiten die Eltern nicht an.

8. Juni

Ich habe heute eine Kurzgeschichte von Frederik Hetmann vorgelesen: »Antonella«. Antonella ist ein italienisches Mädchen, das in eine deutsche Klasse geht. »Sie hat gar nicht dazugehört, sie hat nur dabeigesessen«, heißt es in der Geschichte. – Die Schüler haben verstanden, daß es um Angela und um Dina geht. Sie machen verschiedene Vorschläge: Die Sitzordnung soll geändert werden. Angela und

Dina rücken zu den deutschen Mädchen herüber. – Die Klasse formuliert einen Brief für Dinas und Angelas Eltern: »Wir, die Klasse 6c, freuen uns, wenn Ihre Tochter mit uns auf die Klassenfahrt kommt.« Nils und Frank schreiben die deutschen Briefe, Giuseppe und Antonio übersetzen sie auf demselben Blatt ins Italienische. Alle Schüler unterschreiben.

Abb. 6 Sie hat gar nicht dazugehört, sie hat nur dabeigesessen.

11. Juni

Ich habe Dinas Mutter besucht, aber der Vater hat zu entscheiden, und er ist nicht da. Am Abend rufe ich ihn an. Er lehnt ab. Eine Familienfeier ist der Grund.
Angelas Mutter habe ich schließlich einmal nach der Schule im Treppenhaus vor ihrer Wohnung getroffen, zwei kleine Schwestern von Angela an der Hand. Sie würde Angela mitfahren lassen, sagt sie, »aber mein Mann sagt: Nein, nein!« Mehr als einen Tag läßt er seine Tochter nicht weg.

18. Juni

Schüler und Eltern warten vor der Schule auf den Bus. Giuseppe steht abseits ohne Gepäck. Er darf nicht mit, weil er in der Schule nicht »besser« geworden ist. Sein Vater hat diese Entscheidung erst am Abend vor der Klassenfahrt getroffen, ohne mich zu benachrichtigen. Giuseppes Gesicht ist gesenkt. Dann und wann blickt er durch seine dunklen Haare zu den anderen hinüber.
Auch Angela steht traurig neben mir. Eigentlich merkwürdig, daß sie so gern mitmöchte. Vielleicht ist der Brief für sie ein Zeichen oder eine Hoffnung, daß sie begonnen hat »dazuzugehören«.

19. Juni

Am ersten und zweiten Tag einer Klassenfahrt kommen gewöhnlich die Spannungen zwischen den Schülern zum Vorschein. In diesem Jahr sind es nicht mehr so viele Spannungen. Die Kinder haben im Club gelernt, miteinander zu spielen und zu sprechen.
Aber sie wußten noch nicht, daß Ylmaz kein Schweinefleisch ißt. Er ist Mohammedaner. Seine Religion verbietet es ihm. Mittags beschränkt er sich auf Kartoffeln, Nudeln und Salat. Sogar die Gurke, die auf einem Stück Wurst gelegen hat, weist er zurück. Als Aufstrich ißt er Käse, immer nur Käse. Dabei mag er ihn gar nicht besonders. Wenn jemand ihm zum Spaß Wurst anbietet, schüttelt er mit einem freundlichen Lächeln den Kopf. Die Kinder haben sich schnell an seine Sitte gewöhnt.
Manuel geht oft auf kleine Einzeltouren. Salvatore, Antonio und Ylmaz schließen sich meistens den deutschen Schülern an.

21. Juni

Am Nachmittag des zweiten Tages hat es einen Streit zwischen Ylmaz, dem freundlichen Ylmaz, und Antonio gegeben. Ich war nicht dabei, daher weiß ich nicht, wie es zu dem Streit gekommen ist. Jedenfalls hat das Reizwort »Ithaker«

die Prügelei ausgelöst. Ylmaz ist dabei mit dem Hinterkopf gegen eine Eisenstange geschlagen. Jetzt liegt er auf seinem Bett und weint. »Ylmaz, du kannst dir doch sicher vorstellen, wie es ist, wenn man Ithaker genannt wird!« sage ich. Ylmaz nickt, seine Tränen fließen.
Ich spreche auch mit Antonio. Er sitzt traurig auf einer Bank im Hof. »Ylmaz tut es leid«, sage ich ihm. Antonio ist sofort zum Frieden bereit. Wir gehen zusammen zu Ylmaz ins Zimmer.
Danach hat es keinen Streit mehr gegeben.

23. Juni

Heimfahrt im Bus. Antonio hat dem Busfahrer eine Musikcassette nach vorne gereicht. Noch einmal also die Musik, denke ich, die jetzt fünf Tage lang aus den Cassetten-Rekordern der Mädchen ertönt ist: Pop-Musik, die in den letzten Wochen auf den obersten Plätzen der Hitlisten rangierte. Ich habe mich geirrt. Aus dem Lautsprecher kommt Adriano Celentanos heisere Stimme. Antonio und Salvatore grinsen. »Was'n des?« fragt einer und lacht. Nicht einmal die Mädchen protestieren.

26. Juni

Angela und Dina sind heute zum ersten Mal im Club gewesen. Wir haben ein Theaterstück eingeübt. Beide haben eine kleine Rolle übernommen.

4. Juli

Versetzungskonferenzen. Bei neun Schülern ist die Versetzung gefährdet. Salvatore hat dieses Mal nichts zu befürchten. Zweimal kann er das 6. Schuljahr nicht wiederholen. Hat es ihm geholfen, daß er die 6. Klasse zweimal durchgemacht hat? – Er hat jetzt mehr Fünfen und Sechsen als auf dem Zeugnis vor einem Jahr. Alle Anstrengungen erscheinen ihm inzwischen sinnlos. Er ist mutlos geworden. Wahrscheinlich wird er nicht mehr

»sitzenbleiben« – aber einen Schulabschluß wird er nicht bekommen.
Fast alle Schüler, bei denen die Versetzung gefährdet ist, haben früher schon einmal ein Jahr wiederholt. In jedem Fall stelle ich den Antrag auf Versetzung. Einige Kollegen melden sich prompt zu Wort: Das geht ihnen gegen den Strich. Es gibt eine grundsätzliche Diskussion. Bei einer bestimmten Anzahl von Fünfen, so argumentieren sie, könne nicht versetzt werden, einerlei wie die häuslichen und persönlichen Verhältnisse des Schülers seien. Aber dieses Mal geben ihnen die Bestimmungen nicht recht. Eine Nicht-Versetzung soll pädagogisch sinnvoll sein, sie soll den Schüler in seiner schulischen und persönlichen Entwicklung fördern.
Trotzdem ist der Unmut bei manchen Kollegen geblieben. Zwei Schüler werden nicht versetzt: Giuseppe und Antonio. Um Dinas und Angelas Versetzungen hat es keine Diskussion gegeben. Sie haben offenbar auch für manche Lehrer »gar nicht dazugehört«.

5. Juli

Ich wollte nicht abwarten, bis die Briefe mit der Mitteilung: ». . . nicht versetzt«, bei Antonios und Giuseppes Eltern ins Haus kommen. Ich bin zuerst bei Antonio gewesen. Seine Mutter ist traurig, aber es gibt keine unfreundlichen Worte für Antonio.
Dann begleitet mich Antonio zu Giuseppes Wohnung. Giuseppes Mutter öffnet die Fensterläden und sieht aus dem Fenster, bevor sie das Hoftor aufschließt. Das Wohnzimmer ist sehr sauber und aufgeräumt. Giuseppes Vater ist noch nicht zu Hause. Seine Mutter spricht nur wenig Deutsch. Antonio hilft uns bei der Verständigung. Die Mutter ist bestürzt. »Der Vater wird Giuseppe schlagen!« sagt sie. »Ich bin schuld, ich habe keine Zeit für Giuseppe, immer arbeiten.« Ihr Gesicht ist verschlossen und verhärmt. Es fällt mir schwer, ihr Alter einzuschätzen. Auch hier ist der Vater tonangebend. Ich beschließe, am Abend wiederzukommen, wenn der Vater von der Arbeit zurückkehrt.
Unterwegs treffe ich Giuseppe. So habe ich ihn noch nie gesehen wie nach dieser Nachricht. Er hat Angst, so viel

Angst, daß er nicht mehr sprechen kann. Er reagiert kaum noch auf meine Fragen. Ich bringe ihn zu seiner Mutter und gehe.
Um 6 Uhr stehe ich wieder vor dem Hoftor. Der Vater öffnet mir. Niemand hat gewagt, ihm die Nachricht zu überbringen. Als ich es ihm sage, schlägt er die Hände vor das Gesicht und bleibt eine Weile so reglos sitzen. Dann brüllt er Giuseppe an, der vor der Tür stehen geblieben ist, hereinzukommen. Giuseppe setzt sich wortlos dazu. Sein Gesicht, das sonst so lebhaft und beweglich ist, ist jetzt blaß und starr. Er wagt nicht aufzublicken.
Ich sehe deutlich, daß ich dem Vater den Sinn dieser Konferenzentscheidung nicht erklären kann, zumal ich ihn selbst nicht verstehe. Es wird also darauf ankommen, ihn davon abzuhalten, seine Erbitterung und Wut uneingeschränkt an Giuseppe auszulassen. Ich versuche es mit Worten, vielen Worten, aber sie prallen wirkungslos an der Wut dieses Mannes ab. Abwechselnd gibt er seinem Sohn und seiner Frau die Schuld für das Sitzenbleiben: »Er hat zu viel Freiheit gehabt.« Wie viele Menschen verwechselt auch er zu viel Freiheit mit zu wenig Zuwendung und Betreuung.
Es ist nicht möglich, diesem wütenden Mann mit Argumenten etwas klarzumachen. Ich möchte jetzt nur, daß er seinen Sohn nicht schlägt. Aber er droht diese Schläge an, und dabei bleibt es nicht. Giuseppe soll nach Italien in ein Heim kommen, wo Schüler mit Schlägen erzogen werden. »Jeden Tag in den Ferien werde ich ihn spüren lassen, was er mir angetan hat.« – Giuseppes niedliche vierjährige Schwester setzt sich dem Vater auf den Schoß, wahrscheinlich der kleine Liebling, neben dem Giuseppe es schwer hat, Sympathien zu erwerben. Jetzt wird sie nicht beachtet.
Ich spüre, daß ich nicht die Möglichkeit habe, mit meinen Worten für Giuseppe bei seinem Vater etwas zu tun: Der Vater will möglichst bald nach Italien zurück. Giuseppe soll aber zuerst die Schule beenden, und der Vater will nicht noch ein weiteres Jahr warten müssen; dann ist er vielleicht zu alt, um in Italien eine Anstellung zu bekommen.
Während ich merke, wie meine Worte immer schwächer und einflußloser werden, fällt mir plötzlich eine Möglichkeit ein, Giuseppe zu helfen. Es ist nicht sehr aussichtsreich, aber ich will es trotzdem versuchen. Ich will am nächsten Tag in der Pause eine Klassenkonferenz einberufen, denn ich habe

etwas übersehen: Auch Giuseppe hat schon einmal ein Schuljahr wiederholt. Er hat das 5. Schuljahr in der italienischen und noch einmal in der deutschen Klasse absolviert. Bei allen anderen Schülern, die schon einmal ein Schuljahr wiederholt hatten, haben wir die Versetzung ausgesprochen.

6. Juli

Die Klassenkonferenz wird über Lautsprecher ausgerufen. Trotzdem beteiligen sich nur wenige Kollegen. Noch sind wir nicht beschlußfähig. Die Kinder haben aus der Lautsprecheransage gehört, daß es um Giuseppe geht. Giuseppe wartet ängstlich vor der Tür.
Inzwischen sind wir beschlußfähig. Ich gebe den Kollegen die fehlende Information und schildere kurz Giuseppes Situation. Wir stimmen ab: Giuseppe wird versetzt.
Anschließend bin ich in meiner Klasse. Giuseppe macht Luftsprünge. – Antonio weint. Er bleibt nun allein zurück.
Nils meldet sich. In wenigen Sätzen trägt er die Gründe vor, die dagegen sprechen, daß Antonio die Klasse verlassen soll. Zusammen mit drei anderen Schülern schreibt Nils diesen Brief an alle Kollegen, die an der Entscheidung beteiligt waren, Antonio nicht zu versetzen:
»Wir, die Klasse 6c, wollen unseren Unwillen über die Nichtversetzung von Antonio Gentile laut machen. Es ist doch sicher auch im Willen der Lehrer, daß sich Deutsche und Italiener vertragen und Freundschaften knüpfen. Aber wir fragen Sie, wie das geschehen soll, wenn die Italiener nach einem Jahr aus einer Klasse gerissen werden, wo sie gerade Freunde gefunden haben? Wen wundert es dann, wenn sie langsam in die Außenseiterrolle schlüpfen? Wir bitten Sie, das zu bedenken.«

Gotthart Schwarz

Stavros und seine deutsche Lehrerin

Ausländische Kinder haben Probleme mit ihrer deutschen Umwelt, mit der Schule, ihren Mitschülern und ihren Lehrern. Deutsche Lehrer haben Probleme mit ihrer Schule, ihren Kollegen, ihrer Klasse und mit ihren ausländischen Schülern. Der normale Schulbetrieb läßt beiden Seiten weder genügend Zeit noch Gelegenheit, über ihre unterschiedlichen Sichtweisen der gleichen Probleme miteinander zu sprechen. Gotthart Schwarz hat beide Sichtweisen aufgezeichnet und einander gegenübergestellt.

Gotthart Schwarz ist promovierter Politologe. Er hat als Dozent in der Jugend- und Erwachsenenbildung gearbeitet, war Projektleiter sozialwissenschaftlicher Forschungsgruppen im Bereich der Jugend-, Bildungs- und Sozialpolitik und ist heute Professor im Fachbereich Sozialwesen an der Fachhochschule München.

Stavros . . .

1.

Mein Name ist Stavros. Ich bin 13 Jahre. Ich gehe in die 6. Klasse in deutsche Schule und in die 8. Klasse in griechische Schule. Die ist in Esslingen – das ist eine halbe Stunde mit die Bus.

Heute bin ich um 7.30 Uhr weg. Um 1 Uhr bin ich zu Hause, muß ich schnell essen, schnell lesen. Dann halb drei bin ich wieder weg und halb sieben bin ich wieder zu Hause. Und dann muß ich wieder Deutsch und Griechisch lernen – ich mach zweieinhalb Stunden das am Tag. Ich gehe gern in die Schule, aber das ist zuviel für uns. Also, ich bin sechs Stunde in die deutsche Schule gewese, dann bin zwei Stunde in Sprachhilfe, daß ich was lerne und zwei

Stunde in griechische Gymnasion. Da mußten wir Prüfung schreiben.
In deutsche Schule ham wir eine Geschichte gelese. Und Georgios und ich, wir ham Blödsinn gemacht. Dann ist die Lehrerin aufgeregt, die hat gesagt: Mit euch kann ma nix mache, und ihr braucht nich mehr in die Schule komme! Danach ham wir Englisch gemacht, da ham wir geschrieben, und ham wir noch gelesen. Und dann die Sprachhilfe, da ham wir Worte rausgesucht, und ham wir gesagt, was das ist, und was das bedeutet. In die griechische Schule ham wir Prüfung geschrieben für 8. Klasse. Also, das war Chemie und Physik, und ich habe gut geschriebe. Zwei Stunde muß man normal haben, aber ich habe es in eine Stunde geschafft.
Das ist schon viel Schule für uns, einfach viel zu viel. Vier Stunde wäre richtig, vier bis fünf, zusammen mit die griechische Schule sechs Stunden. Aber jetzt ham wir zehn Stunde am Tag, das ist viel. Weil, ham wir am Nachmittag keine Zeit und könne nich mit andere Kinder spielen, Fußball spielen und so. Nur am Wochenende mach ich das, weil sonst habe ich keine Freizeit.

2.

Manche Kinder mögen mir net, weil ich bin Grieche, und die Lehrerin sagt immer mir, was ich tun soll. Und die Kinder sagen: »Immer geht sie zum Stavros.« Aber die schafft es nicht, weil es sind dreißig Kinder, und sie kann nicht zu jedem kommen zehn Minuten. Manche verstehen das. Aber die anderen sagen dann: »Ach der, immer der da!«
Als ich von Griechenland hier gekommen bin, habe ich nicht die Sprache gekennt. Jetzt habe ich gut gelernt, und die Kinder sind jetzt besser Freund mit mir – manche. Sie habe gesagt: »Jetzt hast du die Sprache gelernt, jetzt bist du Freund mit mir, jetzt kannst du komme und mit mir spielen.« Im erste Jahr haben gekommen alle Kinder und sagen: »Ich spiele nich Fußball mit dir.« Und jetzt alle wollen mit mir spielen Fußball. Warum? Ich bin gut. Meine Klasse haben viel Glück. Wo ich haben gespielen in Fußball, haben gewonnen. Wann ich nich spiele, dann haben verloren, hundertprozent.

3.

Also, ich bin gekommen in Klasse und ich konnte mit die Kinder nich sprechen. Alle Kinder sprechen mit mir, ich verstehn nich, was die sagen. Kann ich nich sprechen, was soll ich sagen? Ich weiß nich, was machen. Habe mich in die Tisch gesitzt und die Kinder haben mir immer gesehen und sagen: »Wer ist der? Von wo kommst du?« – Also, ich möchte was sagen, und ich kann das einfach nich. Und alle Kinder lachen über mir. Weil ich habe nich verstanden, ich spielen, malen, zeichnen, sprechen, machen Blödsinn. Die Lehrerin mir geben Strafarbeit zu schreiben. Ich schreiben nich. Ich habe nich verstanden! Die Lehrerin will mir sagen: »Wenn du gut bist, bekommen gute Note, wenn du schlecht bist, dann kommt nix bei dir gute Note.« Ich habe gesagt: »Nich verstanden« und so. Dann sagen die Lehrerin: »Okay, hast du viel Glück.« Und dann bin ich in Pause allein gegange und heule, und dann war ich allein.
In der zweiten Stunde ham die Kinder meine Freund, den Vassilis, reingelasse, der hat gesagt, von wo ich komme, der hat erklärt alles, was ich gesagt habe auf griechisch. Und der hat mir viel geholfe, und jetzt sind wir gute Freund. Und wenn was ist, dann kommt der wieder und helft mir.

4.

Die deutsche Kinder lernen nich griechisch, weil das hier ist ihre Heimat. Und Beispiel; die deutsche Junge und Mädle lerne griechisch, so aber die türkische Kinder können nich griechisch sprechen.
Also kann man nur deutsch sprechen hier.
Die deutsche Kinder verstehn besser die Lehrerin. Wenn sagen: »Ruhig!« dann bleiben ruhig, weil wissen, daß sonst Arbeit schreiben. Und wenn die Lehrerin mir sagen: »Ruhig!« vielleicht haben ich nich verstanden. So wie heute. Ham wir Englisch geschrieben, hat mir gesagt dreimal: »Ruhig!« Habe ich nich verstanden. Und beim drittenmal ist von mir weggegangen und hat gesagt: »Du sitzt hier alleine.« Mit dem Sprechen ist sehr wichtig für Ausländerkinder. Also kannst du Beispiel, wenn einer lügt bei die Lehrer oder Lehrerin, kannst du sagen: »Das war nich so, das war so oder so.« Und die andere Kinder sagen: »Ja, das war so, das war so, wie Stavros sagt oder Georgios oder Dimi!« – Dann ist besser.

5.
Am Anfang habe ich nich mitgemacht Englisch oder Deutsch, weil ich habe nich die Sprache gekennt. Und dann hab ich immer abgeschrieben, bis meine Hand gelernt hat, daß ich bißchen schreibe. Und als ich erste Mal meine Name schreiben könnte, ich habe gedacht, ich kann alles schreiben jetzt. In Geographie, Mathematik und Physik war nich schwer, weil ich bin ja auch zu griechische Schule gegange und habe ich gewußt, wie ich das machen muß. Ich habe nich gut gemacht die Sprache, aber sonst habe ich gut gemacht. Aber ich habe nich gewußt, wie ich lernen soll. Ich habe nur geschrieben und habe nich gewußt, was ich schreibe. Das war sehr langweilig, sechs Stunden. Und ich habe gesagt: »Wann gehn mir weg von Schule?«
Deutsch und Physik ist am besten und noch viel Sport und Technik. In Technik habe ich 1,5. Aber in anderen habe ich nich so gut, Beispiel in Deutsch oder Englisch. Ich gehe in die griechische Schule lieber, weil . . . also meine Sprache, gell? Wenn ich nach Griechenland gehe, dann brauche ich die griechische. Aber die deutsche Schule finde ich auch nich schlecht, weil hier lernt man was, das die andere Kinder in Griechenland nich soviel wissen wie wir hier in Deutschland.
Deutsche und griechische Schule ist nich das gleiche. In der deutsche Schule lernen wir sechs Stunde und in der griechische Schule zwei Stunde, weil das unsere Sprache ist. In griechische Schule sind wir Freund mit die Lehrer, aber in deutsche Schule nich soviel. Mit griechische Lehrer kann man also Fußball spielen und alles. Aber in deutsche Schule, wenn wir Mathe haben, dann ist Mathe und keine Fußball.

6.
Mit die Lehrer bin ich zufrieden, und die helfen mir viel, und wenn ich was nich weiß, die erklären mir. Mir gefällt auch mit Lehrer Stunde machen, aber das ist langweilig sechs Stunden. Aber vielleicht machen jetzt samstags keine Schule. Und die Lehrer hoffen auch, daß die samstags keine Schule machen und können gehn einkaufen wie alle Leute.
Ich kenne den Mathematiklehrer wie einen Freund und deshalb geht besser als mit die anderen. Mit ihm mache ich auch Sport, und er ist zufrieden, weil ich spiele gut Handball und Fußball. Und in Mathematik ist der auch zufrieden.

Und wenn er ins Unterdorf kommt, dann nimmt der mich mit oder wenn der irgendwas macht, dann sagt der: »Möchtest du auch mitmachen?« Und wenn ein Heft nich dabei oder ein Buch, der schimpft nich und sagt: »Egal!« Der ist freundlich, aber die anderen Lehrer zeigen nich, wenn sie freundlich sind. Ich habe ein bißchen Angst vor die Lehrer. Aber, muß man nich Angst haben vor die Lehrer?
Bei der Sprachlehrerin habe ich eine Woche ruhig geblieben, dann habe ich Blödsinn angefangen und so – Streit mit andere Kinder. Aber die hat nich angefangen zu schimpfen. Und dann hat der Dimi zur mir gesagt: »Die ist gute Lehrerin, mach keinen Blödsinn!« Und dann ham wir beide keinen Blödsinn gemacht und ham mitgeschrieben, was sie aufgeschrieben hat. Und montags möchten wir zwei Stunden Sprachhilfe ham, aber das können wir nich, weil wir Englisch ham. Aber Mittwoch nach Turnen, da ist langweilig, weil nach Turnen sind wir müde und riechen wir so. Da kann man nich so gut Sprachhilfe machen. Aber mit der Sprachlehrerin sind wir wie Freunde und nich wie Lehrer und Schüler.

7.
Wenn es heute mit die Kinder Probleme sind, die machen wir schnell aus. Und eine vertragt die andere. Im ersten Jahr, wo ich hier, das war schlimm. Die sagen: »Ich bin nich dein Freund!« Wenn ich frage: »Sagst du mir, was das heißen?« Die sagen: »Nein, ich muß meine Mathematik machen.« Und ich sage: »Erklär mal, was das heißt«, dann sagen die: »Du bist nich mehr meine Freund, weil du möchst immer abschreiben.« Die haben mich nich abschreiben lassen, weil die möchten alleine machen, gell? Die möchten Beispiel nich, daß ich mitkomme in dieselbe Klasse, Beispiel in die 7. Klasse. Die möchten, daß ich schlechte Noten habe, weil die möchten nich, daß ich wieder bei dieselbe Klasse komme. Aber jetzt bin ich zufrieden, weil ich nich mehr abschreiben brauch. Jetzt kann ich selber.

8.
Deutsche Kinder einmal sind gut, einmal sind bös und schimpfen. Ich will jetzt nich schimpfen, aber griechische Kinder helfen mehr. Wenn von die deutsche Kinder ich will Hilfe, die sagen: »Ach hau ab Mensch, laß mich jetzt, ich will allein machen!« Aber wenn ich was habe, Beispiel Kaugum-

mi oder Schokolade, und die Kinder wollen das auch, dann sagen: »Du bist gut, du bist gut! Ich möchte auch das haben, gibst du mir was?« Und wenn ich einem geben, kommt der andere und sagt: »Gibst du mir das auch?« Und ich sage: »Ich hab keins mehr.« Und die sagen: »Ach, du lügst« und so. Und das möchte nich sein mit die Kinder, weil, wenn ich habe, dann gebe ich allen, und wenn nich habe, dann kann man nix machen.
Und die Lehrerin hat gesagt, ich muß mich Beispiel nich so aufregen, wenn die Kinder was sagen! Wenn ein Bub oder Mädle hat gesagt: »Du bist spät«, dann hab ich mir immer so aufgeregt. Und die haben gesagt: »Du störst den Unterricht!« Und dann haben die Kinder mit mir Schlägerei gemacht. Und die Kinder möchten mich nich bei die Klasse haben, die möchten keine Ausländer.
Einmal hat der Physiklehrer gesprochen mit die Kinder und dann ist besser geworden. Und wenn die Beispiel was malen möchten, die haben von mir Farbe genommen. Und manche haben mit mir viel Freundschaft gehabt und manche nich soviel. Aber dann ist keine Schlägerei.
Ich glaube, daß Italiener, Türken und griechische Kinder können mit deutsche gute Freunde werden, wie ich mit meine Kameraden in Griechenland. Egal ob deutsche oder griechische Kinder, das ist beide gleich. Nur Freunde sein!

9.

In meine Klasse gibts zwei Italiener, zwei Türken und zwei Griechen. Die Italiener sind zwei Mädle, der Türke ist ein Junge und ein Mädle, und die Griechen sind zwei Jungen, der Georgios und ich. Also der Türke, der ist hier geboren und der hat keine Probleme gehabt, nix mit der Schule. Und die Italiener auch so. Aber ich und der Georgios, wir sind jetzt zwei Jahre hier, und wir ham noch Probleme. Und dann hat die Lehrerin gesagt, also ich muß mit deine Eltern sprechen. Und die hat mit meine Eltern gesprechen und gesagt: »Der kann nich in der Klasse bleiben« und so.
»Der kann nich sprechen und schimpft mit die Kinder.«
Ich bin hierher gekommen und möchte auch nicht jemand stören. Aber wenn die deutsche Kinder mich schlagen, dann bin ich auch aufgeregt und nich ruhig geblieben. Weil, da sind alle Kinder gekommen! Und wenn deutsche Kinder

wollen schlagen mir, ich bleiben net mit Hand hoch, dann schlage ich auch diese Kind.
Aber wenn alle Kinder sind gekommen, da kann man nix machen.
In ersten Tagen, wenn ich bin gekommen nach Deutschland, dann ich habe geschlagen die Kinder. Ich weiß nich warum. Die Lehrerin gehen zu Rektorat, und das hat Brief gegeben zu meine Mutti und sagen: »Sie kommt hier zu Besuch in der Schule.« Und meine Mutti hat gekommen. Und dann hat meine Mutti mir geschimpfen. Und jetzt bin ich wieder gut und alle Kinder wollen mit mir spielen.

10.
Wenn mein Vater streitet, dann will ich weggehen, weil er dann schreit. Und wenn ich weg bin, dann wird er ruhig und ich komme wieder. Wenn ich eine böse Kind bin, dann habe ich Streit mit meine Vater. Wenn also die Lehrerin kommt und sagt: »Dein Kind ist nich gut«, dann sagen mein Vater: »Warum bist du nich gut?« Und wenn ich nich gut bin in Schule, dann schimpfen meine Mutti. Alle Muttis sind so. Meine Mutti will, ich bin eine gute Kind. Und wenn ich nich bin gute Kind und eine schlimme Kind, dann schimpfen. Darum bin ich traurig, wenn die Lehrerin sagt: »Komm, ich besuchen deine Mami.« Weil dann meine Mami weiß und schimpft.
Mein Vater arbeitet in Mercedes-Benz Obertürkheim. Er muß fünf Uhr weggehen von Hause, Arbeit machen. Er holt Vesper und muß die Späne von Maschine putzen. Und wenn Reparaturarbeit, dann kommt um sechs Uhr nach Hause. Wenn nix Reparaturarbeit, dann kommt um fünf Uhr. Und samstags arbeitet eine Woche und eine Woche nicht. Meine Mutti arbeitet vormittags beim Putzen und nachmittags in Gärtnerei. So meine Schwester, meine kleine Bruder und ich sind viel allein, wenn zu Hause.

11.
Meine Freunde sind der Dimi und der Georgios und der Vassilis. Wir spielen oder gehn zusammen spazieren oder malen zusammen. Wir machen alles zusammen. Sonntags gehn in Kino, sehn eine griechische Film, nachher gehn spazieren mit Freundin, dann geben Küsse und sprechen und nachher machen Schaukeln im Park. Dann wieder gehn

spazieren und Eis essen. Und dann fahrn mit dem Bus nach Hause. Und dann ein bissle lesen. Und Montag wieder gehn in die Schule.
Ich habe eine griechische Mädle zu Freundin. Aber ich will eine deutsche. Aber die deutsche will net und so bleibe ich besser bei eine griechische Mädle.
Mir gefällts besser bei meine Freunde in Griechenland, bei meine Kameraden. Dort kennen mir alle in meine Stadt. Und hier in Deutschland gibts Jungen oder Mädle, wo eine kennt die andere nich, und wohnen Beispiel nur fuffzig Meter weit. Ich schreibe meine Freund in Griechenland oder meine Cousin einen Brief und sage: »Gruß zu meine Kameraden.«

12.

Also vor dem Wandertag habe ich die Lehrerin geärgert, weil ich bin immer so aufgeregt und sprechen soviel und sagen immer als erster, wo hingehen und so. Und dann hat die gesagt: »Du kommst nicht mit.« Ich habe dann gesagt: »Bitte, ich darf mitkommen.« Und dann hat die gesagt: »Nein, du darfst nicht mit.« Aber dann habe ich am nächsten Tag meine Sachen mitgebracht, wenn die Klasse gegangen ist. Und wieder hat die Lehrerin gesagt: »Du kommst nich mit.« Und ich habe gesagt: »Bitte, ich möchte mitgehen«, aber sie hat gesagt: »Nein.« Und dann sind gegangen ohne mir. Ich bin traurig, aber nicht geweint. Ich bin gegangen zu Herrn S., der große Dings, na wie heißt in deutsch? Also, der ist in der Schule der große Lehrer, ja? Und ich habe ihm gesagt: »Herr S., also wissen Sie, die Lehrerin läßt mir nich mitgehen, weil ich habe Blödsinn gemacht. Also ich hab die Lehrerin nich lassen, daß die spricht und jetzt darf ich nich mehr mitgehn. Aber bitte ich darf mit – okay? Jetzt habe ich meine Sachen mitgebracht alle! Ich möchte mit die Kinder spielen und so. Sie sind doch der Herr S., da können Sie mir Beispiel eine Zettel schreiben, dann kann ich hingehen. Auf den Zettel schreiben Sie, daß der Stavros mitdarf und Unterschrift. Und der Lehrerin sagen Sie, ich hab den gelassen, weil der hat mir gesagt, wie das war, also hat die Wahrheit gesagt, und ich hab ihn gelassen. Ich verspreche Ihnen, daß ich nich mehr Blödsinn mache!«
Und dann bin ich hinterhergegangen, dann hab ich die kleine Kinder gefragt, wo sind die andere, die gehn auf

Meine deutsche Klasse
und ich

Ich bin 13 Jahre und
meine Klasse ist 6 a.
Meine Klassenlehrerin
viele mal ist streng und
viele mal ist freundlich.
Ich bin Grieche und k-
ann nicht gut deutsch
verstehen. Meine Lehrerin
hilft wenn Zeit hat,
Ich wünsche die Kinder

weil sind 30 Kinder. Ich
gehe in die Schule net zu
sitzen aber lernen - schrei-
ben, lesen rechnen und so
weiter. Ich habe ein Freund
wo ist auch Grieche. Ich
möchte viele Freunde habe
Bei Schule ist alle Kinder
böse Ich sage auf die
Kinder: „Hallo!" Und die
Kinder sagen: „Hau ab!"
Aber der find ich net gut.

helfen mir.

Wandertag. Und die haben gesagt: »Unten, obenauf, links, rechts.« Und ich habe ihnen gefunden. Die Lehrerin hat mir erst nich gesehn, aber die Kinder sagen: »Da kommt der Stavros, juhu!« – Und der Dimi hat meine Ball gehabt und hat weggeschmissen und ist zu mir gekommen. Und die Lehrerin hat gesagt: »Du mußt zurückgehn, Stavros.« Aber ich bin schnell gegangen drei Kilometer weit und sagen: »Jetzt kann ich nich mehr zurück.« Aber die Lehrerin hat gesagt: »Doch, du mußt zurück!« Und dann hab ich den Zettel gegeben und sie hat gesagt: »Ja, du kannst mitkommen.«

13.
Ich glaub, meine Eltern wollen wieder nach Griechenland gehen. Aber bis meine Vater fünfzehn Jahre hier, wollen in Deutschland bleiben. Und nachher hundertprozent, glaube ich, gehn nach Griechenland. Ich will auch jetzt nach Griechenland. Aber wenn ich groß bin und eine Techniker, dann komme ich hier nach Deutschland. Also, ich glaube, hier ist besser arbeiten, weil hier gibt viele Maschinen, und kannst du leichter lernen als in Griechenland. Bei Griechenland muß man immer zahlen viel. Und wenn du Lehrer nich zahlen viel, dann kannst du Beispiel nich weitergehn in Gymnasion.
Also, ich möchte studieren Maschinenmechaniker, weil ich kann Beispiel Auto reparieren, und das gefällt mir. Weil ich möchte arbeiten mit Bohrmaschine, mit sowas. Aber vielleicht auch gehe ich in Schule und bin eine Lehrer oder eine Professor. Eine Professor nehmen viel Geld von andere, und du weißt *alles!* Eine Professor weiß mehr als eine Lehrer, und der nimmt mehr Geld, das ist klar.

. . . und seine deutsche Lehrerin

Also ich bin ja damals gerade von der Pädagogischen Hochschule gekommen und habe mir nicht vorgestellt, daß das alles so furchtbar wird. Ich habe eine Klasse übernommen, die aus zweien zusammengewürfelt war. Und dann haben wir zuerst kein Klassenzimmer gehabt. Und dann sind wir halt durch dieses Schulhaus gerast, und ich habe immer ein Zimmer gesucht, wo ich versuchte zu unterrichten. Das war so der Anfang.

Und dann, als wir in unserem Klassenzimmer eingezogen sind, da ist der Stavros gekommen. Irgendein Lehrer hat mir den Jungen gebracht und hat gesagt: »Das ist der Stavros! Der geht jetzt in Ihre Klasse.« Und dann hab ich halt dieses Bürschlein mitgenommen. Und der konnte ja überhaupt kein Deutsch. Das ist witzig, denn er ist ja hier in Esslingen geboren. Und dann hat man ihn anscheinend mit zwei oder drei Jahren wieder nach Griechenland verfrachtet. Und dann kam er jetzt wieder zurück.

Na ja und dann wußte ich gar nicht, was ich mit ihm anfangen soll und hab da überall rumgefragt, was die anderen Lehrer machen würden mit ihren Ausländerkindern. »Ach da gäb's nichts«, hat mir jemand gesagt. Und dann hab ich die Fachleiterin gefragt, die für Ausländerkinder zuständig ist und die hat gesagt: »Klar, da gibt's was«, nämlich die Sprachhilfe, und da könnte er hingehen. Da ist er dann hingegangen. (In der »Sprachhilfe für ausländische Kinder« arbeiten derzeit zwanzig Sprachhelferinnen, vorwiegend Mütter und Hausfrauen, mit ca. 90 Kindern.)

Und da hat's aber immer wieder Schwierigkeiten gegeben, daß er überhaupt nicht mehr hinwollte. Stavros wollte halt einfach nicht in Deutschland bleiben. Er hat immer gesagt, es gefalle ihm nicht, und er wollte dann auch kaum Deutsch lernen. Also er hat nie irgendwelches Interesse gezeigt. Und in der Klasse war's halt schwierig – weil ich ja selber auch keine Ahnung gehabt habe. Ich habe ja selber auch Schwierigkeiten mit den anderen Kindern gehabt. Im Januar habe ich angefangen, mit dreißig Kindern und im Februar ist er gekommen.

Und da ist er dann halt gesessen, d.h., es wäre ja gut gewesen, wenn er gesessen hätte. Aber der Stavros ist aufgestanden, und am Anfang hat er in jeder Stunde mindestens einmal gesungen, geschrien, ist halt herumgelaufen. Oder wenn ich was zu ihm gesagt habe, hat er mir immer auf griechisch geantwortet. Und er hat sich ziemlich verlassen gefühlt, weil ihn die Klassenkameraden abgelehnt haben. Und das ist halt immer weiter so gegangen, daß er den Unterricht gestört hat.

Wenn da eben von der Schule aus nichts gemacht wird, daß sie schneller Deutsch lernen ... aber da gibt's ja nichts. Vielleicht ein paar Spiele von der Sprachhilfe. Die Ausländerkinder sitzen da und können die Sprache nicht, und jetzt

ist es das Problem, der Lehrer und der Kinder, daß die miteinander auskommen. Genauso ist es.
Ich war da furchtbar zornig drüber, weil man mich da so allein gelassen hat, schon am Anfang. Und dann immer dieser Kampf ums Klassenzimmer ... Aber bis zu den Sommerferien haben wir uns dann schon irgendwie zusammengerauft. Ich habe dann auch mit Stavros geredet, allein. Es war halt so, daß er schon die Zuwendung von einer Einzelperson gebraucht hat. Ich habe dann öfters die anderen still beschäftigt und habe mich zu ihm hingesetzt und habe mit ihm gearbeitet. Und das hat ihm ganz gut gefallen. Da war er immer ganz glücklich. Und wenn dann irgendwas war, dann hat er immer gesagt: »Komm, mach Hilfe!« Und da war dann halt auch dieses Dilemma, daß dann dreißig andere warten und hier ist der einzelne.
Die anderen waren dann schon irgendwie sauer, wenn sie irgendwas machen mußten und ich war bei Stavros. Bei ihm war's halt so, daß er sich selber schon ziemlich erwachsen gefühlt hat. Daß das für ihn dann auch ziemlich schlimm war, daß er bei den »Kleinen« war, obwohl er nur ein Jahr älter ist als die. Der war halt immer schon groß und kräftig im Gegensatz zu den anderen Kindern.
Dann war ich einmal vierzehn Tage krank. Und da muß dann alles mögliche passiert sein mit dem Stavros. Da hat er auch einen Feuerlöscher von der Wand genommen und damit durchs Treppenhaus gespritzt. Und dann bin ich wiedergekommen und da haben die anderen Kinder gesagt, es sei unmöglich, daß der in der Klasse sei. »Spatzeschnepper!« haben sie gesagt, das ist so ein Schimpfwort für Ausländer. Das hat bestimmt was mit diesen Singvögelmorden zu tun. Ich hatte das Wort selber noch nie gehört. – Da habe ich ihnen natürlich gesagt, es sei unmöglich, wie sie sich verhalten. Ich habe mit der Klasse über das Problem geredet. Und dann hat es halt immer geheißen, ich würde die Ausländer bevorzugen, so haben dann die deutschen Kinder zu mir gesagt.
Und dann war Elternabend, und da haben die Eltern sich dann auch drüber beschwert. Der Stavros würde sich so unmöglich benehmen, mit seinen Freunden Dimitrios und Georgios würde er den Mädle nachjagen. Und eben im Unterricht dauernd stören. Und außerdem, so hat ein Vater behauptet, ich würde die Diktate extra langsam diktieren,

damit die Ausländer mitkämen. Da habe ich mich natürlich furchtbar drüber aufgeregt und habe gesagt, so ginge es ja nicht, und der Elternabend sei nicht dazu da, um über einzelne Kinder zu reden. Na ja, und das war auch ein ziemlicher Aufruhr unter den Eltern. Die Kinder haben halt erzählt, der Stavros würde immer was anstellen und immer wär's er. Ich habe den Eltern gesagt, das wäre überhaupt nicht so, weil ihn die anderen erst herausfordern.
Dann war da aber auch das Problem mit den Mädle. Das war in der ganzen Klasse am Anfang so, daß die Jungs sich überhaupt nicht mit den Mädle unterhalten haben. Alle haben sie gesagt: »He, die Weiber, die Weiber!« Das Problem ist aber inzwischen gelöst, die kommen jetzt gut miteinander aus, alle Jungs mit den Mädle. Nur eben Stavros hat das Verhältnis zu den Mädle noch nicht so gefunden. Er versucht, die zu betatschen oder zu küssen. Wenn die Kinder irgendsowas zu Hause den Eltern erzählen, dann kann ich mir vorstellen, daß die Eltern darüber furchtbar erregt sind.
Da habe ich auch oft mit Stavros drüber gesprochen, daß das eben nicht geht und daß er die Mädle in Ruhe lassen muß. Das war halt so, daß, wenn der Stavros aufgestanden ist, um zum Papierkorb zu gehen, dann ist er außen rum bei den Mädle vorbei und hat der einen über die Haare gestrichen und die andere gezwickt. Und da ist er halt ein paarmal verprügelt worden von den anderen Jungen. Also richtig schlimm. Er ist so verdroschen worden, daß er geheult hat. Da habe ich gesagt, das sei ja unmöglich, das könnten sie nicht machen; und außerdem: zu mehreren auf einen. Und da haben die gesagt, der wäre ja sowieso so unmöglich, halt dieser »Spatzenschnepper«!
Und dann ist Stavros' Freund Georgios gekommen. Georgios ging in die Parallelklasse und wurde in seiner Klasse auch abgelehnt. Das ist so schlimm geworden, daß man überlegt hat, ob man die beiden nicht in meine Klasse zusammentut. Ich habe damals auf die zweite Staatsprüfung gewartet, so daß es mir angenehmer gewesen wäre, ich hätte nicht noch ein Problemkind in der Klasse. Der Rektor hat mich dann gefragt, ob ich Georgios nehmen würde. Ich habe halt gesagt, ich würde ihn nehmen, aber ich wüßte nicht, ob es klug ist, die beiden zusammenzutun. Ich hätte sagen können: »Nein, ich mache das nicht.« Aber gerade durch

das, was ich an Schlägereien mitbekommen habe, habe ich gedacht, schlimmer kann es nicht mehr werden für Stavros, höchstens für mich.
Und dann sind die beiden jeden Tag auf mich zugestürmt, und der Stavros hat gefragt, wann denn endlich sein Freund in die Klasse käme. Und der Georgios hat gefragt, wann er denn endlich kommen dürfe. Und dann hat es geheißen, man mache einen Versuch. Und da sind die Wogen hoch gegangen. Einfach so! Da hat Georgios noch gar nichts gemacht gehabt in der Klasse. Sondern bloß, daß er da war, da hat's schon geheißen: »Wir wollen den nicht, der soll wieder gehen!« Der »Fettsack« und lauter solche Sachen. Der »Spaggo«, das ist auch so ein Schimpfwort für Ausländer. Und mit seiner Körperfülle wurde er halt dauernd geärgert. »Fettsack, Fettkloß! Wenn du ins Schwimmbad gehst, dann läuft das Wasser über!«
Na ja, so ist das wochenlang gegangen, daß die anderen eben immer auf Stavros und Georgios geschimpft haben: Die würden stinken, die würden sich die Haare nicht waschen. Es war dauernd irgendwas. Und ich habe halt immer versucht zu vermitteln. Und dann haben die Kinder mal versucht, das auf Tonband aufzunehmen. Sie wollten mir beweisen, daß ich den beiden immer helfen würde. Dann habe ich gesagt, die zwei würden nichts anderes machen als andere auch. Und da würde niemand sich aufregen. Ich habe gesagt, der und der würde auch mal rülpsen oder zum Papierkorb laufen, die und die würden auch dauernd miteinander schwätzen. Das haben sie schon irgendwo gesehen, aber sie wollten es dann doch nicht wahrhaben. Und so haben wir uns halt immer weiter durchgekämpft.
Dann war's halt auch oft so: Wenn ich den Kindern manchmal eine Viertelstunde lang einen Vortrag gehalten habe, daß die beiden auch nicht anders, und auch nicht schlimmer im Verhalten wären als sie, daß dann die zwei hergegangen sind in der Pause und haben einen geschlagen. Und das hab ich dann als ziemlich große Niederlage empfunden, weil die anderen dann gesagt haben: »Schauen Sie her, grade haben Sie das gesagt und jetzt machen die sowas.« Und da habe ich dann oft auch mit den beiden geredet, daß sie mich ja in Schwierigkeiten bringen, wenn ich dauernd versuche, ihnen weiterzuhelfen und sie honorieren das halt nicht. Das ist bei beiden das Problem, daß sie über das,

was sie tun, nicht nachdenken und die Konsequenzen nicht sehen.
Einmal habe ich dem Stavros angedroht, er dürfe nicht mit auf unseren Wandertag, weil er mich und den Konrektor belogen hatte. Und dann hat er mich halt immer angerufen und gefragt, ob er denn nicht doch mitdürfe. Und ich sagte: Nein, ich hätte es ihm gesagt. Er ist dann an dem Wandertag gekommen mit seinem Rucksack und seinem Fußball. Dann habe ich gesagt, er dürfe nicht mit, er müsse heimgehen. Und dann hat er geheult – also er hat mir ja auch leid getan. Aber ich habe gedacht, das ist jetzt wirklich mal die Gelegenheit, daß er sieht, daß das, was er tut, auch Konsequenzen hat. Ich habe ihn in die Klasse gesetzt, und der Konrektor hat ihn beaufsichtigt. Da haben die anderen Kinder zu mir gesagt: »Wir haben schon gedacht, Sie geben wieder nach.«
Dann sind wir schon eine ganze Zeit gewandert, da ist der Stavros plötzlich nachgerannt gekommen. Er hatte einen Zettel vom Rektor, daß er so herzerweichend geheult hätte, und soviele Sachen versprochen, und deshalb hätte er ihn mir nachgeschickt. Und dann haben wir ihn halt mitgenommen. Die anderen haben natürlich furchtbar geschrien, daß der jetzt trotzdem mitdarf. Irgendwie war ich froh, daß er doch dabeisein konnte; aber gleichzeitig hat es mich auch geärgert, weil er wieder nicht lernte, daß irgendwelche Handlungen für ihn auch Konsequenzen haben können. Stavros ist ja von seiner Oma in einem griechischen Dorf erzogen worden und hat dort sämtliche Freiheiten gehabt. Der hat ja alles machen können, was ihm eingefallen ist.
Im Endeffekt ist es halt doch so, daß man sich dann trotzdem freut, wenn man sieht, was Stavros und Georgios trotz aller Schwierigkeiten für Fortschritte gemacht haben. Wenn ich mir überlege, daß der Stavros vor anderthalb Jahren noch kein Wort Deutsch konnte, und jetzt kann er einen Aufsatz schreiben. Das finde ich eigentlich ganz toll. Ich bin mir auch sicher, wenn man sich in kleineren Gruppen um die beiden kümmern könnte, daß das dann noch viel schneller gehen würde, weil man dann auch die Probleme besser bearbeiten könnte, die sie haben und die sie eben auch davon abhalten, am Unterricht richtig teilzunehmen.
Ein Problem ist eben ihr Verhältnis zu den deutschen Mitschülern und die Vorurteile, die ihnen da entgegengebracht werden. Aber da ist auch das Problem mit den Mädle. Zur

Zeit haben wir gerade Sexualkunde; jetzt sind sie total ausgeflippt. Ihre Eltern sind da wohl ziemlich entsetzt, wenn sie irgendsolche Arbeitsblätter aus der Sexualkunde mit nach Hause bringen. Aber die beiden Jungs, die interessiert das furchtbar. Auf der einen Seite ist es ihnen verboten von den Eltern aus – von anderen Mitschülern oder Eltern wird das viel freizügiger gehandhabt – und andererseits ist es praktisch auch irgendwie gefordert, daß man in dem Alter eine Freundin hat. Und die beiden haben halt Schwierigkeiten, die irgendwo zu finden. Zu Hause müssen sie das Sexualkundebuch vor den Eltern verstecken, und im Unterricht tun sie dauernd irgendwelche Zeichnungen anfertigen und sind wie wild hinter den Mädle her.
Die deutschen Jungen sind ja teilweise im gleichen Alter. Da ist schon auch Interesse da, aber die würden nie hingehen und die Mädle irgendwie betatschen oder versuchen, sie zu küssen. Also nicht in der direkten Art, mehr durch stilles Schwärmen für die Mädchen. Wahrscheinlich kommen die direkten Annäherungsversuche von Stavros und Georgios auch daher, daß sie sich eben sprachlich einfach nicht so ausdrücken können. Ich habe ja auch wirklich Verständnis für die zwei, aber ich kann es mir halt auch nicht leisten, daß die Kinder daheim erzählen, ich würde das zulassen, daß die zwei sie betatschen oder so.
Ich glaube, Stavros und Georgios wollen eigentlich zurück nach Griechenland. Sie erzählen oft auch, daheim wäre es warm, sie haben Tiere da und so. Sie erzählen, daß sie einen Esel haben und daß sie das hier eben nicht haben können. Sie leiden sicher auch drunter, daß die deutschen Kinder sie ablehnen. Sie sind ja über den kleinsten Gunstbeweis schon glücklich: Als ein Mädle dem Stavros mal eine Kassette ausgeliehen hat, da war der Stavros wirklich glücklich. Sie leiden wohl auch am Wetter und daran, daß sie soviel in die Schule müssen; morgens in die deutsche und nachmittags in die griechische Schule. Sie leiden auch daran, daß sie weniger Freiheit haben als daheim bei ihrer Oma.
Ich glaube, für den Stavros war das sicher ein großer Schock hierherzukommen. Er kannte ja auch seine eigne Familie gar nicht mehr richtig, nur von den paar Besuchen in den Ferien. Ich weiß das halt, weil ich in der Familie von Stavros schon war.
Die Mutter vom Stavros hat gesagt, sie würde sich schämen,

wenn sie hier irgendwo einkaufen geht, weil dann alle Leute sagen, das ist die Mutter vom Stavros, der da so schlimm ist. Die Mutter ist krank, und die Wohnverhältnisse sind halt auch ziemlich beengt. Die wohnen da in so einem Hinterhaus. Da muß man erst an irgendeinem gefährlichen Hund vorbei, und dann geht's direkt in die Küche. Vier Leute wohnen da in einem Zimmer. Es steht ein großes Bett drin und eine Couch und zwei Sessel, großer Schrank und ein Fernseher. Von daher versteh ich schon, daß der Stavros die Hausaufgaben nicht machen kann. Aber ich bin halt dauernd in der Zwickmühle, weil, von allen anderen verlange ich was es ja auch. Und ich kann nicht sagen, der Stavros kann seine Hausaufgaben nicht machen, weil der daheim in so einem Zimmer wohnt. Dann ist ja wieder ein neues Vorurteil aufgebaut: Daß die eben kein Geld haben, weil die es zu nichts gebracht haben.
Wichtig wär halt, daß man noch mehr privaten Kontakt mit ihnen hätt . . ., daß man halt noch mehr über sie weiß. Aber ich weiß halt nicht, wie ich das alles leisten soll.
Teilweise ist es wirklich auch schwierig mit den Kollegen, weil mir halt immer bloß erzählt wird, was der Stavros wieder Gräßliches angestellt hat. Obwohl, manche Lehrer versuchen es wirklich, indem sie ihm auch gute Noten geben. Der Stavros will ja unbedingt, daß seine Arbeiten auch benotet werden. Am Anfang habe ich ja immer nur drunter geschrieben, daß er sich diesmal angestrengt hat, oder daß er es sehr schön gemacht hat. Dann hat er aber gesagt, er möchte auch eine Note haben. Da habe ich dann mit den Kollegen vereinbart, daß wir ihm Noten geben. Und da haben sich die meisten auch ziemlich großzügig gezeigt. Aber wenn er stört oder laut ist, das wird dann doch mir angekreidet.
Ich möchte ja auch sehr, daß etwas aus Stavros wird und daß das weitergeht. Ich mag ihn ja! Und ich glaube, der Stavros und auch der Georgios, die merken das schon, daß ich sie gern hab. Wenn die mich auf der Straße sehen, dann rufen die oder klingeln an der Haustür und fragen, was ich mache. Und auch ihre Geschwister kennen mich und rufen mich. Einmal auf dem Wandertag, da haben die Mädchen immer fotografiert, und da wollten sie den Stavros und Georgios nicht aufs Bild haben. Und da hab ich mir halt beide geschnappt und die Arme um sie herumgelegt,

und dann haben wir so ein Bild gemacht. Das hat ihnen gut gefallen.
Aber einmal, da haben wir mal eine Klassenparty gefeiert, und das war schlimm für die beiden Buben, weil die Mädchen nicht mit ihnen tanzen wollten. Ich weiß halt auch nicht, inwieweit das damit zu tun hat, daß sie Ausländer sind, oder einfach, weil die Mädchen sie als Jungen nicht mögen, wegen ihrem Äußeren oder so. Hinter einem sehr hübschen türkischen Jungen sind sie nämlich wie wild her. Aber der ist auch schon viel länger in Deutschland. Das wird gar nicht mehr empfunden, daß der Ausländer ist. Ausländerkinder, die so reden wie Deutsche, die werden eben nicht mehr als fremd empfunden, die haben nicht diese Schwierigkeiten.
Der Georgios hat da überhaupt weniger Probleme als der Stavros. Er glaubt eh, daß er der bessere von beiden ist. Das kommt sicher auch daher, daß er finanziell anders dran ist als der Stavros, daß er schöne Sachen hat und ein Fahrrad. Er kann auch besser Deutsch. Der Stavros ist halt auch vom Vater und der Mutter her ziemlich unterdrückt und hat daher auch große Schwierigkeiten damit, daß er sich selber wenig zutraut. Er hat auch zu mir oft gesagt: »Gell, ich bin blöd?« Ich habe ihm dann gesagt, daß er nicht blöd ist und daß er auch mehr weiß, wenn er mehr lernt. Wenn er sich sicher fühlt, dann hat er auch keine Hemmungen mehr zu sprechen und diskutiert dann leidenschaftlich mit in der Klasse. Aber als der Georgios noch nicht in der Klasse war, war es mit dem Stavros eigentlich besser. Seine Leistungen sind deutlicher nach oben gegangen. Jetzt ist es mehr ein Stillstand, weil er wahrscheinlich durch den Georgios auch abgelenkt ist.
Trotzdem, irgendwie versuche ich es doch immer weiter. Die zwei sind mir eigentlich auch ziemlich wichtig. Sie zeigen mir auch immer wieder, daß sie mich gern haben. Die interessieren sich auch so für mich, für mein Privatleben. Die fragen mich zum Beispiel, wann ich heirate. Jetzt wird's Zeit, daß ich heirate, haben sie neulich gesagt. Ja, hat der Stavros gesagt, dann kommt er in die Kirche, wo ich heirate und bringt mir einen großen Blumenstrauß mit.
Dem Stavros habe ich mal eine Ohrfeige gegeben, ich habe mir halt nicht anders zu helfen gewußt. Das ist mir so passiert und hat mir gleich leid getan. Das war schon schlimm für ihn. Ich hätte das nie gedacht, weil er kriegt ja

daheim oft Schläge. Er hat mir erklärt: Sein Herz habe ihm gesagt, er möchte mich nicht mehr sehen! Er wollte in den Neckar gehen. Dann haben wir geredet und er hat mir gesagt, ich hätte ihm lieber eine andere Strafe geben sollen. Aber das kann ich ja nicht. Die schulüblichen Sanktionen, das läuft ja bei den beiden nicht. Ich kann sie ja nicht zum Nachsitzen bestellen, weil sie ja in der griechischen Schule sind am Nachmittag. Strafarbeit bringt auch nichts und ist für sie ein völlig unnötiger Zeitaufwand, zusätzlich zu dem, was sie ohnehin schon machen müssen. Ich kann aber auch nicht jede Woche zu den Eltern rennen und denen sagen, was sie für ein unmögliches Kind haben. Vor allem, weil die Eltern ja so darüber denken, daß das praktisch eine Schande für sie ist. Die Mutter vom Stavros sieht die Probleme ja auch. Die möchte schon, daß er was lernt, daß er ruhig ist und nicht auffällt.
Aber Stavros hat doch vor eineinhalb Jahren am Punkte Null angefangen. Ich sag ja, der erste Aufsatz, den Stavros geschrieben hat, da war ich ganz glücklich, wie ich den gelesen hab. Und habe gedacht, Menschenskind, daß er sowas innerhalb so kurzer Zeit gelernt hat. Wenn man das von einem deutschen Kind etwa in Englisch verlangen würde, das schafft das doch kaum. Das habe ich den anderen dann auch klarzumachen versucht, wie schwierig das für die beiden ist. Wenn die anderen über Englisch gejammert haben, habe ich gesagt: Schaut her, so ist das für den Stavros und den Georgios in Deutsch. Das sehen die dann schon ein, gerade wenn man sie auf ihre eigenen Probleme hinweist, dann denken sie schon etwas drüber nach.
Schwierig ist halt, daß die beiden Jungen immer davon träumen, in kurzer Zeit wieder nach Griechenland zurückzugehen, und daß sie von den Äußerungen der Eltern her immer wieder berechtigte Hoffnungen haben. Von daher ist ihr Interesse an der deutschen Schule eben nicht so besonders. Das ist der Fehler der Eltern, finde ich, daß sie den Kindern immer wieder vorgaukeln, nächstes Jahr oder im Sommer kommst du wieder zurück nach Griechenland. Die Mutter von Stavros sagt z. B. öfter, seit er da ist, seien ihre Nerven ganz kaputt, und wenn er so weitermacht, käme er wieder zurück. Das kann ja auch für den Jungen ein Anreiz sein, sie so lange zu ärgern, bis er wieder nach Hause zu seiner Oma nach Griechenland kommt.

Anja Meister

A wie Ausländer

Voraussetzung jeder sinnvollen pädagogischen Arbeit mit ausländischen und deutschen Kindern im schulischen und im außerschulischen Bereich ist zunächst einmal, daß die Kinder überhaupt bereit sind, als Gruppe zusammenzuarbeiten. Anja Meister macht konkrete Vorschläge, wie sich solche Bereitschaft fördern läßt: Sie beschreibt Gruppenspiele, die sie selbst mit ausländischen und deutschen Kindern und Jugendlichen erfolgreich erprobt hat.

Anja Meister hat unter anderem als Lehrerin und Sekretärin gearbeitet; war lange Jahre Hausfrau und Mutter und wurde dann ehrenamtlicher Mitarbeiter in der »Initiativgruppe: Betreuung von ausländischen Kindern« in München. Heute ist sie hier hauptberuflich tätig. Die Initiativgruppe – mit inzwischen rund 240 freiwilligen Mitarbeitern – wurde 1971 gegründet und ist 1974 mit dem Theodor-Heuss-Preis ausgezeichnet worden.

Alphabet-Spiel
Jedes Kind schreibt zunächst einmal alle Buchstaben des Alphabets auf, wobei man schwierige oder dem Kind unbekannte Buchstaben (X,Y) weglassen kann. Dann sucht jedes Kind (oder Gruppe) zu jedem Buchstaben ein Wort, das es entweder ins Heft, an die Wandtafel oder auf ein Plakat schreibt. Das Spiel läßt sich auch als Wettbewerb machen.

Ich gehe einkaufen
Alle sitzen im Kreis. Der Spielleiter sagt: »Ich gehe einkaufen und habe in meinem Korb ein Brot.« Der linke Nebenmann dann: »Ich gehe einkaufen und habe in meinem Korb ein Brot, eine Flasche Bier« und so weiter. Es wird immer

alles aufgezählt, was bis dahin schon »im Korb« ist – es ist erstaunlich, eine wie lange Liste von Gegenständen sich die Kinder merken können. Dabei werden auch ganz originelle Dinge eingekauft – Fallschirm, Baby, Junge Rama usw.
Das Spiel fördert den Kontakt der Kinder untereinander, da sie sich dabei immer anschauen, um sich die eingekauften Dinge besser merken zu können.

Wer ist der Boß?
Ein Spieler muß hinausgehen, er ist der »Detektiv«. Die andern sitzen im Kreis und bestimmen einen »Boß«, den sie unauffällig beobachten, weil sie ihm alles nachmachen müssen. Der Detektiv kommt und beobachtet, wie die ganze Gruppe auf geheimnisvolle Weise gleichzeitig dieselben Dinge tut: In die Hände klatschen, hinter dem Ohr kratzen, mit den Füßen stampfen, mit dem Kopf nicken usw. Er muß herausfinden, wer der Boß ist. Findet er ihn, werden die Rollen vertauscht.

Zipp-Zapp-Spiel
Alle sitzen im Kreis, einer steht in der Mitte. Er zeigt auf eine Person und sagt ZIPP oder ZAPP. Wenn er ZIPP sagt, muß der Betreffende den Namen seines *linken* Nachbarn nennen, bei ZAPP den Namen des *rechten* Nachbarn. Weiß er den Namen nicht oder sagt er einen falschen, muß er selber in die Mitte gehen. Zwischendurch ruft das Kind in der Mitte manchmal plötzlich ZIPP-ZAPP, dann müssen alle Kinder schnell ihre Plätze tauschen. Ein richtiges Kennenlernspiel, das viel Spaß macht!

Wütend, lustig oder langsam?
Ein Kind verläßt den Raum, während die anderen sich ein Eigenschaftswort ausdenken, z.B.: schnell, langsam, gut, böse, zornig, boshaft usw. Der Mitspieler wird hereingerufen und muß nun das Wort erraten. Dazu ruft er einen Mitspieler auf und gibt ihm eine Aufgabe, die dieser ohne zu sprechen lösen muß, aber so, daß das fragliche Wort erraten werden kann.
Beispiel: Gesucht wird das Wort »zornig«. Der Ratende bittet einen Mitspieler, sich die Schuhe auszuziehen. Dieser tut es stumm, ist dabei aber sehr zornig: Er schüttelt also etwa zornig den Kopf, stampft mit den Füßen auf, wirft die

Schuhe zornig weg usw. Ist der Ratende sich nicht sicher, ruft er einen zweiten Mitspieler auf und gibt ihm eine andere Aufgabe, z. B. einen Brief zu schreiben. Wieder schreibt dieser sehr zornig, d.h. stellt pantomimisch seinen Zorn dar. Der Ratende darf noch weiteren Mitspielern Aufgaben stellen, bis er das Wort endlich gefunden hat.

Ich sitze im Grünen

Alle Kinder sitzen im Kreis auf Stühlen, ein Stuhl muß leer sein. Das Kind, das links neben dem leeren Stuhl sitzt, rückt auf den Stuhl und sagt dabei: »Ich sitze . . .«; das Kind daneben rückt nach und ergänzt dabei: ». . . im Grünen.« Wieder rückt ein Kind nach und sagt: »Und liebe . . .« und nennt den Namen des Mitspielers, der neben ihm sitzen soll. Der hinterläßt wieder einen freien Platz, an dem das Spiel nun weitergeht.

Das Spiel wird vielfach variiert, z.B. »Ich fliege . . . in den Himmel . . . und liebe . . .; ich stehe . . . in der Straßenbahn . . .; ich tanze . . . auf der Straße . . . und liebe . . .«

Das Spiel ist sehr beliebt bei allen Kindern, wobei immer wieder zu beobachten ist, daß anfangs die Buben nur Buben, die Mädchen nur Mädchen »lieben«, bis schließlich der Bann gebrochen wird und allen das Spiel noch viel mehr Spaß macht, wenn Buben auch Mädchen nennen und umgekehrt.

Blinzeln

Alle sitzen im Kreis auf Stühlen, ein Stuhl bleibt leer. Hinter jedem Stuhl, auch hinter dem leeren, steht ein Wächter, die Hände auf dem Rücken. Das Kind hinter dem leeren Stuhl blinzelt nun möglichst heimlich einem der Sitzenden zu und dieser versucht, blitzschnell auf den freien Platz zu gelangen. Bemerkt der jeweilige Wächter die Absicht, so hält er das Kind schnell an den Schultern fest. Ist der Gefangene bereits entwischt, so muß der Wächter sich selber jemanden herbeiblinzeln. (Platzwechsel, damit jedes Kind abwechselnd Gefangener und Wächter ist.)

Stühle rutschen

Alle sitzen auf Stühlen im Kreis, ein Stuhl bleibt leer, ein Kind steht in der Mitte. Auf »Los« fängt eine hastige Rutscherei an von Stuhl zu Stuhl, immer rechts herum, wobei die Stühle nicht mit den Händen berührt werden sollen. Das Kind in der Mitte versucht, den freien Platz zu erwischen, was gar nicht so schnell gelingt, wenn alle aufpassen und immer schnell weiterrutschen. Ist es schließlich gelungen, so muß das Kind in den Kreis, das nicht schnell genug nachgerutscht ist.

Löffelspiel
Die Kinder knien im Kreis am Boden, die Hände auf dem Rücken. Auf dem Boden liegen sternförmig Löffel, und zwar einer weniger, als Kinder da sind. Jemand erzählt irgend etwas, und wenn das Wort »Löffel« vorkommt, müssen alle versuchen, einen Löffel zu erwischen. Wer keinen bekommen hat, scheidet aus. Bei jeder Runde wird ein Löffel entfernt, so daß am Schluß zwei Kinder einen Löffel übrig haben. Wer ihn zuletzt hat, hat gewonnen.

Achtung Trommeln!
Alle trommeln mit den Fingern auf die Tischkante, bis der jeweilige Spielleiter einen Befehl gibt, z.B. »Faust« (trommeln mit den Fäusten), »Hoch« (Hände in die Luft), »Runter« (Hände unter den Tisch), »Flach« (Hände flach auf den Tisch legen) und vieles mehr. Es gelten aber nur die Befehle, vor denen der Spielleiter das Wort »Achtung« gesagt hat. Die Kinder, die auch auf Befehle ohne »Achtung« reagieren, scheiden aus oder müssen ein Pfand geben.

Der Hamster gibt nichts her
Auf dem Boden wird ein großer Kreidekreis gezogen, in dem ein Kind als »Hamster« sitzt mit gehamsterten Gegenständen – Kamm, Schlüssel, Taschenmesser, Bleistift o. ä. Ein Kind versucht, einen Gegenstand herauszuholen; wird es dabei vom Hamster erwischt (durch Festhalten, Schlag auf die Hände o.ä.), scheidet es aus. Nach zweimaligem Versuch bestimmt es durch Blinzeln das nächste Kind (das ist für alle Kinder immer sehr spannend und lustig, da das Blinzeln meist sehr unauffällig geschieht und der Hamster höllisch aufpassen muß, weil er nicht weiß, von woher nun das nächste Kind evtl. blitzschnell zupacken wird). Hat ein Kind einen Gegenstand erwischt, darf es selber als Hamster in den Kreis.

Bild malen
Es werden Gruppen zu sechs bis acht Kindern gebildet, die auf einer Tafel oder einem Wandplakat ein Objekt nach ihrer Wahl malen sollen. Dabei darf jedes Kind nur jeweils *eine Linie* oder *einen Strich* malen, der aber so erfolgen soll, daß das nächste Kind die Zeichnung fortsetzen kann. Dabei müssen die Kinder selber abschätzen lernen, wie ihr Bild – z.B. ein Elefant – sich mit diesen sechs oder acht Strichen fertigmalen läßt.
Hier gibt es besonders viel Spaß, wenn mehrere Gruppen gleichzeitig ihr Bild malen und sich hinterher über die so entstandenen »Kunstwerke« amüsieren können.

Befehle geben
Die Kinder sitzen im Kreis und werden »durchnumeriert«. Der Spielleiter ruft zwei Zahlen, die Kinder, die diese Zahlen haben, verlassen den Raum. Sie sollen sich innerhalb 30 Sekunden eine Aufgabe für den Rest der Gruppe ausdenken. Zum Beispiel: Alle sollen ihren rechten Schuh ausziehen, unter dem Stuhl durchkriechen, einmal die Treppe rauf- und runterlaufen usw. Die anderen Kinder führen diesen Befehl aus und setzen sich wieder auf ihren Stuhl. Sie müssen aber den gegebenen Befehl nicht unbedingt ausführen. Wenn sie sich *vor* ihre Stühle auf den Boden setzen, so zeigen sie damit, daß sie sich weigern. Allerdings: Ihre Weigerung wird nur akzeptiert, wenn sie einen Grund nennen können. Die Gruppe diskutiert dann über die Begründung und kann sie annehmen oder ablehnen.

Grenze spielen
Am besten beginnt man damit, eine Paß- und Zollkontrolle vorzuspielen: anhalten, Ausweis vorzeigen, befragt werden, Durchsuchung des Gepäcks. Öffnen der Schranke und Grenzübertritt sollen dabei als Aktionen deutlich werden. Anhand eines Personalausweises kann dabei die Funktion der Personenidentifikation erklärt werden. Das Spiel wird dann mit dem Herstellen der Ausweise eingeleitet. Dazu richtet man ein »Paßbüro« ein: Ausweisformulare werden zugeschnitten, gefaltet, mit Angaben zur Person versehen und einem »Paßbild«, das jedes Kind selber auf ein entsprechend großes Stück Papier malt. Besonders echt wirken die Ausweise natürlich, wenn Fotos aus einer Sofortbildkamera

eingeklebt werden. Schließlich kommen noch ein Fingerabdruck und die Unterschriften des Paßbüroleiters und des Paßinhabers auf das Formular.
Wer seinen Ausweis hat, kann mit der Reise in andere Länder beginnen. Die erste Grenze ist schon eingerichtet: Ein Kind sitzt auf einem Stuhl im Türrahmen, gegen den es noch zusätzlich seine Beine als Schranke stemmen kann. Wer seinen Paß vorgezeigt hat, darf passieren; der Paß kann auch gestempelt werden. Als nächstes geht es mit viel Umstand durch die Zollkontrolle. Die »Amtspersonen« können selbstgemachte Uniformen und Dienstmützen tragen. Die Rollen von Grenzbeamten und Reisenden werden gewechselt, neue eingeführt, z. B. Reisegruppen, Schmuggler usw.

Abb. 8 A wie Ausländer, D wie Deutscher.

Alle Vögel fliegen hoch
Die Spieler sitzen um den Tisch und trommeln mit den Zeigefingern auf die Tischkante. Der Spielleiter beginnt mit dem Kommando: »Alle Vögel fliegen hoch« und reißt dabei seine Hände hoch. Er ruft dann immer wieder

neue Kommandos in die Runde. Handelt es sich dabei um ein Ding, das fliegen kann (Vögel, Raketen, Insekten usw.), so reißen auch alle Spieler sofort ihre Hände hoch. Ruft der Spielleiter aber zur Täuschung Dinge aus, die nicht fliegen können (Autos, Pferde, Schiffe usw.), muß unentwegt weitergetrommelt werden. Jeder Fehler kostet ein Pfand.

Vorschläge zum Pfänderauslösen

1. Ahme einen Amerikaner oder anderen Ausländer nach, der in einem deutschen Restaurant eine Mahlzeit bestellt.
2. Spiele ein Kind, das keinen Spinat essen will.
3. Zeige, was ein Mädchen tut, das eine Maus sieht.
4. Zeige, wie ein Cowboy geht, der gerade vom Pferd gestiegen ist.
5. Versuche, einen Mann nachzuahmen, der sein Kragenknöpfchen nicht zugeknöpft kriegt.
6. Zeige, wie eine dicke Frau Morgengymnastik macht.
7. Tu so, als wärst du ein Hund, der einen Knochen verteidigt oder eine Katze jagt, oder brülle wie ein hungriger Löwe.
8. Erzähle einen Witz oder eine lustige Begebenheit.
9. Ahme den kleinen Jungen nach, der gerade eine Tracht Prügel bekommt.
10. Versuche, wie eine Opernsängerin das hohe C zu singen.
11. Sage ein Gedicht auf.
12. Du bist ein Zeitungsverkäufer; rufe die neuesten Nachrichten aus.
13. Spiele einen Sportreporter, der eine Reportage über ein Fußballspiel gibt.
14. Setze dich auf den Boden und stehe ohne Hilfe der Hände wieder auf.
15. Tanze einen Walzer.
16. Du bist eine Ente; watschle quakend durch das Zimmer.
17. Ahme einen Mann nach, der versucht, einen fahrenden Zug einzuholen.
18. Trabe im Zimmer herum, schreie wie ein Esel und scharre mit den Hufen.
19. Rufe dreimal aus dem Fenster: Alles einsteigen, bitte!
20. Pfeife ein Lied.
21. Zähle ganz schnell rückwärts von 20 bis 1.

22. Versuche, mit geschlossenen Augen und ausgestreckten Armen die Fingerspitzen zu berühren.
23. Sage die Monatsnamen rückwärts auf.
24. Schätze, wie lange eine Minute dauert; damit du nicht heimlich von 1 bis 60 zählen kannst, mußt du dabei ein Lied singen.
25. Pfeife ein Lied, während ein anderer vor dir Grimassen schneidet.

Kimspiel
Auf dem Tisch oder auf einem Tablett werden zehn bis zwanzig Gegenstände ausgebreitet (Apfel, Kamm, Bleistift, Spiegel, Radiergummi u. a.), die die Kinder sich etwa eine Minute lang anschauen und einprägen sollen. Dann werden die Gegenstände zugedeckt und jedes Kind erhält ein Blatt Papier, auf das es alle Gegenstände aufschreibt, die es sich merken konnte.

Länderspiel
Eine Landkarte von der Türkei (Jugoslawien, Italien, Griechenland . . .) wird auf eine feste Pappe geklebt. Jedes Kind erhält einen roten Markierungspunkt, den es auf seinen Heimatort klebt. Mit blauen Markierungspunkten stellen die Kinder dann Verbindungsstraßen zwischen den einzelnen Heimatorten her. Diese blauen Strecken werden in regelmäßigen Abständen von einem grünen Punkt unterbrochen, einem Hindernispunkt. Mit verschiedenfarbenen Kegeln und einem Würfel geht nun die Reise los, Start und Ziel sind entsprechend gekennzeichnet. Wer mit seinem Kegel auf einen grünen Punkt kommt, muß eine (ebenfalls selbstgemachte) Hinderniskarte ziehen mit einem Text wie:
– Fahre drei Schritte zurück!
– Du kannst zum Baden gehen: Setze 3 Runden aus!
– Du hast geschlafen, jetzt geh 2 Schritte zurück!
Die Kinder sollen sich die Texte möglichst selbst ausdenken, was ihnen viel Spaß macht. Durch dieses Spiel lernen sie die Geographie ihres Heimatlandes besser kennen. Landkarten gibt es übrigens meistens kostenlos in den verschiedenen Fremdenverkehrsbüros.

Zirkusspiel
Das Spiel läßt sich natürlich besonders gut nach einem

Zirkusbesuch spielen, bei dem die Kinder Anregungen bekommen haben. Das Zirkusprogramm soll von allen gemeinsam ausgedacht und vorbereitet werden (z.B. für ein Fest mit den Eltern, Lehrern usw. als Zuschauern), und jedes Kind soll eine Rolle bekommen. Die Angst vor den andern läßt sich meist durch die Verkleidung und das Schminken beseitigen. Aus Bierkisten u. ä. wird eine Zirkusarena gebaut. Die einzelnen Nummern werden in Gruppen einstudiert. Der Zirkusdirektor stellt das Programm zusammen, das Orchester probt, eine Ansagerin sagt die jeweiligen Nummern an, zum Beispiel: Jonglieren mit Bällen; Raubtiere drehen sich auf Bierkisten, springen über Balken, lassen sich vom Dompteur ins Maul schauen; verschiedene Akrobatik am Klettergerüst; spanische Tänzerinnen; Reiterakrobatik auf Böcken als Pferden oder einem Untermann als Pferd; Clown; Automobil Jahrgang 1910 (vier Kinder sind die Räder, eins der Fahrer, und auf der Fahrt gibt es quietschende Kurven, Reifenpanne mit Aufpumpen, Reifenwechsel usw.); Kunststücke mit dem Diabolo und vieles mehr.

Unfallkrankenhaus

Für dieses einfache Spiel, das immer wieder gern von allen Kindern gespielt wird, benötigt man eine Matratze o.ä., Klopapier zum Verbinden und einen Arztkoffer.

Es ist starker Verkehr, ein Unfall passiert. Mit Tatü-tata rückt der Notarztwagen aus und holt den Verletzten. Die Polizei befragt die Beteiligten und Zeugen und macht ein Protokoll. Im Krankenhaus untersucht ein Arzt den Verletzten: Puls fühlen, fragen, wo es wehtut, verbinden, Arznei verabreichen.

Der Bandwurmsatz

Jedes Kind hat ein Blatt Papier und einen Bleistift und schreibt oben auf das Papier einen Satz, der auch unvollständig sein kann. Das *letzte Wort* wird dabei auf eine neue Zeile geschrieben, das andere umgeknickt, so daß es nicht zu lesen ist. Nun gibt jeder sein Blatt an den linken Nachbarn weiter, der mit dem letzten sichtbaren Wort einen neuen Satz anfängt und dann sein Blatt wieder so weitergibt, daß auch von seinem Satz nur das letzte Wort zu sehen ist. Zum Schluß gibt es oft viel zu lachen über die endlos langen Sätze!

Warum – Weil
Auch zu diesem Spiel benötigt jeder ein Blatt Papier und einen Bleistift. Diesmal sollen Fragen beantwortet werden, die niemand kennt! Dazu denkt sich jeder möglichst verrückte Fragen und Antworten aus. Als erstes schreibt jeder eine Frage auf seinen Zettel, die mit »warum« beginnt. Dann wird der Zettel wieder so gefaltet, daß man die Frage nicht lesen kann und an den Nachbarn weitergegeben. Jetzt schreibt jeder eine Antwort, die mit »weil« beginnt. Das geht so weiter, bis der Zettel vollgeschrieben ist und die lustigen Fragen mit den »unpassenden« Antworten vorgelesen werden.

Figurenzeichnen
Das macht vor allem den Kindern Spaß, die der deutschen Sprache noch nicht so mächtig sind. Diesmal wird oben auf den Zettel zunächst ein Kopf gemalt, wobei es gleichgültig ist, ob es der Kopf eines Menschen oder Tieres ist. Umfalten, weitergeben. Nun zeichnet jedes Kind einen Hals dazu, umknicken, weitergeben, dann Schultern, Brustkorb usw. – zum Schluß gibt es großen Jubel beim Bewundern des so entstandenen Fabelwesens!

Hänschen piep einmal
Alle sitzen im Kreis auf Stühlen; einem Kind in der Mitte werden die Augen verbunden. Jetzt wechseln alle schnell die Plätze, und das Kind in der Mitte wird ein paarmal um sich selber gedreht, damit es die Orientierung verliert. Nun tastet es sich bis zu jemand hin, setzt sich auf den Schoß und sagt: »Hänschen piep einmal.« Mit möglichst entstellter Stimme sagt nun der Betreffende »Piep«, und das Kind muß erraten, wer es ist. Kann es das nicht erraten, so rückt es zum Nachbarn weiter und versucht es dort. Das Kind, das erkannt wird, geht als nächstes in den Kreis.

Zieh den Gegner in den Kreis
Zwei Spieler stehen einander gegenüber und halten sich an der rechten Hand. Zwischen ihnen ist ein Kreis gezeichnet von ca. 30–40 cm Durchmesser. Nun versuchen sie, sich gegenseitig so zu ziehen, daß einer von ihnen in den Kreis tritt. Der Sieger darf mit einem anderen Gegner weitermachen.

Nasenstülper
Ein Kind stülpt sich die Hülle einer Streichholzschachtel auf die Nase, und nun wandert die Schachtel weiter von Nasenspitze zu Nasenspitze, wobei sie nicht mit den Händen berührt werden darf. Wer die Schachtelhülle fallen läßt, muß ein Pfand geben oder ausscheiden. Das Grimassenschneiden bei diesem Spiel macht groß und klein viel Spaß!

Stühle riechen
Jetzt wird gezaubert! Drei Stühle stehen nebeneinander, ein (eingeweihter) Mitspieler verläßt den Raum. Inzwischen setzt sich ein Kind kurz auf einen der Stühle, steht aber sofort wieder auf. Jetzt wird der »Zauberer« hereingerufen, riecht unter allerlei Brimborium an jedem der drei Stühle und errät dann immer, auf welchem das Kind gesessen hat. Der Trick: Die Anzahl der Wörter, mit denen er hereingerufen wurde (»Kommen«, »Bitte hereinkommen«, »Wir sind fertig« o. ä.), sagt ihm, der wievielte Stuhl es ist.

Schlangenfangen
Die Kinder stellen sich in einer Schlange auf und jedes umfaßt seinen Vordermann um die Hüfte. Das erste Kind ist der Schlangenkopf, das letzte der Schwanz. Der Kopf versucht nun, den Schwanz zu fangen, der natürlich ausweicht; die Kette darf aber nie abreißen. Hat der Kopf endlich den Schwanz gefangen, geht der nun nach vorn und das Spiel beginnt von neuem.

Katz und Maus
Die Kinder stehen in einem Kreis und fassen sich an den Händen. Zwei Kinder sind außerhalb des Kreises, die Katze und die Maus. Die Katze versucht, die Maus zu fangen, und die Spieler im Kreis helfen dabei der Maus, indem sie sie jederzeit in den Kreis hinein- oder aus ihm herauslassen. Die Katze wird nach Möglichkeit gehindert, in den Kreis zu gelangen. Hat die Katze schließlich doch die Maus gefangen, geht das Spiel mit zwei anderen Kindern weiter.

Die Reise nach Jerusalem
Stühle werden in einer Reihe so aufgestellt, daß die Sitzfläche mal nach der einen, mal nach der anderen Seite zeigt, und zwar ein Stuhl weniger, als Spieler beteiligt sind. Jetzt

macht der Spielleiter Musik (Mundharmonika, Flöte, Kassetten o. ä.), und die Kinder marschieren in diesem Takt um die Stühle herum, die dabei nicht berührt werden dürfen. Plötzlich hört die Musik auf, und jetzt versucht jeder, einen Platz zu erwischen. Ein Kind geht leer aus und scheidet aus, ein Stuhl wird weggenommen, und das Spiel geht weiter. Wer auf dem letzten Stuhl sitzt, ist Sieger und erhält eine kleine Belohnung.

Armer schwarzer Kater
Heiß geliebtes Spiel von groß und klein! Alle sitzen im Kreis auf Stühlen oder auf dem Boden. In der Mitte sitzt der Kater (oder die Katze), die nun zu einem der Spieler kriecht und kläglich oder frech, laut oder leise miaut – alle Faxen sind erlaubt. Der »anmiaute« Spieler streichelt die Katze und sagt dabei »Armer schwarzer Kater« (oder »Arme schwarze Katze«), wobei er allerdings nicht lachen darf, was meistens nicht gelingt. Hat er das Lachen nicht zurückhalten können, geht er selber als Kater in den Kreis; im anderen Fall sucht sich das Kätzchen nach dreimaligem Versuch ein anderes Opfer.

Schuhsalat
Alle Kinder ziehen ihre Schuhe aus, die auf einen großen Haufen zusammengeworfen werden. Auf das Kommando »Achtung, fertig, los!« laufen alle Kinder von einer entfernten Startlinie aus auf den Schuhsalat zu und versuchen, ihre Schuhe möglichst schnell zu erwischen, anzuziehen und zuzumachen. Dann laufen sie auf den Startplatz zurück. Wer dort am schnellsten ankommt, ist Sieger.

Fangen mit drei Beinen
Die Kinder stellen sich zu Paaren auf, dann werden ihnen mit einem Tuch die innen stehenden Beine zusammengebunden. Nun gilt es, ein anderes Paar zu fangen, dessen Beine natürlich ebenfalls zusammengebunden sind. Es müssen beide Spieler eines Paares beim Fangen berührt werden, einer allein genügt nicht. Erst dann ist dieses Paar der Fänger.

Flaschenhindernislauf
Ein Teil der Mitspieler verläßt den Raum und wird dann

einzeln nacheinander wieder hereingerufen. Auf dem Fußboden ist eine Hindernisbahn aus leeren Flaschen aufgebaut, die das betreffende Kind sich anschauen darf – auf Wunsch darf es auch probeweise darübersteigen. Dann soll es das Ganze mit verbundenen Augen machen. Aber während es die Augen zugebunden bekommt, werden ganz schnell und leise die Flaschen weggenommen. Das Kind mit den verbundenen Augen wird an die »Hindernisbahn« geführt, und alle haben ihr großes Vergnügen beim Zuschauen, mit welcher Mühe es versucht, die nicht mehr vorhandenen Flaschen zu übersteigen.

Anschleichen

Ein Spieler steht mit dem Gesicht gegen eine Wand und tut so, als ob er etwas auf die Wand schreibt. Hinter seinem Rücken schleichen nun von einer Startlinie aus die anderen Kinder auf ihn zu. Hört der Schreiber mit dem »Schreiben« auf und dreht sich um, müssen alle sofort wie erstarrt stehenbleiben. Erwischt er ein Kind, das sich noch bewegt, so muß es wieder bis zur Startlinie zurück. Sobald der Schreiber sich umgedreht hat und wieder schreibt, versuchen die Kinder, sich ihm weiter zu nähern. Je näher sie ihm kommen, desto vorsichtiger müssen sie sich bewegen. Kommt ihm einer so nah, daß er ihn mit der Hand berühren kann, übernimmt er die Rolle des Schreibers.

Grimassenschneiden

Ein Kind zieht sich ein nicht zu festes Gummiband so über den Kopf, daß es auf der Nasenwurzel liegt. Ohne die Hände zu Hilfe zu nehmen, soll es nun versuchen, das Gummiband von der Nase herunterzukriegen. Herrlich, welche Grimassen dabei geschnitten werden!

Händedrücken

Einem Kind werden die Augen verbunden. Die andern treten leise eins nach dem andern an dieses Kind heran und drücken ihm freundschaftlich die Hand. Durch den Händedruck soll das Kind erkennen, um wen es sich handelt. Für jeden richtigen Tip gibt es einen Pluspunkt.

Das kannst du nicht allein!

Ein kurzes, aber lustiges Spiel, zu dem mehrere Kinder nach

draußen geschickt werden, damit es länger gespielt werden kann. Man schließt mit einem Spieler eine Wette ab, daß er seinen Pullover (oder Schuh o.ä.) nicht allein ausziehen kann. Der Trick: In dem Moment, da der Spieler beweisen will, daß er es doch kann, zieht sich blitzschnell ein anderer ebenfalls seinen Pullover aus.

Zweikampf um den Tisch herum
Zwei Spieler gehen mit verbundenen Augen um einen langen Tisch herum. Mit der linken Hand halten sie sich an der Tischkante fest, mit der rechten versuchen sie ihren Gegner zu erwischen. Dieser fröhliche Zweikampf ist für die Zuschauer ebenso lustig wie für die »Kämpfer«.
Variation: Die Spieler haben in der rechten Hand ein Handtuch mit einem Knoten, womit sie versuchen, den Gegner zu treffen.

Schokoladeessen
Für dieses sehr beliebte Spiel braucht man 1 Tafel Schokolade, die fest in einen Bogen Papier eingewickelt und mit Bindfaden verschnürt ist, sowie 1 Mütze, 1 Paar große Handschuhe, 1 Schal, 1 Messer, 1 Gabel, 1 Würfel.
Jetzt würfelt jedes Kind der Reihe nach einmal. Sobald ein Kind eine 6 gewürfelt hat, setzt es sich blitzschnell die Mütze auf den Kopf, bindet sich den Schal um den Hals, zieht die Handschuhe an, nimmt Messer und Gabel und versucht, damit ein Stück von der Schokolade zu erwischen. In der Zwischenzeit wird aber ununterbrochen weiter gewürfelt, und sobald die nächste 6 kommt, ist es mit der Schokoladenmahlzeit zu Ende, denn nun kommt für das nächste Kind die gleiche Prozedur, wobei sich die Kinder Schal, Mütze usw. regelrecht aus der Hand reißen. Meist dauert es eine ganze Weile, bis von der Schokolade überhaupt ein Stückchen sichtbar wird, aber dann werden die Aufregung und der Spaß immer größer.

Detektivspiel
Die Kinder sitzen verstreut im Raum herum, auf Stühlen oder auf Tischen, dem Fußboden oder der Fensterbank. Ein Detektiv, der vorher den Raum verlassen hatte, wird hereingerufen und soll sich nun die »Sitzordnung« anschauen und geht dann wieder hinaus. Ein Spieler wechselt nun schnell

mit einem anderen den Platz, und der wieder hereingerufene Detektiv soll die Änderung herausfinden. Rät er richtig, darf er weiterhin Detektiv sein, andernfalls wird die Rolle getauscht.

Luftballonplatzen
Zwei Kinder binden einen aufgeblasenen Luftballon an ihrem rechten Fußknöchel fest. Jetzt umkreisen sie sich vorsichtig und versuchen dabei, mit dem Fuß den Luftballon des Gegners zu erwischen und ihn zu zertreten. Der, dessen Luftballon als erster platzt, hat verloren.
Variation: Alle Kinder haben um ihren rechten Fußknöchel einen Luftballon gebunden und tanzen miteinander nach irgendeiner Musik. Sie dürfen ihren Tanzpartner nicht loslassen, versuchen aber während des Tanzens, die Luftballons der anderen zu zertreten. Dabei geht es sehr lebhaft zu, weil die Kinder oft mit wilden Sprüngen ihren Luftballon zu retten suchen.

Ringlein, Ringlein, du mußt wandern
Die Kinder sitzen im Kreis, am besten auf dem Fußboden, und halten gemeinsam mit beiden Händen eine Schnur, auf die ein Ring gefädelt ist. Dieser Ring wird nun von Hand zu Hand weitergeschoben, und zwar möglichst unauffällig. (Dabei kann das Lied gesungen werden: »Ringlein, Ringlein, du mußt wandern, von dem einen Ort zum andern. O wie schön, o wie schön, hat zwei Augen, kann nicht sehn!«) In der Mitte des Kreises sitzt ein Spieler und versucht zu erraten, wo sich der Ring gerade befindet. Hat er ihn erspäht, so geht das Kind in die Mitte, bei dem der Ring gefunden wurde.

Orangentanz
Jeweils zwei Spieler tanzen miteinander nach möglichst flotten Melodien. Zwischen ihre Stirnen haben sie eine Orange (Ball o.ä.) eingeklemmt, die sie mit der Hand nicht berühren dürfen. Das Paar, das die Orange am längsten halten kann, ist Sieger. Ein Spiel, das für die Zuschauer ebenso lustig ist wie für die Spieler!

Hindernislauf mit Eiern
Aus Stühlen, Hockern, Seilen, Eimern o.ä. wird eine Hin-

dernisbahn aufgebaut, die jedes Kind zweimal hin und zurück durchlaufen muß. Jeder Spieler trägt dabei einen Löffel mit einem hartgekochten Ei, das möglichst nicht herunterfallen soll. Je nach Platz starten jeweils zwei bis vier Kinder. Unterwegs geht es dann drunter und drüber – wer mit der besten Zeit ins Ziel kommt, hat gewonnen.

Wabbeln
Die Kinder stehen in einem großen Kreis, eins in der Mitte. Das Kind in der Mitte wirft einen Ball hoch und ruft dabei den Namen eines Mitspielers, wobei alle Kinder weglaufen. Sobald der Aufgerufene den Ball hat, ruft er »Halt«, und alle müssen da stehenbleiben, wo sie gerade sind. Das Kind mit dem Ball versucht von seinem Standplatz aus eins der Kinder abzuwerfen. Dabei dürfen die Spieler nur mit dem Körper ausweichen, die Füße dürfen nicht bewegt werden. Der Getroffene wird neuer Werfer.

Halli-Hallo!
Die Kinder stehen in einer Reihe. Der jeweilige Spielleiter wirft jedem der Reihe nach den Ball zu und stellt dabei eine Aufgabe, er sagt zum Beispiel: »Eine Stadt mit B.« Das Kind, das den Ball bekommt, versucht die richtige Stadt zu raten und sagt etwa: »Bonn.« Ist das falsch, wirft der Spielleiter dem Nächsten den Ball zu. Rät der nun etwa mit »Basel« die richtige Stadt, dann wirft der Spielleiter mit »Halli-Hallo!« den Ball hoch und läuft weg. Das Kind, das richtig geraten hat, fängt den Ball, ruft schnell »Halt« und stoppt so den Spielleiter. Wenn es dem Kind nun gelingt, den Ball durch die geöffneten Arme des Spielleiters zu werfen, dann darf es selber Spielleiter werden.

Ich koch Löffel
Zum Schluß noch für die Kinder, die schon gut Deutsch können, eine lustige Sprachbastelei, bei der Hauptwörter wie Tätigkeitswörter gebeugt werden:
Ich koch Löffel; du kochst Löffel; er, sie, es kocht Löffel, wir kochen Löffel; ihr kocht Löffel; sie kochen Löffel. Hausmädchen: Ich hau's Mädchen ...; Faltboote: Ich falt Boote ...; Kreuzspinne: Ich kreuz Spinnen ...; Richtlinien: Ich richt Linien ...; Kaktee: Ich kack Tee ...; Wellblech, Klebstoff, Rollmöpse, Schießbuden, Raubritter, Fesselballons und vieles mehr.

Egbert Jancke

Die Geschichte von Suduman K.

Von jungen Ausländern, die im Rahmen des deutschen Schulsystems erfolgreich sein wollen, wird verlangt, daß sie sich den deutschen kulturellen Normen und Traditionen anpassen. Dieser Anpassungsprozeß kann zu Konflikten mit der eigenen Familie führen, die auf der Einhaltung anderer kultureller Normen und Traditionen besteht. Egbert Jancke beschreibt einen solchen kulturellen Konflikt am Beispiel einer jungen Türkin, die in Deutschland das Abitur machen und dabei aber auch Türkin bleiben wollte.

Egbert Jancke ist Oberschulrat im pädagogischen Grundsatzreferat beim Senator für Schulwesen in Berlin und seit 1974 Bundesvorsitzender des »Verbandes Bildung und Erziehung«. Er hat neben einer Reihe von Zeitschriftenveröffentlichungen die beiden Bücher: »Kinder zwischen zwei Kulturen« und »Sonderschüler zwischen Bildungs- und Beschäftigungssystem« herausgegeben.

Erinnerst Du Dich noch an Suduman? An das türkische Mädchen, das mich im Büro aufsuchte, geschickt von dem Sozialarbeiter, den ich »den Mann der unheilbaren Fälle« nenne? Ich will sie Dir noch einmal erzählen, die Geschichte der Suduman. Warum? Weil sie zu Ende ist, für mich, nicht für Suduman.
Im Oktober 1976 besuchte sie mich zum ersten Mal. Ich vergesse die Begegnung nicht, weil sie aus drei Gründen anders war als die vielen anderen, die in meinem Büro so stattfinden. Sie hatte beim Betreten des Raumes eine Form von Höflichkeit, von Zurückhaltung. Früher nannte man das bei unseren Gleichaltrigen wohl Scheu, die nichts gemein hat mit der ängstlichen, überbetonten Unterwürfigkeit, mit der erwachsene Türken mein Zimmer als Amtsstu-

be der Berliner Kulturbehörde so oft betreten. Diese Scheu, mir fällt keine bessere Bezeichnung ein, verdeckte nicht das Selbstbewußtsein, das mich fortan glauben ließ, wir würden alles zu einem guten Ende führen können.
Außerdem war sie größer, als ich erwartet hatte. Nein, nicht deshalb, weil sie tatsächlich älter war, als eine Zehntkläßlerin sein sollte. Nein, sie war auch so größer, als ich Türkinnen sonst kenne. Und sie lachte bei der Begegnung. Ich sollte sagen, sie strahlte, sonst stellst Du Dir vor, sie lachte verlegen. Sag jetzt bitte nicht: »Deshalb also warst du gleich für sie so eingenommen«, obwohl ich Dir zugestehe, sie war genau das, was die Amerikaner den »Winner«-Typ nennen.
Sie war 1970 als Elfjährige nach Deutschland gekommen. Ihre Mutter war Witwe und wurde hier Hilfsarbeiterin, um sich, Suduman und den älteren Sohn, also Sudumans Bruder, zu ernähren. Sie wohnten in einem Arbeiterbezirk, der so nach und nach von Türken in Besitz genommen wurde. Als Suduman zu mir kam, war die Mutter schon seit längerer Zeit krank; der inzwischen berufstätige Bruder ernährte im wesentlichen die Familie.
Was Suduman von mir wollte, hatte mir der Sozialarbeiter, der sie bei mir anmeldete, bereits gesagt: Suduman wollte später Medizin studieren und saß jetzt mit einem Hauptschulzeugnis da und wußte nicht weiter. Sie wußte nicht, wie sie zu einem Abitur kommen sollte. Sie hatte ihre sorgfältig angelegte Dokumentenmappe mitgebracht und zeigte mir ihre Zeugnisse. Das erste deutsche Zeugnis stammte vom 24. Oktober 1970. Durch den ganzen Fächerblock war ein schräger Querstrich gezogen. Nur die »Allgemeine Beurteilung« enthielt für das 1. Halbjahr des 6. Schuljahres Hinweise: »Suduman besucht seit dem 29. August 1970 die ... Schule. Sie beherrscht als türkische Staatsangehörige nur ihre Muttersprache. Eine Beurteilung ihrer Kenntnisse und Fähigkeiten ist aufgrund von Sprachschwierigkeiten nicht möglich. Ihr Verhalten im Unterricht ist einwandfrei.«
Fünf Jahre später das letzte Zwischenzeugnis der Hauptschule, der freiwilligen 10. Klasse: »Suduman ist höflich, kameradschaftlich und aufgeschlossen, ihr Betragen ist sehr gut. Sie ist sehr am Unterricht interessiert, arbeitet sachgerecht und gewissenhaft.« Daß die Durchschnittsnote bereits 2,5 betrug, fand ich weniger herausragend, auch nicht die

Abb. 9 Sie beherrscht als türkische Staatsangehörige nur ihre Muttersprache.

Eins in Chemie und die in Sport. Die mündliche Zwei in Deutsch war meine Überraschung. Daß die Vier in der Rechtschreibung ihre Gesamtnote auf eine Drei drückte, ist das Zeichen der Last, unter der ausländische Schüler in der Zweitsprache noch mehr leiden als deutsche Hauptschüler. Ein halbes Jahr später war auch das Rechtschreibproblem »befriedigend« verbessert, die mündlichen Leistungen waren »gut« geblieben, und das schriftliche Darstellen hatte sich auf eine Zwei gesteigert. Die Gesamtnote »gut« im Deutschen und auch die übrige Durchschnittsnote von 2,0 ermöglichten einen sauberen Abschluß der 10. Klasse der Hauptschule. Wir nennen das den »qualifizierten Hauptschulabschluß«, um ihn von dem einfachen am Ende des neunten Pflichtschuljahres zu unterscheiden. Ein solches Zeugnis, das heißt, ein Abschlußzeugnis der 10. Hauptschulklasse mit solchen Spitzenleistungen, kann im Ministerium vorgelegt werden, um eine Zusatzbescheinigung zu

erhalten, daß der Abschluß dem der Realschule als gleichwertig anerkannt wird. Und diese Bescheinigung, die von der Schule befürwortet werden muß, benötigt Suduman, um den Antrag auf Aufnahme in ein Gymnasium stellen zu können.
Ich habe Dir schon früher einmal erzählt, wie stolz wir in Berlin auf ein Bildungssystem sind, das die Bezeichnung »durchlässig« trägt. Spitzenleute, die sich spät entwickeln, können nicht nur während der Hauptschul- oder Realschulzeit auf das Gymnasium überwechseln. Das geht auch noch danach. Einige Gymnasien in unserer Stadt sind spezialisiert auf diese Spätentwickler. Sie haben einen Aufbauzug in der Oberstufe ihrer Schule, wo die ehemaligen Haupt- und Realschüler dann Gleiche unter Gleichen sind.
Na, ich hab' jedenfalls Suduman erst mal zu ihren tollen Leistungen gratuliert und sie dann in meinem Zimmer sitzen lassen und bin zu meinem Kollegen gezogen, der für die Anerkennung solcher Zeugnisse zuständig ist. Und da bekomme ich eine kalte Dusche. Von dem Zeugnis war er zwar in Anbetracht der persönlichen Umstände auch begeistert, aber sein Finger blieb auf der Zwei in Englisch liegen. Ich »Ministerialer« hatte ein wichtiges Detail aus mangelnder Kenntnis der »hierauf anzuwendenden entsprechenden Verwaltungsvorschrift« nicht beachtet; den Klammerzusatz »Leistungsstufe C«. In den beiden Hauptfächern Englisch und Mathematik gibt es an der Hauptschule den Leistungsdifferenzierten Unterricht, die Starken in A, die Schwachen in C, und das mittlere Maß in die Mitte. Und die Zwei wäre so schön gewesen, hätte sie wenigstens in der Mitte gelegen, wie die Drei in Mathe. Doch die schwache Zwei wäre in der Umrechnung eine starke Vier. Und mit einer Vier wiederum erhält man keine Gleichwertigkeit, ich meine die zur Realschule.
Entschuldige bitte, auch wenn sich das ein wenig zynisch anhört – ist ja auch so gemeint –, es ist doch ein Sinn dahinter. Den versteht jeder, wenn es um Mathe geht. Auch ich hätte das verstanden und wäre zu Suduman zurückgekehrt und hätte gesagt: »Tut mir leid, aber das geht nicht, was wir da beide vorhin gedacht haben.«
Aber bei Englisch, da ist doch kein Sinn drin. Suduman ist Türkin. 1970: Sie beherrscht als türkische Staatsangehörige nur ihre Muttersprache. Da war sie elf. Jetzt hat sie in

Deutsch eine Zwei. Wieviel deutsche Hauptschüler haben die? Und dann noch in Englisch, auch eine Zwei, aber eine schwache, in C. Und das ganze Zeugnis 2,0. Solch eine Schülerin darf doch nicht scheitern. Die Vorschrift hat einen Sinn, aber für ganz andere Leute, nicht für die Türken.
Wir haben im Amt diskutiert, bis alle »Zuständigen« von dem Nicht-Sinn, dem Unsinn, überzeugt waren. Du schimpfst ja auch immer über die Bürokratie. Erst neulich hast Du wieder zu mir gesagt, ich rede und denke schon wie einer von denen. Als ich Dir danach erzählen konnte, wie schnell wir noch in die neue SEK-I-Ordnung eine Fußnote aufnehmen konnten, daß für ausländische Kinder die der Leistungsstufe C so gilt wie für deutsche die Leistungsstufe B, war ich schon stolz. Stolz war ich Dir gegenüber. Für Suduman war ich glücklich.
Die neue Regelung war offiziell noch gar nicht gültig, da wurde sie für Suduman schon angewandt, im Vorgriff. Im November 1976 konnte ich Suduman die Zusatzbescheinigung aushändigen. Dann suchten wir noch die passende Oberschule mit der gymnasialen Oberstufe in Aufbauform aus. Suduman wurde aufgenommen. Das Zeugnis der 11. Klasse wurde schwach. Nur noch in Sport hatte Suduman eine Zwei. Für die beiden Fünfen erhielt sie die Bemerkung: »Die Versetzung nach Klasse 12 ist gefährdet.«
Zum nächsten Besuch erschien Suduman nicht allein. Der Schulsprecher der neuen Schule begleitete sie. Wie man Suduman helfen könne, war die Frage an mich. Die Familie fiel aus, die bei deutschen Kindern bei ähnlichen Schwierigkeiten hilft. Aber wenn sich schon der Schulsprecher so engagiert, wie wäre es mit Unterstützung bei den Hausaufgaben?
Noch vor Ostern rief Suduman mich wieder an. Sie sei nicht mehr auf der Schule. Sie wolle sich bei mir bedanken für die Hilfe. Sie suche eine Stellung. Sie habe auch schon bestimmte Aussichten. »Können Sie zu mir kommen, Suduman? Morgen?« Als sie kam, hatte sie nicht mehr die bekannte Heiterkeit. Die Klassenkameraden hätten ihr geholfen. Das Schuljahr hätte sie so wohl doch noch schaffen können. Aber als eines Tages ihr Bruder von der Arbeit nach Hause gekommen sei, sei ein Junge da gewesen, der mit ihr Schularbeiten machte. Ihr Bruder habe ihn rausgeschmissen und sie am nächsten Morgen in der Schule abgemeldet. Sie sei

ein türkisches Mädchen und habe nicht allein mit einem Jungen zu sein. Ich wollte sofort den Sozialarbeiter anrufen. Suduman sagte, das sei nicht nötig, er habe bereits mit Mutter und Bruder gesprochen. Der Bruder habe abgelehnt, und der sei ja der Chef in der Familie. Ob ich einmal mit ihm sprechen sollte? Das sei zwecklos, er habe eine feste moralische Vorstellung. Mein letzter Versuch bestand darin, daß ich einen befreundeten türkischen Professor bat, einen Besuch bei Suduman zu machen und mit ihrem Bruder zu sprechen. Er tat es. Es war ohne Erfolg. Noch immer war Suduman von der Sehnsucht beherrscht, Medizin zu studieren. Inzwischen war Suduman achtzehn Jahre alt geworden. Der Sozialarbeiter bot an, sie in seine Familie aufzunehmen. In der Schule hätte ihr jede Hilfe gegeben werden können. Und wenn es noch ein Jahr länger gedauert hätte, das Abitur hätte sie schaffen können.

Für Suduman selbst gab es jedoch kein Schwanken. Würde sie dem Bruder nicht gehorchen, würde sie von der Familie verstoßen. Der Weg von einem auf das andere Ufer, von der türkischen auf die deutsche Seite, sei ein Weg ohne Rückkehr. Sicherlich bliebe sie in Deutschland, aber sie bliebe auch Türkin. Nachdem sie sich mit einem nochmaligen »Dankeschön« verabschiedet hatte, hörte ich noch einmal von ihr, telefonisch. Sie würde wohl die Stelle, von der sie gesprochen hatte, erhalten. Dolmetscherin bei Gericht, die deutsche Sprachprüfung sei gut verlaufen. Mutter wäre immer noch krank. Sie würde mal wieder anrufen.

Ich habe seither nichts mehr von ihr gehört. Weißt Du, mein Teil an der Geschichte ist ohnehin erledigt. Die »Lex Suduman«, die Fußnote in der SEK-I-Ordnung, gilt jetzt für andere. Suduman wird sicherlich eine gute Dolmetscherin und baut sprachlich die Brücken zwischen einem deutschen Gericht und türkischen Klägern oder Beklagten. Sie steht dazwischen.

Elisabeth Will

Das ist unwahrscheinlich schwer

Unser Bildungs- und Ausbildungssystem – ob man es nun für zureichend oder für mangelhaft hält – ist jedenfalls für Deutsche, nicht für Ausländer gemacht. Gleichwohl werden Ausländer, oft gegen alle pädagogischen Einsichten, diesem System schematisch ausgeliefert. Das heißt zum Beispiel, daß auch arbeits- und berufslose ausländische Jugendliche, die kaum deutsch sprechen, die deutsche Berufsschule besuchen müssen. Elisabeth Will hat über diese Situation mit einem Berufsschullehrer gesprochen.

Elisabeth Will ist Berufsschullehrerin für Deutsch und Sozialkunde an der Berufsschule in Augsburg. Sie ist neben der Unterrichtsarbeit auch als Konflikt- und Laufbahnberaterin der Berufsschüler tätig.

Kinder von Ausländern, die die Berufsschule besuchen, lassen sich sehr deutlich in zwei Gruppen einteilen: Da sind die einen, die schon lange mit ihren Eltern in der Bundesrepublik leben, ihre Schulpflicht an deutschen Schulen erfüllt haben und deshalb schon früh an unser Leistungssystem gewöhnt wurden. Diese Jugendlichen mit Ausbildungs- oder mindestens Arbeitsvertrag unterscheiden sich in den Fachklassen der Berufsschule von ihren deutschen Kollegen lediglich durch Namen wie Mustafa, Mevlüt, Ignazio oder Giuseppe sowie durch das südländische Äußere. Oft sind sie strebsamer, ehrgeiziger und lernwilliger – und nicht selten beherrschen sie auch unsere Sprache in Wort und Schrift besser – als ihre deutschen Banknachbarn.
Da ist dann die andere Gruppe. Diese jungen Ausländer, meist Türken, fügen sich wesentlich schwerer in den Schulbetrieb der Berufsschule ein, weil sie in der Regel erst kurze Zeit in der Bundesrepublik leben. Sie haben in ihrem Hei-

matland oft nur wenige Jahre die Schule besucht und stehen deshalb unserer Ordnung in Schule und Arbeitswelt ziemlich verständnislos gegenüber. Diese Jugendlichen haben kaum eine Chance – allein schon durch ihre schlechten Sprachkenntnisse –, eine Arbeitsstelle zu bekommen. Deshalb hoffen sie, durch den Besuch des Berufsgrundschuljahres J eine bessere Ausgangsposition zu bekommen. (Das Berufsgrundschuljahr J ist ein Vollzeitschuljahr an der Berufsschule. Es soll Jugendlichen, die ihre Hauptschulpflicht erfüllt, aber keinen Ausbildungsplatz bekommen haben, die Möglichkeit geben, in nur einem Jahr ihre Berufsschulpflicht zu erfüllen.)
Und hier entstehen nun erhebliche Probleme durch Verständigungsschwierigkeiten nicht nur sprachlicher Art, sondern vor allem auch durch die unterschiedlichen Auffassungen von Ordnung, Disziplin, Arbeitsleistung, Ausdauer usw. Franz Lernet ist Fachlehrer im Berufsgrundschuljahr J an der Berufsschule in Augsburg, und ich habe versucht, mit ihm über diese Probleme junger arbeits- und berufsloser Ausländer in der Berufsschule zu sprechen:

Franz, du unterrichtest im Berufsgrundschuljahr J vor allem junge Ausländer, in der Mehrzahl Türken, die keinen Arbeits- oder Ausbildungsplatz gefunden haben. Ich kann mir vorstellen, daß diese Jugendlichen, die ja meist erst kurze Zeit in der Bundesrepublik leben, große Schwierigkeiten haben, mit unserer Ordnung und unseren schulischen Anforderungen zurechtzukommen. Wie ist es, kommen die Schüler eigentlich regelmäßig zum Unterricht?
Nun ja, mit der Regelmäßigkeit ist es nicht so weit her. Sie kommen größtenteils schon, aber wenn sie irgendwelche Gründe haben, vor allem familiärer Art, bleiben sie einfach weg und erscheinen am nächsten oder übernächsten Tag wieder und verhalten sich so, als wenn nichts geschehen wäre. Man könnte sagen, sie kommen, wenn sie sonst nichts zu tun haben.

Was verstehst du unter familiären Gründen?
Da gibt es viele! Da muß z.B. der Onkel, der auf Besuch kommt, vom Bahnhof abgeholt werden. Der Onkel kann ja meistens nicht Deutsch und ist mit den deutschen Gepflogenheiten nicht vertraut. Deshalb wird der Neffe, der eben

weiß, wie man einen Fahrschein in der Straßenbahn entwertet, als Lotse geschickt. Oder ein anderes Beispiel: Da kommt einer mit der Entschuldigung, er mußte mit der Mutter ins Konsulat nach München, um ihren Paß verlängern zu lassen. Weil die Mutter meist auch kaum Deutsch spricht und sich mit den öffentlichen Verkehrsmitteln nicht auskennt, nimmt sie den Sohn mit und ist froh, daß ihr jemand hilft.
Weiter kann man sagen, wenn sie zum Arzt müssen, zum Arbeitsamt oder zu Vorstellungsgesprächen mit Lehrherren, dann wählen sie bevorzugt die Unterrichtszeit. Sie behaupten dann, sie könnten nur vormittags hingehen, weil sie nur zu dieser Zeit einen Termin bekommen hätten. Beim Arzt kann man das noch verstehen, aber wenn sie ein Vorstellungsgespräch führen oder auf ein Amt müssen, dann wäre sicherlich auch nachmittags ein Termin frei. Sie gehen aber lieber dann, wenn Unterrichtszeit ist, damit sie nachmittags frei haben. Auch die Eltern meinen, daß die privaten Probleme wichtiger sind als die Schule. Schließlich verdient ihr Sohn ja kein Geld in der Schule, und deshalb kann es auch nicht so schlimm sein, wenn er nicht jeden Tag dort erscheint.
Ich möchte damit nicht sagen, daß sie grundsätzlich die Schule schwänzen wollen. Sie nehmen aber jeden Grund, der sich bietet, als willkommen an. Sie erzählen nicht, sie waren beim Arzt, wenn sie beim Baden waren, aber sie versuchen eben, einen Arztbesuch auf die Unterrichtszeit zu legen.

Wie sieht es denn mit schriftlichen Entschuldigungen aus?
Es ist selten, vor allem anfangs, daß sie von sich aus Entschuldigungen mitbringen. Ärztliche Atteste werden nach Aufforderung meistens gebracht, aber andere schriftliche Entschuldigungen bekommt man fast nie. Wer sollte sie auch schreiben?
Ich habe sie auch des öfteren darauf hingewiesen, daß es notwendig ist, ein Gesuch an das Direktorat zu richten, wenn sie private Dinge zu erledigen haben; aber da stoße ich immer auf taube Ohren.

Gibt es denn irgendwelche Mittel, um diese jungen Leute an unsere Ordnung zu gewöhnen?
Das ist so eine Sache. Wir können z. B. Verweise ausstellen. Ein Verweis ist für sie aber mehr oder weniger ein Blatt Papier. Und wenn sie den Verweis zu Hause zur Unterschrift vorlegen müssen, dann sagen sie unter Umständen den Eltern, das sei ein Lob, das sie bekommen hätten. Oder sie sagen auch, das sei ein Verweis, und die Eltern unterschreiben, weil sie ja den Sinn eines Verweises nicht kennen.
Wir müssen immer wieder feststellen, daß die meisten Eltern kaum der deutschen Sprache mächtig sind, auch wenn sie schon längere Zeit hier sind, weil sie ja keinen gezielten Deutschunterricht haben. Da ist es ganz selbstverständlich, daß der Sohn dolmetscht, wenn wir die Eltern in die Schule bestellen. Was der Junge dann übersetzt – wir können nur hoffen, daß es in unserem Sinne ist!
Wir haben auch schon den türkischen Sozialarbeiter zu uns gebeten. Der faßt die Buben dann auch streng an und macht ihnen klar, was wir verlangen und wo die Rechte und Pflichten der Schüler sind, und welche Strafen sie zu erwarten haben, wenn sie nicht regelmäßig zum Unterricht kommen. Das hält vielleicht ein oder zwei Tage vor, und dann haben wir wieder den alten Schlendrian.

Sind sie vielleicht andere disziplinäre Maßnahmen von zu Hause gewöhnt?
Man hört des öfteren, daß sie in der Türkei noch die Prügelstrafe haben in der Schule. Auch wenn die Eltern zu uns kommen und man erzählt ihnen, daß ihr Sohn Schwierigkeiten macht, dann sagen sie, wir sollen ihn richtig schlagen. Aber schließlich ist das nicht durchführbar. Man hat zwar manchmal den Eindruck, daß die Schüler sich richtig nach einer Prügelstrafe sehnen. Ich sage dann immer, sie verlangen »Körperkontakt«, also eine wirkliche Handlung und nicht nur symbolische Worte. Aber das geht eben nicht, und bisher hat sich noch kein Lehrer dazu hinreißen lassen, daß er handgreiflich geworden ist. Aber Strafen, die nur in Worten bestehen, werden von diesen Schülern gar nicht ernst genommen.
Wir haben nur die im normalen Schulrecht geltenden Maßnahmen, und die haben eben wenig Wert. Es bleibt uns nur die Möglichkeit des Gesprächs. Wir müssen immer wieder

versuchen, durch gutes oder strenges Zureden zum Ziel zu kommen.

Wenn die meisten Schüler trotzdem zum Unterricht kommen, haben sie doch wohl Interesse am Unterricht, weil sie etwas lernen wollen und durch das Berufsgrundschuljahr eine größere Chance haben, einen Ausbildungs- oder Arbeitsplatz zu erhalten.

Ja, da sind bestimmt einige dabei, die sich eine Chance erhoffen, denn im Gespräch mit den Schülern hört man immer wieder, daß sie einen Beruf wollen. Das ganz große Problem ist jedoch, daß sie zwar einen Beruf möchten, auf der anderen Seite aber nicht bereit oder vielleicht auch nicht fähig sind, sich in einen entsprechenden Rahmen einzufügen. Darunter verstehe ich, daß sie gezielt etwas lernen, daß sie sich an Ordnung, Pünktlichkeit und Genauigkeit gewöhnen; das sind schließlich die Voraussetzungen für einen Beruf bei uns.

Sie haben zwar den guten Willen, aber sie möchten mit geringen Anstrengungen möglichst viel erreichen. Vor allem spuken in ihren Köpfen die Berufe wie Kfz-Mechaniker, Fernseh- und Rundfunktechniker herum, ohne daß sie wissen, was der Inhalt eines solchen Lehrberufs ist. Sie sehen nur, daß sich ein Kfz-Mechaniker ein Auto leisten kann, und damit ist er in ihren Augen schon in einer gehobenen Stellung.

Du unterrichtest diese Schüler in Metallverarbeitung, also in den Grundlagen für ihre Traumberufe. Wie stellen Sie sich dabei an?

Es sind einige dabei, die sich recht gut anlassen. Aber der größte Teil dieser jungen Leute ist nicht in der Lage, Zusammenhänge zu erfassen, sie lernen nur durch Nachahmen. Wenn man ihnen etwas zeigt, dann machen sie es nach. Verlangt man aber exakte Ausführung einer Arbeit, z.B. genaue Maße beim Feilen, dann verlieren sie sehr schnell die Lust. Wenn sich die ersten Schwierigkeiten einstellen und man sie auf Fehler hinweisen muß, dann sehen sie darin schon einen Zwang und wehren sich dagegen. Sie möchten alle Fertigkeiten wie im Spiel erlangen.

Solange sie sich nicht besonders plagen müssen und mit dem Nachbarn schwätzen können, fühlen sie sich wohl. Aber

Abb. 10 Es sind einige dabei, die sich recht gut anlassen.

wenn man von ihnen verlangt, daß sie sich auf ihre Arbeit konzentrieren, damit diese in einer bestimmten Zeit fertig wird, dann ist die Begeisterung schnell vorbei. Mehr als dreißig Minuten können sie sich nicht konzentrieren. Es gibt einige, die es länger aushalten, aber viele fallen bereits nach fünfzehn Minuten ab. Sie müssen einfach miteinander reden, sie müssen sich mit Kreide oder Radiergummi bewerfen, sie müssen aufstehen und herumlaufen. Sie haben anscheinend nie gelernt, konzentriert bei einer Sache zu sein.

Das bedeutet dann aber doch, daß sie ihre Traumberufe nicht erreichen werden?
Ja, aber es ist fast unmöglich, ihnen diese Träume auszureden. Wenn man ihnen klarmacht, daß vielleicht Gas-Wasser-Installateure in ihrer Heimat gebraucht werden, weil die Wasserversorgung schlecht ist, dann sind sie oftmals ganz empört. Sie lehnen das ab mit der Begründung, daß *sie* das nicht brauchen, sie möchten eben einen »besseren« Beruf.
Vermutlich ist diese Einstellung auf das Elternhaus zurückzuführen, weil der Vater die Erfahrung gemacht hat, daß man als Hilfsarbeiter kein Ansehen genießt. Deshalb möchte er, daß der Sohn »etwas Höheres« wird. Und da denkt man dann an solche Berufe, die nicht nur Geld, sondern vor allem auch das erhoffte gesellschaftliche Ansehen bringen. Daß sie aufgrund schlechter Vorbildung, oft auch geringer Begabung und mangelnder Lernbereitschaft gar nicht für solche Lehrstellen in Frage kommen, will ihnen einfach nicht einleuchten. Erst zum Ende des Schuljahres, wenn sie immer wieder vergeblich beim Arbeitsamt vorgesprochen haben, findet sich der eine oder andere bereit, Schlosser, Installateur oder Schreiner zu werden.

Müßte nicht auch der türkische Staat daran interessiert sein, daß die Jugendlichen bei uns einen Beruf erlernen, den sie dann in ihrem Heimatland ausüben können?
Das ist richtig. Vom türkischen Sozialarbeiter weiß ich, daß er von seiten der türkischen Regierung angehalten ist, den jungen Leuten Unterstützung zu gewähren, wo es nur möglich ist. Aber auch er sagt, es bestehe wenig Interesse, Förderkurse, Sprachkurse oder dergleichen zu besuchen. Es gibt vielleicht den einen oder anderen, der seine Deutschkenntnisse verbessern oder seine schulischen Lücken ausgleichen möchte. Aber man kann ja nicht für eine so geringe Zahl von Schülern eigens Kurse durchführen. So erzählte mir der türkische Sozialarbeiter, er hätte einen Deutschkurs einrichten können, wenn sich achtzehn Teilnehmer gemeldet hätten. Aber es kamen nur fünf Anmeldungen. Also mußte der Kurs ausfallen. Dieses Desinteresse kommt

wahrscheinlich auch daher, daß viele unserer türkischen Schüler glauben, wenn sie bei uns gelernt haben, eine Maschine zu bedienen, dann könnten sie in ihrem Heimatland schon ein Geschäft eröffnen, denn schließlich seien sie ja mit ihren Kenntnissen ihren daheimgebliebenen Landsleuten weit überlegen.

Besteht nicht wenigstens von der finanziellen Seite her ein Anreiz, daß sie eine bessere Ausbildung anstreben? Sie wollen doch irgendwann ein Moped finanzieren, ein Auto kaufen oder eine Familie gründen. Kann man ihnen nicht von diesem Aspekt her klarmachen, daß eine gute Berufsausbildung mehr Geld bringt?
Diese Argumente stoßen bei ihnen meistens auf taube Ohren. Das hat seine Ursache vermutlich darin, daß sie über genug Taschengeld verfügen. Obwohl die türkischen Jugendlichen als Angehörige von Nicht-EG-Staaten keine Ausbildungsbeihilfe bekommen, haben sie doch immer Geld, um sich in Spielhallen oder auf Volksfesten zu vergnügen. Von ihren Eltern erhalten sie meist ausreichend Taschengeld, und deshalb sehen sie keine zwingende Notwendigkeit, selbst Geld zu verdienen.

Gehen die ausländischen Schüler eigentlich auch in Diskotheken?
Ja. Aber man kann nicht sagen, daß sie häufig dort anzutreffen sind. Das liegt wohl wieder an den Verständigungsschwierigkeiten. Zum Tanzen braucht man ein Mädchen, und nachdem türkische Mädchen kaum in Diskotheken zu finden sind, müßten sie sich ein deutsches Mädchen suchen. Dazu wäre es aber notwendig, daß sie einigermaßen Deutsch können.

Da sind wir wieder beim Sprachproblem. Könnt ihr die türkischen Schüler nicht dazu bringen, daß sie im Unterricht nur Deutsch sprechen, um ihre Sprachkenntnisse zu verbessern?
Wir bemühen uns, das konsequent durchzuführen, daß im Unterricht nur Deutsch gesprochen wird. Einerseits bekommen die Schüler mehr Übung im Sprechen und Verstehen, andererseits kann der Lehrer besser kontrollieren, was die Schüler untereinander sagen. Es ist aber fast unmöglich,

diese Forderung durchzusetzen. Man kann ja nicht immer mit jedem Schüler sprechen, und so unterhält er sich dann mit seinem Nachbarn, der eben auch ein Türke ist, in seiner Muttersprache.

Werden diese Schüler, die wenig Vorbildung mitbringen, nicht maßlos überfordert, wenn wir sie in einer Sprache, die ihnen kaum geläufig ist, unterrichten, und ihnen noch dazu Unterrichtsstoff vorsetzen, mit dem sie wenig oder nichts anfangen können?
Wir versuchen selbstverständlich, eine Überforderung zu vermeiden. Aber ganz gelingt uns das nicht, denn wir sind ja an Lehrpläne gebunden. Schließlich müssen wir neben den türkischen auch die deutschen Schüler unterrichten. Aber wir begegnen dem Problem dadurch, daß wir in der Klasse Gruppen bilden mit einem Gruppensprecher, der die deutsche Sprache einigermaßen beherrscht. Dieser Sprecher kann dann schwierige Arbeitsanweisungen, z.B. an den Maschinen, in türkisch übersetzen. Dadurch können die anderen den Sachverhalt leichter verstehen und dem Unterricht besser folgen. Das ist natürlich eine mühselige Angelegenheit.

Gibt es denn keine zweisprachigen Lernmittel, um diese Schwierigkeiten etwas auszugleichen?
Damit ist es leider schlecht bestellt. Fachbücher, Lernmittel usw. sollten auf jeden Fall immer zweisprachig aufgemacht sein, damit der Schüler auch in seiner Landessprache lesen kann. Man könnte dann zu ihm sagen: »Nun lies den Text zuerst einmal in deiner Sprache.« Er würde ihn dann bestimmt besser verstehen als in Deutsch, wo er mühsam hinhören muß, was der deutsche Lehrer sagt, wo er umsetzen und eventuell noch in Deutsch eine Antwort geben soll. Das ist unwahrscheinlich schwer. Es wäre begrüßenswert, wenn man hier Abhilfe schaffen würde, indem man auf die Muttersprache mehr Rücksicht nähme.

Wie sieht es überhaupt mit gezieltem Deutschunterricht aus?
In unserem Berufsgrundschuljahr gibt es keinen gezielten Deutschunterricht. Die Fächer Deutsch und Sozialkunde sind selbstverständlich auf deutsche Schüler zugeschnitten und bringen für die ausländischen Schüler ganz erhebliche

Schwierigkeiten. Wie sollen sie im Deutschunterricht Diktate und Aufsätze schreiben, wenn sie nicht einmal richtig erfassen, was der Lehrer sagt. In Sozialkunde ist es noch schlimmer. Was kann sich der Schüler schon unter Sozialversicherungen, beruflicher Bildung, Rollenkonflikten usw. vorstellen, wenn er den Ausführungen des Lehrers gar nicht folgen kann. Daß bei einem solchen Unterricht die Gruppe der ausländischen Schüler resigniert, ist sehr leicht an den Erfolgskontrollen abzulesen. Wenn man z.B. nach der Besprechung des Themas »Sozialversicherungen« fragt, welchen Sinn die Arbeitslosenversicherung hat, bekommt man zur Antwort: daß man nicht arbeitslos wird.
Unruhe in der Klasse, Unkonzentriertheit, Lustlosigkeit sind die logischen Folgen aus dieser Überforderung. Daraus geht dann auch hervor, daß auch die Erfolgserlebnisse des Lehrers nicht groß sein können. Trotz unwahrscheinlicher Anstrengungen muß er immer wieder an dem Problem scheitern, daß er Schülern in einer Sprache, die sie kaum beherrschen, sehr spezielle Dinge beibringen soll. Von Disziplinschwierigkeiten bei Klassenstärken bis zu dreißig Schülern will ich gar nicht reden.
Es wäre auf jeden Fall anzustreben, daß Lehrer, die in diesen Klassen unterrichten, eine besondere Weiterbildung erfahren, daß bei der Stoffplangestaltung mehr auf diese Schüler Rücksicht genommen und die Schülerzahl in den Klassen verringert wird. Würde man diese Gesichtspunkte besser berücksichtigen, könnten wir die Berufsschule auch für ausländische Jugendliche mit schlechter Vorbildung zu einem echten Lernort machen.

Vom Arbeiten und Leben

Hubertus Schröer

Was man wissen sollte

Ausländische Arbeiter in Deutschland sind kein neues Phänomen. Sie haben schon den frühen deutschen Kapitalismus, insbesondere die Industrialisierung des Ruhrgebiets mitgetragen. Damals fiel allerdings – angesichts der allgemeinen Lage des Proletariats – ihre besondere Verelendung nicht besonders auf. Heute sind die Unterschiede deutlicher geworden, weil die Ausländer von dem für die deutschen Arbeiter inzwischen »eng geknüpften sozialen Netz« nicht erfaßt werden. Hubertus Schröer analysiert die politischen und wirtschaftlichen Zusammenhänge ihrer Lage.

Hubertus Schröer ist promovierter Jurist mit dem Schwerpunkt Ausländerrecht. Er hat in verschiedenen Ausländerinitiativen mitgearbeitet und war von 1974 bis 1979 Geschäftsführer des Ausländerbeirats der Stadt München.

Ausländerbeschäftigung – noch nie dagewesen?

Tibulski, Kalwitzki, Szepan, Kuzorra, Burdenski, Kwiatkowski, Schlebrowski, Michallek, Sadlowski, Orzessek, Koslowski: eine komplette Fußballmannschaft. Die polnische Nationalmannschaft? Weit gefehlt, Mitglieder der traditionsreichen Ruhrpott-Clubs Schalke 04 und Borussia Dortmund in den 30er bis 50er Jahren.
Es waren dies die Söhne und Enkel polnischer Einwanderer, die zu Beginn unseres Jahrhunderts als Bergarbeiter in die Zechen Oberschlesiens und des Ruhrgebietes geströmt waren. Bei einer Zählung am 12. Juli 1907 wurden fast 800 000 ausländische Arbeiter festgestellt, vorwiegend aus Ost- und Südosteuropa, eine für damalige Verhältnisse sehr hohe Zahl. Die Einwanderung ausländischer Arbeitskräfte nach Deutschland war und ist also keine Besonderheit: Schon im

19. Jahrhundert halfen englische Spezialisten bei der Anwendung maschinentechnischer Produktionsverfahren, ersetzten polnische Landarbeiter die in die Städte abgewanderten Deutschen, fanden italienische Arbeiter bei großen Bauprojekten Verwendung.
Große Bevölkerungsbewegungen sind nichts Neues, auch Deutsche selbst reihten sich in den Strom der Emigranten in die Neue Welt ein. Zwischen 1881 und 1890 erlebte die deutsche Auswanderung ihren Höhepunkt: Fast 1,5 Millionen suchten ihr Glück in Übersee, ein Teil jener 31 Millionen Europäer, die ihre Heimat in Richtung USA verließen.
Internationale Wanderungsbewegungen, wie sie durch die Jahrhunderte zu beobachten sind, folgen bestimmten Regeln. Eigentumslose Arbeiter aus weniger entwickelten Ländern wandern in die hochindustrialisierten Ballungsgebiete, wo sie fehlende Arbeitskräfte ersetzen. Ihre Abwanderung verschlechtert die Entwicklungsmöglichkeiten der benachteiligten Länder weiter, ihre Zuwanderung verstärkt die Konzentration von Bevölkerung und Kapital in den Einwanderungsländern: die Schere zwischen beiden klafft immer weiter auseinander.
Diese Regeln gelten für die nationale wie für die internationale Arbeiterwanderung. Der Niedergang der Landwirtschaft und neue Produktionsmethoden lockten die Landbevölkerung in die Städte. Die Industrialisierung in Mitteleuropa war das Signal für eine innereuropäische Wanderung. Bis 1914 war die Zahl ausländischer Arbeiter in Deutschland auf 1,2 Millionen angewachsen. Sie ging nach dem 1. Weltkrieg als Folge der schlechten wirtschaftlichen Situation zurück. Während des Nationalsozialismus wurde die Ausländerbeschäftigung durch Eindeutschung, Verschleppung und Zwangsarbeit abgelöst, im August 1943 wurden 5,2 Millionen ausländische Zwangsarbeiter gezählt. Nach dem 2. Weltkrieg nahm dann die Arbeitsemigration weltweite Ausmaße an. Besitzlose Bauern in Afrika, Asien und Südamerika drängten in die Städte, Arbeitslose aus den ehemaligen Kolonien suchten in Europa Arbeit: Afrikaner und Asiaten in England, Nordafrikaner in Frankreich, Indonesier in Holland.
Zielland dieser modernen Völkerwanderungen wurde seit Mitte der 50er Jahre auch die Bundesrepublik Deutschland,

als zehn Jahre nach Kriegsende die Vollbeschäftigung wieder erreicht war. Bis dahin war ein Arbeitskräfteimport nicht notwendig, weil die Bundesrepublik zunächst eher einen Überschuß hatte. Die deutsche Wirtschaft konnte aus dem Reservoir der ehemaligen Wehrmacht, der Flüchtlinge und Vertriebenen aus den Ostgebieten, der rückkehrenden Kriegsgefangenen und bis 1961 aus dem Strom qualifizierter Arbeitskräfte aus der DDR schöpfen. Nachdem alle diese Menschen in den Wirtschaftsprozeß eingegliedert waren und der stete Nachschub aus der DDR gestoppt wurde, als gleichzeitig mit dem Aufbau der Bundeswehr und der Ausdehnung des Dienstleistungssektors Arbeitskräfte aus dem Produktionsprozeß abgezogen wurden, konnte der Arbeitsmarkt die Bedürfnisse der Wirtschaft nicht länger befriedigen. Wollte man nicht der stark exportorientierten deutschen Wirtschaft schaden, das sogenannte Wirtschaftswunder gefährden, damit also beginnenden Wohlstand und Aufstiegschancen der einheimischen Arbeiter aufs Spiel setzen, mußte das Arbeitskräftepotential von außen aufgefrischt werden. Eine neue, systematisch betriebene Einwanderungswelle ausländischer Arbeiter setzte ein.
Man suchte und fand die dringend benötigten Arbeitskräfte in den industriell weniger entwickelten Ländern rund ums Mittelmeer. Mit den entsprechenden Staaten wurden Regierungsvereinbarungen über die Anwerbung und Vermittlung ausländischer Arbeiter abgeschlossen: mit Italien (1955), Spanien und Griechenland (1960), der Türkei (1961), mit Marokko (1963), Portugal (1964), Tunesien (1965) und Jugoslawien (1968), ja sogar mit Südkorea und den Philippinen zur Anwerbung von Krankenpflegepersonal. Und die Betonung muß wirklich auf »Anwerbung« gelegt werden. Wie weiland im 30jährigen Krieg die Werber durch die deutschen Lande zogen, schwärmten Anwerbekommissionen unter südlicher Sonne aus, um mit Versprechungen und Verlockungen aus verarmten Bauern, kleinen Gewerbetreibenden und vielen Arbeitslosen »Gastarbeiter im Zuckerland« (so ein türkischer Jugendlicher) zu machen. Der Lockruf aus dem Norden hatte eine wahre Völkerwanderung zur Folge: Sie führte von gut 70 000 ausländischen Arbeitskräften im Jahre 1954 – mit Rückschlägen in wirtschaftlichen Krisenzeiten – bis zum Jahre 1973 auf die schwindelnde Höhe von 2,6 Millionen ausländischer Be-

schäftigter. Jeder neunte unselbständig Beschäftigte hatte einen fremden Paß, einige Wirtschaftszweige waren fest in fremder Hand, weil einheimische Hände sich nicht mehr schmutzig machen wollten. Heute, ein Vierteljahrhundert nach Beginn der Einwanderung, ist jeder fünfzehnte Bürger der Bundesrepublik fremder Nationalität, findet sich unter zehn Arbeitern ein ausländischer Kollege, drücken eine halbe Million junger Ausländer mit deutschen Kindern zusammen die Schulbänke.
Ausländer in der Bundesrepublik – sie sind zu einem festen Bestandteil unseres Alltags geworden. Und es gilt: Die Zuwanderung von Ausländern nach Deutschland ist keine neuartige Erscheinung, sie ist vielmehr die Fortsetzung einer seit vielen Jahrhunderten zu beobachtenden Wanderungsbewegung innerhalb Europas und über seine Grenzen hinweg. Neu ist lediglich der Umfang der Bevölkerungsbewegung, neuartig daher allenfalls das sich daraus ergebende Ausmaß der Probleme.

Ausländerbeschäftigung – wem bringt sie was?

Zu keiner Zeit dürfte die Einwanderung fremder Arbeitskräfte deshalb gestattet worden sein, um ihnen etwa aus ihrer existenziellen Not zu helfen. Leitendes Motiv war immer ein handfestes Eigeninteresse: bei den klassischen Einwanderungsländern die Urbarmachung des Bodens und die Besiedlung freien Landes, bei der modernen Arbeitskräfteimigration die Besetzung freier Arbeitsplätze, um wirtschaftliches Wachstum zu sichern. Dabei treffen sich aber durchaus die Interessen aller Beteiligten: der Auswanderer selbst, der Einwanderungs- und der Auswanderungsländer. Der ausländische Arbeitssuchende verläßt die Heimat, um der Arbeitslosigkeit oder der wenig tragfähigen Existenz als Kleinbauer zu entgehen, um seinen und seiner Familie Lebensunterhalt zu sichern, um sich eventuell ein sicheres Leben in der Zukunft aufzubauen.
Das Aufnahmeland leidet unter dem Rückgang der einheimischen Beschäftigten, einzelne Wirtschaftszweige vermögen ihre Arbeitsplätze nicht mehr zu besetzen, drohender Wachstumsrückgang hat Folgen für Wirtschaft,

Lebensstandard und Aufstiegschancen einheimischer Arbeiter.
Dem Abgabeland schließlich verschafft die Auswanderung eine Dämpfung der Arbeitslosigkeit, dadurch mehr politische Sicherheit, sie erspart Kosten, bringt durch die Geldüberweisungen wichtige Devisen und erhöht im Falle der Rückwanderung Erfahrungs- und Ausbildungsstand der Arbeitskräfte.
Unter dem Strich jedoch verdienen nur die Aufnahmeländer: Die Ausländerbeschäftigung verschafft ihnen eine mobile industrielle Reservearmee, die in konjunkturellen Krisenzeiten der Wirtschaft eine gewisse Beweglichkeit ermöglicht. Der Anteil arbeitsloser Ausländer z. B. lag und liegt in Zeiten der Rezession deutlich über dem der Deutschen. Zumindest in den ersten Jahren der Ausländerbeschäftigung hat diese der Bundesrepublik eine große Ersparnis sozialer und infrastruktureller Kosten gebracht, etwa der Kosten für die Ausbildung der Arbeiter, die von den Heimatländern getragen wurden, oder Kosten für menschenwürdige Wohnungen, Kosten im Freizeitbereich usw. Gleichzeitig haben die Ausländer durch ihre höhere Erwerbstätigkeit – es kamen zunächst weitgehend Arbeiter ohne Familienangehörige – wesentlich mehr zur Mehrung unseres Wohlstandes beigetragen als die deutsche Bevölkerung. Entscheidend bleibt ihr Beitrag zum Wirtschaftswachstum und zur Stabilisierung des deutschen Exports, wodurch der Abstand zu den Herkunftsländern immer größer wird.

Ausländerbeschäftigung – wie reagiert die Politik?

Die soeben vorgestellten Daten lassen ahnen, wer die Richtlinien der Ausländerpolitik lange Zeit bestimmt hat: die Wirtschaft. Sie äußerte ihre Wünsche, die politisch Verantwortlichen haben reagiert. Ausländerpolitik in der Bundesrepublik – sofern man überhaupt von einer zielgerichteten Politik sprechen darf – war durch die Jahre ein Instrument der Wirtschafts- und Arbeitsmarktpolitik. Die Situation am Arbeitsmarkt diktierte, wo Arbeitskräfte gebraucht wurden. Der Arbeitgeber gab einen entsprechenden Auftrag an das zuständige Arbeitsamt, über die im Anwerbeland sit-

zende »Deutsche Kommission« wurde nach den jeweiligen Anwerbevereinbarungen die angeforderte Anzahl ausländischer Arbeiter importiert. Staatlicher Einfluß wurde zunächst nicht genommen, der Arbeitgeber hatte lediglich eine Vermittlungsgebühr von 165 DM (ab 1. Januar 1972: 300 DM, ab 1. September 1973: 1000 DM) zu entrichten und einen Arbeitsvertrag einzureichen.
Eine erste politische Intervention im sozialen Bereich erfolgte 1964, als die Bundesregierung Mindestanforderungen für die Unterbringung ausländischer Arbeitnehmer festlegte (am 1. April 1971 erneuert). Ab 1965 wurde dann in Abkommen mit den jeweiligen Anwerbeländern die soziale Gleichstellung ausländischer Arbeiter geregelt, wonach die während der Arbeitszeit in der Bundesrepublik erworbenen Ansprüche aus der Renten- und Sozialversicherung in der Heimat anerkannt wurden.
Eine bedeutsame politische Entscheidung für die Existenz von Ausländern in der Bundesrepublik war 1965 die Verabschiedung des Ausländergesetzes, zu einer Zeit, als immerhin schon 1,2 Millionen ausländischer Arbeiter bei uns beschäftigt waren. Von seinen Verfassern als Ausdruck für eine »liberale und weltoffene Fremdenpolitik« gerühmt, knüpfte es jedoch in der Realität weniger an die durchaus liberale Tradition der Weimarer Republik an als an Bestimmungen von 1938 (!). Hieß es in der preußischen Ausländerpolizeiverordnung von 1932 noch »Jeder Ausländer ist zum Aufenthalt . . . zugelassen, solange er die . . . geltenden Gesetze . . . befolgt«, durfte die Behörde ab 1938 das subjektive Merkmal der »Würdigkeit« bei der Zulassung nach Deutschland prüfen. Und das »Grundgesetz« des Ausländers von 1965 knüpft daran an, wenn es im Absatz 2 des § 2 heißt: »Die Aufenthaltserlaubnis darf erteilt werden, wenn die Anwesenheit des Ausländers Belange der Bundesrepublik nicht beeinträchtigt.«
Was die Juristen als Zusammenspiel von Ermessensspielraum – »darf« – und Generalklausel – »Belange der Bundesrepublik« – bezeichnen, bedeutet in der Praxis: Der einzelne Ausländer hat keinerlei Rechtsansprüche, die Behörde kann die Aufenthaltserlaubnis einem Gnadenakt gleich verleihen. So fällt es nicht schwer, in wirtschaftlichen Krisenzeiten auch das Ausländergesetz als ein Instrument der Wirtschaftspolitik zu mißbrauchen. Diese Unterwer-

fung des Ausländers unter das Diktat der Verwaltung wird noch abgesichert durch die gleichfalls erforderliche Arbeitserlaubnis, auf die zunächst ebensowenig ein Anspruch besteht wie auf die Aufenthaltserlaubnis. Derartige Erfordernisse, noch verstärkt durch Möglichkeiten verschiedener Auflagen und Einschränkungen, erweisen sich als ein ausgeklügeltes Steuerungssystem der Ausländerbeschäftigung. Um einer eventuellen politischen Aufmüpfigkeit vorzubeugen, ermöglicht das Ausländergesetz sogar die Einschränkung oder Untersagung jeglicher politischer Betätigung, darüber hinaus kann durch die Nichtverlängerung der Aufenthaltserlaubnis oder gar durch die Ausweisung des Ausländers seinem Aufenthalt in der Bundesrepublik relativ leicht und schnell ein Ende bereitet werden. Diese rechtlichen Rahmenbedingungen halten die ausländischen Familien in ständiger Unsicherheit, die jede Lebensplanung unmöglich macht.

Ausgangspunkt aller politischen Überlegungen in den ersten Jahren der Beschäftigung ausländischer Arbeiter war die Annahme, daß deren Aufenthalt in der Bundesrepublik nur vorübergehend sein werde. Erst die zunehmende »Verweildauer« der Ausländer, die in steigendem Maße ihre Familie nachholten, ließ soziale Folgeprobleme erahnen, auf die als erste die Städte hinwiesen. So begann Anfang der 70er Jahre die Diskussion um mögliche Zwangsmaßnahmen zur Rückführung: Rotation – das heißt Rücksendung der Ausländer nach drei- oder fünfjähriger Arbeit, oder Integration – d. h. Eingliederung in unsere Gesellschaft, waren die Stichworte. 1972 wurden erstmals durch das Bundesministerium für Arbeit und Sozialordnung »Grundsätze zur Eingliederung ausländischer Arbeitnehmer« vorgelegt, in denen – ausgehend vom Ziel der Integration – Vorschläge für die soziale Eingliederung der Einwanderer und ihrer Familien vorgelegt wurden. Dem folgte im Juni 1973 ein »Aktionsprogramm zur Ausländerbeschäftigung« der Bundesregierung, in dem sich der Zielvorstellung »Integration« gleichrangig die der »sozialverantwortlichen Konsolidierung« hinzugesellte, also das Ziel, die Ausländerzahlen zu senken.

Dahinter verbarg sich die Überlegung, daß das erschöpfte Wirtschaftswunder nicht mehr wie vordem die unbegrenzte Beschäftigung ausländischer Arbeitskräfte zu verkraften mochte. Das Verhältnis von Konsolidierung und Integration wurde dann auch folgerichtig zugunsten der Konsolidierung gelöst. Auf dem Höhepunkt der Ausländerbeschäftigung – 4,1 Millionen Arbeitnehmer mit ihren Angehörigen waren im Land – wurden die Grenzen dichtgemacht. Der am 23. November 1973 erlassene »Anwerbestopp« ließ praktisch keine neuen Arbeitskräfte aus Nicht-EG-Ländern mehr zu – er gilt bis heute.

Diese Politik wurde fortgesetzt: Die »Stichtagsregelung« (13. November 1974) verbot nach dem 30. November 1974 zuziehenden Familienangehörigen die Arbeit; weitere Erlasse legten den Arbeitsbehörden eine restriktive Anwendung ihrer Vorschriften bei der Verlängerung einer Arbeitserlaubnis auf; zum 1. Januar 1975 erfolgte eine Änderung der Kindergeldregelung, wonach Ausländer für ihre in der Heimat lebenden Kinder weniger Kindergeld wie Deutsche erhalten; ab 1. April 1975 schließlich galt die »Zuzugssperre«, die den weiteren Zuzug von Ausländern in Gebiete mit einem Ausländeranteil von mehr als 12% verhindern sollte (jedoch 1976 wegen mangelnden Erfolges aufgehoben wurde).

Alle jene ausschließlich auf die Konsolidierung zielenden Maßnahmen hatten die selbst auferlegte Verpflichtung zur Integration der unter uns lebenden Ausländer ins Hintertreffen geraten lassen. Dies wurde um so deutlicher, als zwar die Beschäftigtenzahl sank, die ausländische Bevölkerung insgesamt aber nur unbedeutend abnahm. Eine Bund-Länder-Kommission wurde daher 1976 ins Leben gerufen, mit dem Auftrag, zur »Fortentwicklung einer umfassenden Konzeption der Ausländerbeschäftigungspolitik« beizutragen. Ihr 1977 veröffentlichtes Ergebnis enttäuschte all jene, die eine eindeutige politische Gesamtkonzeption mit einer konsequenten Hinwendung zur Integration erwartet hatten. Schon der Name der Kommission verfehlte dieses Ziel – wieder war ein Arbeitsmarkt-Papier das Ergebnis. Zwar steht schönfärberisch das Kapitel Integration am Anfang, die vorgeschlagenen Maßnahmen sind jedoch halbherzig. Auf eine konsequente Verbesserung des Aufenthaltsrechts durch die Einräumung eindeutiger Rechtsansprüche zugunsten des Ausländers wurde verzichtet. Die zum 1. Oktober 1978 in Kraft getretenen Erleichterungen bei der unbefristeten Aufenthaltserlaubnis z.B. haben in der Praxis we-

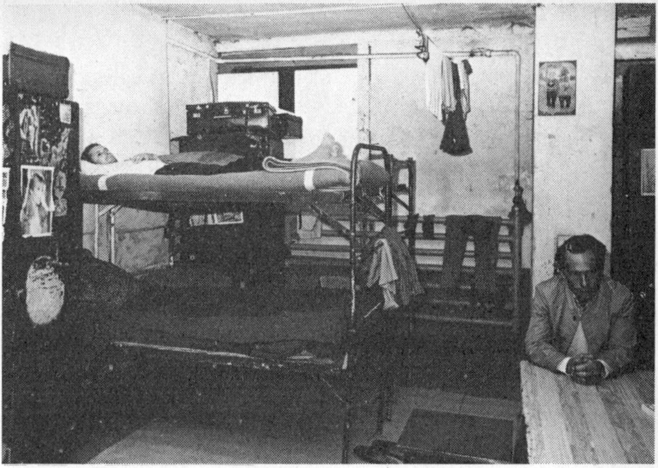

Abb. 12 Ausländerpolitik bleibt Wirtschaftspolitik.

nig Durchschlagskraft bewiesen. Die Stichtagsregelung, deren Arbeitsverbot insbesondere ausländische Jugendliche hart traf, wurde lediglich auf den 1. Januar 1977 vordatiert, das Problem wurde aufgeschoben, nicht gelöst. (Inzwischen sind die Stichtagsregelungen zum 1. April 1979 aufgehoben und statt dessen Wartezeiten eingeführt worden, nach deren Ablauf eine Arbeitserlaubnis erteilt werden kann.) Entscheidend blieb, daß man sich weiter an die Fiktion klammerte, die Bundesrepublik sei kein Einwanderungsland. (Eine Fiktion, die in jüngster Zeit nun auch von Politikern als unrealistisch in Zweifel gezogen wird.) So fielen die Vorschläge zur Konsolidierungspolitik konsequenterweise eindeutig aus; in aller Deutlichkeit wurde erstmals ausgesprochen, daß die »Rückkehrförderung ausländischer Arbeitnehmer« wesentlicher Bestandteil der künftigen Ausländerpolitik sein soll.

Auch dieser bisher letzte Versuch, eine ausländerpolitische Gesamtkonzeption zu erarbeiten, nimmt nicht die Probleme und Bedürfnisse der Ausländer selbst zum Ausgangspunkt, sondern wieder nur arbeitsmarktpolitische Interessen. Ausländerpolitik bleibt Wirtschaftspolitik.

Ausländerbeschäftigung – wie geht's weiter?

Nach übereinstimmender Ansicht aller gesellschaftlichen Gruppen – einer der wenigen Konsenspunkte, wie es scheint – gehört die Beschäftigung ausländischer Arbeitnehmer wohl auf längere Sicht zu den Grundgegebenheiten unseres gesellschaftlichen Systems. War jedoch in den ersten Jahren ihres Aufenthalts der Beitrag zu unserem Wirtschaftswachstum, also der Nutzen, deutlich höher als die Kosten, die uns die Ausländer verursachten, so ist das heute nicht mehr so eindeutig der Fall. Die Gründe dafür signalisieren die folgenden Daten:

Als Folge der konjunkturellen Situation wie auch der oben beschriebenen politischen Maßnahmen hat sich zwar die Zahl ausländischer Beschäftigter von 2,6 Millionen (1973) auf 1,9 Millionen (1978) verringert. Die Ausländerzahl insgesamt ist jedoch nur von 4,1 Millionen auf knapp 4,0 Millionen zurückgegangen. Der Nachzug von Familienangehörigen und die höhere Geburtenrate haben damit auch eine Veränderung der Ausländerbevölkerung selbst zur Folge gehabt. War 1971 z.B. unter fünf Ausländern nur ein nicht-arbeitender Familienangehöriger, so ist 1978 jeder zweite Ausländer ein nicht-arbeitender nachgezogener oder hier geborener Angehöriger.

Auch die Aufenthaltsdauer weist interessante Merkmale auf. Rund ²/₃ aller Ausländer leben bereits sechs Jahre und länger in der Bundesrepublik, ¹/₄ sogar mehr als zehn Jahre. Beispielsweise sind vier von fünf Griechen schon länger als sechs Jahre hier, selbst von den Türken, deren Einwanderung erst recht spät begann, hält sich schon jeder zweite mehr als sechs Jahre in der Bundesrepublik auf.

Eine jüngste Umfrage in Baden-Württemberg hat ergeben, daß von den Ausländerhaushalten lediglich 14% die Absicht haben, noch vor 1982 in die Heimatländer zurückzukehren, daß dagegen fast 42% nach eigenen Angaben nicht mehr in die Heimat zurückzuwandern gedenken.

Und noch ein letztes: In der Bundesrepublik leben nach Schätzungen fast eine Million ausländische Kinder und Jugendliche; jährlich werden etwa 100 000 ausländische Kinder geboren, d. h. fast jedes sechste in der Bundesrepublik geborene Kind ist ein Ausländerkind; jährlich treten ca. 50 000 ausländische Jugendliche ins erwerbsfähige Alter ein. In einzelnen Großstädten liegt der Anteil der neugeborenen ausländischen Kinder bei 40%; in manchen Stadtteilen sind unter drei Neugeborenen zwei Ausländer.

Die veränderte Problemlage wird deutlich: Kamen zu Beginn der Anwerbung junge, *alleinstehende* Arbeitskräfte, die lediglich Unterkunft und einige Informationen benötigten, so geht es jetzt um ausländische *Familien*, die im Prinzip die gleichen Ansprüche wie die deutschen Familien haben. Plätze in Kindergarten und Schule, berufliche Ausbildung, Maßnahmen gegen Benachteiligung, angemessener Wohnraum, Angebote in Freizeit und Kultur sollen als Stichworte genügen. Eine »Kosten-Nutzen-Analyse«, sofern überhaupt durchführbar, mag nun plötzlich aufzeigen, daß die Kosten der Ausländerbeschäftigung deren Nutzen übersteigen. Ziemlich sicher ist, daß ein Großteil der Ausländer, vor allem der »zweiten Generation«, für immer bei uns bleiben wird.

Also raus mit ihnen? Wohl kaum, die Wirtschaft würde einen Kollaps erleiden. Wir werden uns daran gewöhnen müssen, nach jahrelangem Nutzen, den jeder von uns direkt oder indirekt aus den Ausländern gezogen hat, auch die Folgen der Ausländerbeschäftigung zu tragen. Das Sozialstaatsprinzip unseres Grundgesetzes wie auch die Solidarität der arbeitenden Menschen untereinander gebieten, alles zu tun, den unter uns lebenden ausländischen Arbeitern und ihren Familienangehörigen die Voraussetzungen für die gleichberechtigte soziale und politische Teilhabe in unserer Gesellschaft zu schaffen. Dies wird uns um so leichter fallen, je mehr wir das Zusammenleben so vieler Menschen mit ihrer unterschiedlichen Kultur als eine Chance der Bereicherung sehen.

Beatrix Didzoleit

Antonio und Halis auf dem Arbeitsamt

Ausländer ist nicht gleich Ausländer. Es gibt – wie bei den Deutschen – die sozial Benachteiligten und die sozial Bevorrechtigten, deren Berufschancen und deren Lebenswirklichkeit sich grundlegend voneinander unterscheiden. Beatrix Didzoleit beschreibt diese Wirklichkeit am Beispiel von zwei jungen Ausländern, die beide Arbeit suchen und dabei aufgrund ihrer sozialen Herkunft unterschiedlichen Erfolg haben.

Beatrix Didzoleit war nach dem Studium der osteuropäischen Geschichte und Slawistik Nachrichtenredakteurin bei der »Frankfurter Rundschau«. Sie hat dann im »Forschungsverbund Probleme der Ausländerbeschäftigung« an der Universität Bochum mitgearbeitet und lebt heute als freie Rundfunkjournalistin in Bonn.

9 Uhr. Als Antonio das Arbeitsamt betritt, sind die langen, hellen Gänge schon voller Menschen, die sich an den Türen drängen, in Gruppen an den Fenstern stehen und auf die überall gleichen Topfpflanzen starren, die deutsche Büros und Amtsstuben so unverwechselbar machen: Sansiverien. Manche sind größer, manche kleiner, aber alle sind gleich graugrün und staubig und langweilig – dafür aber unverwüstlich.
Antonio muß nicht nach dem Weg fragen, er ist nicht zum erstenmal hergekommen. Aber er teilt nicht das Schicksal derer, die auch schon viele Male hergekommen sind und vergebens gehofft haben, vergebens gewartet haben auf eines der begehrten Kärtchen im Briefkasten, auf denen das Arbeitsamt mitteilt, daß sie sich »umgehend« bei der Firma Sowieso vorstellen sollten; Antonio muß nicht um seine Arbeitserlaubnis bangen, und er gehört nicht zu denen, die

sich vor dem »Ermessensspielraum« fürchten, diesem Wort, das sie nicht übersetzen können, das für sie aber die Macht eines Beamten bedeutet, über ihr weiteres Schicksal zu entscheiden.

Antonio ist ein Privilegierter unter den Ausländern. Der 20jährige, hochaufgeschossene Portugiese mit dem kleinen Oberlippenbart und dem weichen, rheinischen Tonfall im makellosen Deutsch ist als Gastarbeiterjunge am Rhein aufgewachsen und hat etwas geschafft, das sonst unter Ausländern fast nur Diplomatenkindern gelingt: Er ist zum Gymnasium gegangen und hat ohne Mühe sein Abitur bestanden; einer, der nie benachteiligt war, eher seinen Mitschülern etwas voraus hatte: zwei Muttersprachen.

Er weiß, daß er die Ausnahme ist. Er weiß, daß von den mehr als einer halben Million Ausländerkindern an deutschen Schulen die meisten nicht über die Hauptschule hinauskommen, daß die Mehrheit ohne Abschluß von der Hauptschule abgeht – junge Leute, die keine Chance hatten und haben.

Antonio geht es gut. Er hat eine Arbeitserlaubnis und gute Zeugnisse, und er wird auch einen Ausbildungsplatz bekommen; er hat eine schöne Wohnung, sein eigenes Auto und keine anderen Sorgen als deutsche Altersgenossen auch. Wenn er auf dem Gang des Arbeitsamtes wartend dennoch von Portugal, seinem Geburtsland und eigentlichen Zuhause träumt, hat das andere Gründe: daß in Lissabon die Menschen lebensfroher sind und die Melonen größer, daß die Nächte länger sind und die Arbeitstage später beginnen, daß die Sonne wärmer scheint und die Strände näher sind.

Halis, der junge Türke, der auf der Bank neben ihm sitzt, hat solche Träume nicht. Der 17jährige schmale Junge ist in der Türkei zur Welt gekommen, hat aber nur wenige Jahre dort gelebt; das ist lange her, und die Erinnerung daran ist blaß. Von »zu Hause« hat er keinen rechten Begriff, denn das Zuhause seiner Nationalität ist ihm ebenso fremd geworden, wie ihm dieses Land fremd geblieben ist, in dem er fast nur mit seinesgleichen groß geworden ist. Er hat noch immer Mühe mit der deutschen Sprache, von der auch die anderen Familienmitglieder nur die nötigsten Vokabeln beherrschen. Zum Hauptschulabschluß hat es nicht gereicht, und daß einer wie er keine Lehrstelle finden wird, weiß er selbst.

Aber arbeiten will er, irgendwo, irgend etwas, nicht nur Gelegenheitsjobs wie bisher. Und so steht er immer wieder vor den Pendeltüren des Arbeitsamtes, sucht etwas und bittet um die Arbeitserlaubnis dafür, ohne die nichts zu wollen ist.

Als Antonio mit siebzehn Jahren zum erstenmal vor dem Mann vom Arbeitsamt stand, wollte er in den Schulferien bei MacDonalds Hamburger verkaufen und brauchte dafür die Arbeitserlaubnis. Der Beamte unterhielt sich freundlich mit ihm, lobte sein gutes Deutsch, wollte wissen, ob er in der Bundesrepublik bleiben wolle und gab ihm schließlich den begehrten Schein sofort für fünf Jahre.
Halis kann Fragen schwer beantworten, und ob er bleiben wird, weiß er nicht, weil er das nicht entscheidet. Wenn der Vater irgendwann sagen wird »nach Hause«, dann wird gepackt. Länger als fünf Jahre hatte die Familie ursprünglich gar nicht in der Bundesrepublik bleiben wollen, aber dann gab es immer neue Gründe, und es sind immer mehr Jahre geworden, und wenn man den Vater nach dem Bleiben fragt, sagt der nur: nicht mehr lange. In Ziffern läßt sich das nicht umsetzen.
Halis' Vater war Arbeiter in einer Istanbuler Tapetenfabrik und kam in die Bundesrepublik, weil er hier Geld für ein eigenes Taxi verdienen wollte: Sein Traum ist ein Traum geblieben. Antonios Vater war Taxifahrer bei einem Lissabonner Unternehmen, bevor er Gastarbeiter wurde. Auch er wollte sich im reichen Deutschland Geld für die Unabhängigkeit verdienen. Heute fährt er im eigenen Taxi durch seine Heimatstadt Lissabon. Ihm ist alles geraten.
Als Antonios Vater vor achtzehn Jahren in die Stadt am Rhein kam, sprach er kein Wort Deutsch. Die Familie hatte er fürs erste in Lissabon zurückgelassen. Er fand eine Stelle als Autoschlosser, lernte schnell die fremde Sprache, holte Frau, Tochter und Sohn nach in eine bescheidene Zwei-Zimmer-Wohnung ohne Bad, Toilette auf der halben Treppe. Für die Frau fand sich gleich eine Stellung bei freundlichen Besitzern einer kleinen Wäscherei, die ihr auch über Anfangsschwierigkeiten hinweghalfen. Antonio und seine Schwester, heute fünfundzwanzig Jahre alt, Studentin, verheiratet mit einem deutschen Betriebswirt, wuchsen in einem sehr normalen, bürgerlichen Wohnviertel gemeinsam

mit deutschen Kindern auf, sprachen auf der Straße und im Kindergarten, später in der Schule Deutsch, zu Hause Portugiesisch, machten keine Bekanntschaft mit den deutschen Vorurteilen gegen Gastarbeiter und hatten so die besten Startchancen.
Halis aber war schon sechs Jahre alt, als sich die Eltern entschlossen, ihn nachkommen zu lassen. Die Mutter war zuerst ins fremde Land gefahren, weil Frauen damals bei der zentralen Anwerbestelle in Istanbul eher gefragt waren und kürzere Wartezeiten hatten. Sie kam unter bei Verwandten, die schon hier lebten, arbeitete in einer Fabrik. Ein Jahr später konnte auch der Ehemann einreisen. Die Kinder, drei Söhne und eine Tochter, blieben noch bei einer Schwester des Mannes zurück. Für sie fehlte der Platz.
Als eine befreundete türkische Familie zurückkehrte nach Istanbul, übernahmen Halis' Eltern die Wohnung und holten auch die Kinder nach. In dem Viertel, in dem Halis dann aufwuchs, lebten viele Türken, und sie hatten kaum Kontakt mit Deutschen, die Eltern nicht und die Kinder nicht. Als Halis in die deutsche Schule kam, tat er sich von Anfang an schwer. Es war eine türkische Welt in der richtigen Welt, in der Halis groß wurde, wie eine Puppe in der Puppe, und es nahm sich niemand aus der richtigen Welt seiner an, niemand in der Familie nahm seine Schulbildung wichtig. Hauptsache, er wird erst einmal alt genug, um Geld verdienen zu können, alles andere ist Nebensache. Schließlich soll er irgendwann doch wieder nach Hause zurückkehren, in die Türkei: wozu dann der deutsche Schulabschluß und die deutschen Sprachkenntnisse?
Und da steht Halis dann auf einmal, reif für die Arbeit, fähig und willig, aber nicht gefragt. Nicht qualifiziert. Bei der wachsenden Zahl von Arbeitslosen heißt das: nicht zu vermitteln. Der Sachbearbeiter, vor dessen Schreibtisch er immer wieder sitzt, nimmt wenig Anteil an seinem Schicksal. Zu viele Halis' sitzen jeden Tag vor ihm, und er kann ihnen wenig weiterhelfen. Manchmal hat er einen Gelegenheitsjob und Halis braucht für kurze Zeit der Familie nicht auf der Tasche zu liegen.
Antonio hat diese entmutigenden Bittgänge nie machen müssen. Als er pünktlich mit sechs Jahren, die Schultüte in der Hand, zum »I-Dötzchen« wird, sieht er nicht anders aus als die vielen anderen Erstkläßler um ihn herum und spricht

Abb. 13 Reif für die Arbeit, fähig und willig, aber nicht gefragt.

auch nicht anders als sie. Er ist der einzige Ausländer in seiner Klasse, und mit dem Begriff Diskriminierung verbindet er keine eigene Erinnerung. Vier Jahre lang ist er der Klassenbeste, und daran allerdings erinnert er sich: daß Lehrer und Mitschüler gleichermaßen erstaunt waren darüber, daß ausgerechnet der Ausländerjunge der Primus war.

Er gilt als etwas Besonderes, aber das verschafft ihm nur Respekt auf dem Schulhof und in der Klassengemeinschaft.
Halis aber kam an den Rhein, als es gerade Zeit war für die deutsche Grundschule. Ein kleiner Türkenjunge mit türkischen Lebensgewohnheiten, der kein Wort Deutsch versteht. Niemand, der ihn gefördert hätte; ein schlechter Schüler, der lieber mit kleinen Jobs Geld verdient, als Schularbeiten zu machen, nicht dumm, nicht phantasielos, entwicklungsfähig – wenn es jemanden gegeben hätte, der sich seiner angenommen hätte. Die deutsche Umwelt aber vermittelt ihm kein Vertrauen, begegnet dem Fremden zurückhaltend oder unfreundlich, verspottet ihn als »Knoblauchfresser« und verlacht seine ungelenken Sprachversuche, stößt ihn zurück in die Geborgenheit der eigenen Familie und der eigenen Volksgruppe.
Für Antonios Leben gab es ein Konzept. Sein Vater hatte es vom Autoschlosser zum Postler mit sicherem Arbeitsplatz und Verantwortung für seine portugiesischen und spanischen Landsleute gebracht. Er, der inzwischen die Landessprache perfekt beherrschte, betreute sie, fungierte als Dolmetscher, half Neuankömmlingen sich zurechtzufinden. Die enge Zwei-Zimmer-Wohnung hatte er gegen eine Drei-Zimmer-Wohnung mit Bad und Toilette in einer Kölner Post-Siedlung eingetauscht, und auf die gute Ausbildung seiner Kinder legte er Wert.
Tochter und Sohn schafften beide das Abitur. Antonio ging auf ein naturwissenschaftliches Gymnasium – nicht der Begabung wegen, sondern weil es das Nächstgelegene war. Er wird ein durchschnittlicher Gymnasiumsschüler wie die meisten deutschen Mitschüler auch, und wie die meisten deutschen Mitschüler auch, stand er nach dem Abitur eher ratlos vor der Frage der Berufswahl. Die Entscheidung zwei Jahre vor sich her schieben, wie seine Kumpels, die erst einmal »zum Bund« müssen, konnte er nicht. Außerdem bedrängte ihn sein Vater: Er hatte ihn soweit gebracht, jetzt sollte Antonio »etwas bringen«.
Für Sport zeigte Antonio schließlich das größte Interesse, vor allem für Fußball, der in Portugal eine große Rolle spielt. So immatrikulierte sich Antonio an der Sporthochschule, problemlos, denn eine bestimmte Ausländerquote wird immer genommen, und da er in seinem Jahrgang der einzige Portugiese war, der sich um einen Studienplatz

bewarb, brauchte er außer dem Abitur keine Qualifikationsnachweise zu erbringen. Der Einstieg wurde ihm leicht gemacht.
Halis schafft nicht einmal den Einstieg in die Fußballmannschaft seines Viertels. Er ist ein begeisterter Fußballer, dribbelt und schießt gewiß nicht schlechter als die anderen. Aber die haben schon einen Italiener in der Mannschaft. Das ist ihre »Ausländerquote«. Mit dem »Messerstecher« wollen sie nichts zu tun haben.
Antonio nahm sein Studium auf, fand aber keinen Geschmack daran. Allein die physischen Anforderungen gingen nach seiner eigenen Einschätzung über seine Kräfte. Da steigt er aus, wieder problemlos, wie ein deutscher Studienkollege auch, der zu der Ansicht gekommen ist, er habe aufs falsche Pferd gesetzt. Man muß weitersehen, eine Lehrstelle suchen. Die Eltern belasten will Antonio ebensowenig wie Halis, nicht nur aus finanziellen Gründen. Antonios Vater hat mittlerweile nämlich sein Ziel erreicht, kehrt zurück nach Lissabon und macht sich mit dem eigenen Taxi selbständig. Die Tochter ist versorgt, studiert und ist glücklich verheiratet; aber solange der Junge noch keine fertige Ausbildung hat, bleibt die Mutter bei ihm in der Bundesrepublik. Eltern aber gehören zusammen; daß sie seinetwegen getrennt leben müssen, will Antonio nicht – jedenfalls möchte er diese Zeit so gut es geht verkürzen.
Als er das Studium abbricht, vermittelt ihm ein Bekannter sofort einen Job als Fahrer für einen Arzneimittelgroßhandel. Den Führerschein hat Antonio längst, die Arbeit ist nicht schwer, und er verdient ordentlich. Aber er sucht nach der Lehrstelle, er will eine solide Ausbildung, nicht nur Geld verdienen.
Aushilfsjobs wie dieser von Antonio sind Halis verbaut. Er kann zwar mit Autos umgehen, kann längst fahren, ist auch ein geschickter Mechaniker. Aber den deutschen Führerschein hat er nicht. Die Ausbildung ist teuer, und viele seiner Bekannten scheiterten trotz der sprachlichen Hilfen an der theoretischen Prüfung. Sein Vater aber will nicht riskieren, daß er das viele Geld bezahlt, und hinterher klappt's nicht mit der Prüfung. Später, zu Hause in der Türkei, da soll auch Halis fahren dürfen. Hier soll er andere Arbeit suchen. Und er sucht.
Antonio meldet sich, noch während er als Fahrer sein

Geld verdient, beim Arbeitsamt. Reiseverkehrskaufmann möchte er nun werden, Deutsch und Portugiesisch spricht er perfekt, außerdem Englisch und Französisch, und Reiselust bringt er auch mit. Wenige Tage nach dem Besuch beim Arbeitsamt schon findet er ein Kärtchen mit der Adresse eines Reisebüros in der Innenstadt in seinem Briefkasten. Es wird schließlich ein anderer Bewerber um die Lehrstelle genommen, aber Antonio vertraut auf das nächste Mal.
Halis ist nie gefragt worden, was er gerne werden möchte, er hätte seine Wünsche auch nur schwer artikulieren können. Er möchte nur einen sicheren, gut bezahlten Arbeitsplatz wie der Vater, gleichgültig in welcher Branche, aber nach Möglichkeit in der gleichen Stadt, damit er nicht weg muß von seiner Familie, die sein Zentrum ist. Wählerisch ist er nicht.
Antonio nimmt nicht, was sich ihm gerade bietet. Zwei Firmenangebote für eine Industriekaufmannslehre schlägt er aus, weil sie ihm nicht vielversprechend genug erscheinen. Schließlich vermittelt ein Freund ihn an ein Reisebüro für Gruppenreisen. Die Bedingungen locken ihn: zwei Monate hier, für 700 Mark im Monat, den ganzen Sommer über bei freier Kost und Logis plus Spesen in Korsika, im Herbst Beginn der eigentlichen Lehrzeit. Doch bis dahin bleibt er nicht, weil ihn das Betriebsklima stört, weil der Chef alle Angestellten anbrüllt und beleidigt, wenn sie den kleinsten Fehler machen, manchmal auch ohne Grund. Wieder begibt er sich auf die Suche. Er studiert die Stellenangebote in den Zeitungen, gibt selbst eine Anzeige auf und steht nun wieder beim Arbeitsamt.
Halis wüßte nicht, wie er eine eigene Anzeige formulieren sollte oder wie man »richtige« Bewerbungen schreibt. Er hat sich ein paarmal beworben, wenn er von türkischen Bekannten hörte, in einem Betrieb würde ein Hilfsarbeiter gesucht. Aber der Betrieb fragt nach der Arbeitserlaubnis, und derjenige, der die Erlaubnis erteilen soll, fragt nach dem festen Arbeitsplatz. So hat es nie klappen wollen. Und so läuft Halis immer wieder den inzwischen vertrauten Weg zum Arbeitsamt, zum immer gleichen Sachbearbeiter, immer mit der Hoffnung, daß er endlich eine Chance bekäme. Geduldig – aber im festen Glauben, daß dieses Überflußland auch für ihn einen Platz haben muß – irgendwo. Man muß nur warten können.

Antonio ist nicht geduldig. Weil er vom Arbeitsamt zunächst nichts hört, bewirbt er sich auf eigene Faust bei verschiedenen Firmen. Beim ersten Unternehmen, bei dem er sich vorstellt, wird er anderen Bewerbern vorgezogen, weil der Konzern eine Filiale in Brasilien hat, da wären die beiden Sprachen, die Antonio spricht, von Vorteil. Das Gespräch verläuft harmonisch, aber später soll Antonio noch einen Test machen.
Antonio verläßt sich nicht auf den möglichen Erfolg, geht wieder zum Arbeitsamt. Heute. Heute fällt für ihn die Entscheidung. Bietet sich ihm eine andere Möglichkeit, will er auch die für sich prüfen, sonst tritt er zum Test beim Konzern an. Die Aussicht auf ein Leben in Südamerika gefällt ihm. Er will nicht immer in der Bundesrepublik bleiben, allerdings auch nicht unbedingt heim nach Portugal. Er fühlt sich als junger Europäer, überall zu leben bereit, wo er gute Arbeit findet.
Wenn Antonio gegen zehn Uhr das Arbeitsamt verläßt, wird er die Anschrift eines großen Bauunternehmens in der Tasche haben, das seine Bewerbung annehmen wird, nachdem er versichert hat, daß er in absehbarer Zeit weder nach Portugal noch an die Universität gehen möchte. Er wird auch hier einen Test machen müssen, ihn bestehen und bald seine Ausbildung beginnen.
Halis wird länger warten müssen als Antonio. An diesem Tag und überhaupt. Denn er wird auch an diesem Tag mit leeren Händen und Versprechungen, die ihm nicht weiterhelfen, den flachen Bau mit den langen Gängen verlassen; vertröstet auf ein Irgendwann, an das er immer noch glaubt, trotz seiner Erfahrungen und trotz der Erfahrungen gleichaltriger Freunde. Ab und zu hat doch mal einer Glück – warum nicht auch einmal er?
Antonio verläßt sich nicht aufs Glück. »Man muß die Sprache beherrschen, eine gute Schulbildung haben, sich qualifizieren. Das ist das A und O.« Das Alphabet von Halis sieht anders aus.

Sedat Cakir

Herholen und wegschicken

Ausländische Arbeiter haben geleistet, was man sich von ihnen erwartet und erhofft hatte: Sie haben zum Wirtschaftswachstum in Deutschland ganz entscheidend beigetragen. Ihre Pflicht haben sie also erfüllt, aber entsprechende Rechte sind ihnen nicht eingeräumt worden. Sie leben in ständiger Unsicherheit, bedroht vom Entzug der Aufenthalts- oder der Arbeitserlaubnis. Sedat Cakir versucht diese Unsicherheit zu beschreiben.

Sedat Cakir ist Türke. Er lebt seit über 15 Jahren in Deutschland, hat hier die Realschule und die Fachoberschule besucht und studiert heute an der Fachhochschule für Sozialpädagogik in Darmstadt. Er ist ehrenamtlicher Mitarbeiter im »Sozialkritischen Arbeitskreis Darmstadt«, einer Initiativgruppe zur Ausländer-Beratung.

Die sogenannten »Gastarbeiter« wurden von der deutschen Regierung angeworben und nach Deutschland geholt, weil die deutsche Wirtschaft Arbeitskräfte brauchte. Nach einigen Jahren erst erkannte die Regierung, daß sie sich neben der Arbeitskraft auch menschliche Probleme und Bedürfnisse ins Land geholt hatte. Sie wollte nur Arbeitskräfte, und es kamen richtige Menschen.
Heute versuchen einige Institutionen und einige private Initiativgruppen sich mit diesen »Gastarbeiter«-Menschen zu befassen und ihnen bei ihren Problemen zu helfen. Ich arbeite in einer von diesen Initiativgruppen. An unserer Eingangstür steht in sechs verschiedenen Sprachen das Wort »Beratung« geschrieben. Die Menschen, die hierherkommen, brauchen sie wirklich. Sie brauchen Beratung, Hilfe und Unterstützung in einer Welt, die ihnen fremd ist.
Da ist zum Beispiel Sami, ein Arbeiter aus der Türkei. Er

sitzt seit zehn Minuten in unserem Büro und redet. Ich kenne Sami schon, er war öfter bei uns. Heute erzählt er, daß es am Arbeitsplatz Schwierigkeiten gibt. Er hatte Streit mit einem Arbeitskollegen. Sami sollte den Kollegen mit dem Firmenfahrzeug nach Hause fahren. Er weigerte sich aber, ihn bis an die Haustür zu fahren, weil er noch andere Kollegen zu fahren hatte, die an der Baustelle auf ihn warteten. Es kam zum Streit, zu einer kleinen Reiberei. Am nächsten Tag wurden Sami und sein Kollege zur Betriebsleitung gerufen. Sie erhielten beide eine schriftliche Verwarnung. Sami versteht die Verwarnung nicht. Er hat Angst. Er fühlt sich im Recht: Der Kollege hat doch angefangen. Warum bekommt man für einen Bagatellstreit eine Verwarnung? Bei ihm zu Hause machen die Kollegen das unter sich aus, da mischt sich keine Betriebsleitung ein.
Ich erkläre Sami, daß das hier in Deutschland anders ist. Die Betriebe sind sehr empfindlich auf diesem Gebiet. Sie dulden keinen Streit während der Arbeitszeit und erteilen deshalb schon bei Kleinigkeiten eine Verwarnung. Ich sage Sami, daß er die Verwarnung nicht so hoch bewerten soll, bei der Betriebsleitung ist so was ein Routineakt. Er muß keine Angst haben. Er soll sich in den nächsten sechs Monaten ordentlich aufführen, dann wird die Verwarnung aus seinen Akten gestrichen.
Sami sagt, es ist hier alles so kompliziert. Überall bekommt man eine Akte und überall sucht man nach einem Grund, diese Akte auch zu füllen, um ihn dann wegzuschicken. Dann geht er aus dem Büro. Ich weiß, daß er morgen wiederkommen wird. Er muß sich erst mal alles durch den Kopf gehen lassen. Ich denke darüber nach, daß ich Sami gerade gesagt habe, er solle sich ordentlich aufführen. Will ich Sami etwa auch noch zu einem Duckmäuser und zu einem »anspruchslosen Gastarbeiter« machen?

Viel Zeit zum Nachdenken bleibt mir nicht, weil Dogan kommt. Dogan ist neunzehn Jahre alt. Er schämt sich seiner Herkunft, weil er Kurde ist und aus dem rückständigsten Teil der Türkei, aus Malatya, kommt. Dogan hat vor einem Jahr geheiratet und ist dann mit seiner Frau nach Deutschland gekommen. Dogans Frau ist erst siebzehn. Sie lebt mit ihren Eltern schon seit sieben Jahren in Deutschland. Die Heirat der beiden war eine Zwangsheirat, sie waren sich als

Kinder in der Türkei versprochen worden. Dogan und seine Frau wohnen nun in einer winzigen Mansardenwohnung in einem kleinen Dorf bei Dortmund. Dogan hat eine Aufenthaltserlaubnis, aber er hat keine Arbeitserlaubnis. Die Frau geht arbeiten und verdient 800 Mark im Monat. Die Miete kostet 250 Mark, ohne Heizung. Das Geld reicht nur knapp. Dogan ist sehr deprimiert, weil er nur herumsitzt, während seine Frau allein für den Lebensunterhalt sorgt. Er hat seine Identität als türkischer Ehemann verloren. Er bringt der Familie keinen Nutzen und kann seine traditionelle Rolle als Mann nicht ausüben. Dabei sind Dogan und seine Frau eigentlich noch halbe Kinder, kaum fähig, eine Ehe zu führen, ein gemeinsames Leben aufzubauen.
Dogan kommt oft zu mir ins Büro, oft auch zu mir nach Hause und weint. Wenn ich ihn frage, warum er weint, sagt er nur: Die politische Situation in der Türkei macht ihn weinen. Mehr sagt er nicht, das verbietet ihm sein Stolz.

Nachdem Dogan wieder gegangen ist, kommt Olve. Olve ist auch Türke. Er ist erregt und erzählt, daß er aus dem Urlaub in der Heimat ein Geschenk für seinen deutschen Meister mitgebracht hat, ein Mokkaservice. Der Meister hat das mit einem Lächeln entgegengenommen und dann gesagt: Was willst du mit dem Geschenk bezwecken? Willst du mich vielleicht bestechen, damit du mehr Gehalt bekommst oder eine bessere Arbeit, wo du nicht soviel anschaffen mußt?
Ich sage Olve, daß die Deutschen eben nicht wissen, daß es für einen Ausländer üblich ist, ein kleines Geschenk aus dem Urlaub mitzubringen. Aber natürlich, denke ich bei mir, will Olve und wollen viele andere Ausländer auch tatsächlich etwas vom Meister: nämlich ein wenig Menschlichkeit und Verständnis an einem Arbeitsplatz, dcr für sie fremd und unmenschlich wirkt. Olve kommt wie viele andere aus einer Gegend, in der es nur kleine Handwerksbetriebe und Bauernhöfe gibt, meist Familienbetriebe, die keine Trennung zwischen Arbeit und Leben kennen. Man nimmt sich dort die Zeit, während der Arbeit eine kleine Pause einzulegen, um über dies und das Problem zu sprechen. Mit wem soll Olve hier über seine Probleme sprechen? Während der Arbeitszeit ist das gar nicht erlaubt.
Olve sagt: Wir werden hier gebraucht. Aber eigentlich werden wir hier nur geduldet, als wenn es ein freundliches

Zuvorkommen der Deutschen ist, uns hier arbeiten zu lassen. Kann man es als ein freundliches Zuvorkommen bezeichnen, mir einen Arbeitsplatz abzutreten, an dem mit PVC gearbeitet wird, wo sich das PVC in meine Lunge setzt und ich in ein paar Jahren Lungenkrebs bekomme?
Olve arbeitet mit vierundzwanzig Ausländern und zwei Deutschen zusammen. Die zwei Deutschen sind der Meister und der Abteilungsleiter. Olve sagt: Wir sind nicht hierher geholt worden, damit wir hier genauso leben und arbeiten können wie einer, der hier geboren ist, sondern damit wir genau die Arbeiten machen, die ein Deutscher nicht machen will. Wen wundert das noch, daß gerade bei der Müllabfuhr so viele von uns arbeiten? Man wirft uns im Vorbeigehen auf der Straße einen mißtrauischen Blick zu. Wir sind Fremde mit merkwürdigen Verhaltensweisen. Man hört ja auch so viel über diese »Gastarbeiter«.
Als Olve nach Deutschland gekommen ist, hat er in der deutschen Kantine mit türkischen Kollegen an einem Tisch gesessen und über die Neuigkeiten aus der Heimat gesprochen. Heute redet er auch über andere Dinge mit ihnen, zum Beispiel über die neuen Maschinen im Betrieb. Olve sieht, wie die Technik hier immer neue Maschinen entwickelt, die die Arbeitskraft von Menschen ersetzen. Er begreift auch, daß das kein Vorteil für ihn und seine türkischen Kollegen ist, denn wenn dadurch weniger Arbeiter gebraucht werden, wird man sie zuerst entlassen. Olve weiß, daß er ausgewiesen, zurück in die Heimat abgeschoben wird, wenn er keine Arbeit mehr hat. Er will doch aber hier bleiben! Für ihn ist der Gedanke, zurückkehren zu müssen, unvorstellbar geworden.
Nicht nur Olve, sondern gerade auch die jungen Arbeiter, die schon als Kinder nach Deutschland gekommen sind und ihre Heimat nur vom Urlaub kennen, können es nicht fassen, daß sie nicht hierher gehören sollen. Sie sprechen besser deutsch als ihre Heimatsprache – mit hessischem Dialekt – und haben deutsche Freunde und Freundinnen.

Da ist zum Beispiel der Grieche Mano, gerade neunzehn Jahre alt. Er arbeitet in einer Maschinenfabrik als gelernter Schlosser, neben seinem Vater und anderen Ausländern, die Hilfsarbeiter sind. Mano hat es geschafft, hier in Deutschland eine Lehre abzuschließen. Mano selbst kommt nicht in

unser Büro, aber sein Vater Dimitri kommt öfter. Er war früher einfacher griechischer Landarbeiter im Bergland Mazedonien. Vor etwa zwölf Jahren ist er nach Deutschland gekommen und bekam eine Arbeit in einer Textilfabrik. Für die Vermittlung dieser Arbeit hat er in Griechenland seine paar Schafe hergegeben. Sein deutscher Arbeitslohn betrug damals drei Mark die Stunde, bei Schichtarbeit. Sein Traum, in ein paar Jahren genug Geld gespart zu haben, um sich einen eigenen Bauernhof in Griechenland aufbauen zu können, ist sehr schnell zerronnen. Nach zwei Jahren holte er dann eben seine Familie zu sich nach Deutschland.
Wenn ich Dimitri heute frage, ob er hier bleiben will, weiß er keine Antwort. Er hat eine unbefristete Arbeitserlaubnis. Sein Lohn ist gut, er verdient jetzt zwölf Mark fünfzig in der Stunde, ohne Schichtarbeit. Ich habe ihn auch gefragt, ob er sich im Gegensatz zu den deutschen Arbeitskollegen benachteiligt fühlt. Er hat gesagt: Nein, die Deutschen verdienen mehr, aber sie sind ja auch Facharbeiter und nicht Hilfsarbeiter wie ich. Irgendwie benachteiligt fühlt er sich nicht.
Dimitri hat sich seit vielen Jahren nicht krank gemeldet, damit die Betriebsleitung mit ihm zufrieden ist. Wenn es ihm schlecht geht, dann nimmt er unbezahlten Urlaub. Wirklich krank geschrieben war er überhaupt nur einmal, als er eine Magenblutung hatte und ins Krankenhaus mußte. Jetzt nimmt er Tabletten und sagt, er hätte keine Beschwerden mehr. Die Magenblutung hatte er, nachdem er und seine Kollegen versucht haben, einen Betriebsrat zu gründen. Das ist gescheitert. Die Betriebsleitung war dagegen, weil dadurch nur unnütze Fronten aufgebaut worden wären.
Dimitri sagt, er hat es nicht bereut, nach Deutschland gekommen zu sein. Man könnte hier doch sehr gut leben, wenn man sich ein wenig anpaßt. Nur, so hat er das Gefühl, vielleicht wird man ihn plötzlich auch wieder zurückschikken, ohne ihn zu fragen, ob er hier leben will.

Dieses Gefühl der Unsicherheit hat nicht nur Dimitri, nicht nur Sami und Olve. Es ist die Unsicherheit aller ausländischen Arbeiter im deutschen Sozialstaat, der für ihre sozialen Bedürfnisse und Probleme keinen Platz hat. Ausländer haben sich immer so zu verhalten, daß sie die Belange der Bundesrepublik nicht verletzen. Wer schützt und unter-

stützt sie aber, wenn es um ihre Belange am Arbeitsplatz geht? Die deutsche Gewerkschaft vielleicht? Wohl kaum, denn die wird zuallererst dafür sorgen, daß die deutschen Arbeiter ihren Arbeitsplatz nicht verlieren. Wenn es um Entlassungen geht, werden es die Ausländer sein.
Das Recht auf Arbeit gilt nur für den deutschen Arbeiter. Wer hat aber dazu beigetragen, daß die deutsche Wirtschaft in den letzten Jahren ein enormes Wachstum verzeichnen konnte und der Lebensstandard der Deutschen sich so auffällig steigerte? Welcher Deutsche könnte heute überhaupt noch als Facharbeiter oder als Meister in einem Werk arbeiten, wenn es die Ausländer nicht gäbe, die seine Anordnungen und Aufträge ausführen? Deutschland hat die Ausländer nicht nur selbst geholt, sondern von ihnen auch hervorragend profitiert.
Man redet heute soviel von Brüderlichkeit und von freien und gleichen Menschen. Ist es zuviel verlangt für einen Ausländer, so leben zu können wie jeder andere Bürger in Deutschland? Mit dem selbstverständlichen Recht auf Bildung und Ausbildung, mit dem selbstverständlichen Recht auf Arbeit und mit dem selbstverständlichen Recht auf demokratische Mitbestimmung?

Bendix Klingeberg

Das Haus Nr. 20

Die konkreten Probleme, die sich hinter dem abstrakten Begriff »Integration« verbergen, treten besonders klar dann zutage, wenn Ausländer in ein »deutsches« Mietshaus ziehen. Hier zeigt sich auch oft, daß es bei den Deutschen nicht nur um Vorurteile gegen Fremde geht, sondern daß sie sich durch Ausländer vor allem auch in ihrem eigenen sozialen Status bedroht sehen. Bendix Klingeberg erzählt am Beispiel eines fiktiven Mietshauses von solchen Kämpfen um die soziale Hackordnung.

Bendix Klingeberg hat Jura, Soziologie und politische Wissenschaften in Deutschland, Amerika und Schweden studiert. Seit 1977 arbeitet er hauptamtlich in der »Bürgerinitiative ausländische Arbeitnehmer« in Hamburg, einer internationalen Beratungs- und Begegnungsstätte.

1.

Na, Gott hab sie selig, arme Oma Schneider. Nun ist sie tot. Immerhin, kannst mal sehn, vierzig Jahre hat sie gewohnt bei uns im Haus, und alle Leute sind bei der Beerdigung. Sogar die beiden Ratajeks, obwohl Oma die Polacken nie so richtig leiden konnte. Und der alte stackelige Kollberg von oben läßt sich das auch nicht nehmen zu kommen.
Wer fehlt denn eigentlich? Ach ja, die Türken. Aber die haben das ja sowieso mit Mohammed und nicht mit unserer christlichen Beerdigung. Soll'n sie man zu Hause bleiben, die haben aber wenigstens manchmal für Oma mit eingekauft. Und im Krankenhaus waren sie ja auch mal . . .
Da ist ja auch Luigi mit seiner Sippschaft. Und richtig in Sonntagsklamotten. Na, die Katholen ham das ja sowieso doll mit der Kirche. Und denn, die Kinder, richtig rausge-

putzt ham sie die, so'n Quatsch, sind doch keine Puppen . . .
So denkt Erwin Neumann vor sich hin, leicht verdrießlich, denn er, von Beruf Dreher, Gewerkschafter, aktiver Sozialdemokrat und Verwalter bei der Wohnungsgesellschaft, kriegt nun Probleme: Wer soll in die leere Wohnung von Oma Schneider?
Seine Frau, Verkäuferin, hat das schon entschieden, denn die junge Frau Buschmann, mit einem Arbeitskollegen und Parteifreund von Erwin Neumann verheiratet, hat schon vor Wochen gesagt, wenn Oma Schneider tot ist, nehmen wir die Wohnung, nich? Erwin kann das schon deichseln. Inzwischen schielt Frau Neumann zu den jungen Schmeddings, braungebrannt vom Mallorca-Urlaub. Frau Schmedding hat schon wieder neue Klamotten . . . Schmeddings wohnen gegenüber, über den Flur, eigentlich sind die ganz nett, aber saubermachen kann die auch nich richtig. Aber da hat sie wohl keine Zeit zu, denn sie soll ja nen Freund haben, sagt die Buschmann immer.
Knoop steht abseits, in Arbeitsklamotten, denn er ist mit dem Transporter der Firma zur Beerdigung gekommen und muß gleich weiter ausliefern. Er nickt dem alten Kollberg zu und denkt daran, daß die Oma Schneider eigentlich in Ordnung war, wenn sie auch immer mit dem Besen gegen die Decke geballert hat, wenn er mal Besuch hatte, und es spät und voll war in seiner Dachwohnung. Aber trotzdem hat sie immer mal nen kleinen Asbach gehabt, wenn ich ihr die Gardinen abgenommen oder die Mülle runtergetragen hab.
Stanislaus Ratajek sagt nach der Beerdigung zu seiner Frau Gertrud, da siehste mal, die Türken ham das wieder nich nötig. Früher, da war das noch ne richtige Hausgemeinschaft mit Nachbarschaft und ordentlichen Leuten. Aber diese Türken wollen sich eben nich integrieren. Was die schon kochen für'n Zeug, wenn ich das nur aufm Flur rieche . . .
Ratajek ist mal als Fremdarbeiter in den Stadtteil gekommen, vor dem Krieg. Seine Frau Gertrud, die er in dem Mühlenbetrieb als Arbeiterin kennengelernt hat, erinnert ihn daran, daß er ihrem Sohn Karl Heinz wegen der leeren Wohnung von Oma Schneider Bescheid sagen wollte. Außerdem fällt ihr ein, daß sie mit den Spaghettis, den Castellos von der Wohnung unter ihnen noch ein Wörtchen zu

Abb. 14 Früher, da war das noch 'ne richtige Hausgemeinschaft.

reden hat wegen dem ewigen Besuch und dem Krach jeden Sonntagnachmittag. Müssen die denn immer in der kleinen Wohnung mit den ganzen Leuten sitzen, mit all den Kindern? Ich glaub, da sind aber auch die ganzen Ithaker aus der Umgebung versammelt. Und der Neumann tut da nix gegen, im Gegenteil, der duzt sich auch noch mit dem Luigi, oder wie der heißt. Wenn Stanislaus damals Verwalter geworden wäre, dann wär das ne andere Sache . . .

2.

Frau Remziye Yilderim lehnt am Fenster, als die ersten von der Beerdigung nach Hause kommen. Gerade hat sie mit ihrem Mann gestritten. Er solle versuchen, die Wohnung über ihnen, wo Oma Schneider gewohnt hat, für ihren Cousin zu kriegen. Ihr Mann Muhamed hat sich geweigert und sie schließlich angeschrien und ihr Schläge angedroht, wenn sie das versuchen würde. Ihre Familie wären alles dumme Bauern, unerzogen und ganz dumme Türken, hat er gesagt, er wäre schließlich schon neun Jahre in Deutschland und wüßte, daß die dämlichen türkischen Bauern nur alles

verderben würden, weil sie keine Erziehung und keine Kultur haben. Hier müsse man sich wie die Deutschen benehmen, sich schick anziehen und schöne Möbel haben, und nicht rumlaufen wie die Araber . . . und immer nach Knoblauch stinken.
Frau Remziye Yilderim ist bedrückt und hat Heimweh nach ihrer Familie. Sie ist vor drei Jahren nach Deutschland gekommen, ihr Vater hat die Hochzeit arrangiert mit Muhamed. Seit vor einem Jahr der kleine Erol geboren ist, ist sie kaum aus dem Haus gegangen. Sie traut sich auch kaum, spricht wenig Deutsch. Ihr Bruder mit seiner Familie darf sie nicht mehr besuchen, seit Muhamed mit ihm gestritten hat, weil ihr Bruder gesagt hat, Muhamed hätte keine Ehre mehr und sei kein richtiger Türke, er wäre ein richtiger Westler geworden. Remziye, zweiundzwanzig Jahre alt, ist auch traurig, weil Oma Schneider tot ist. Sie war eine liebe alte Frau, immer hat sie mit der jungen Türkin gesprochen, und seit sie ihr Einkaufszettel mitgegeben hat und auf das Baby aufpaßte, war sie beinahe eine Art Mutter für Remziye geworden. Remziye war einsam. Sie erschrak, als sie im spiegelnden Fenster sah, daß sie hinausgeschaut hatte, ohne ihr Kopftuch umgebunden zu haben.

3.

Abends kommt Luigi Castello in die Eckkneipe, um sich Zigaretten zu ziehen. Neumann, Kollberg und ein paar andere Leute sitzen am Tisch. Neumann ist ein bißchen angetrunken, und brüllt durch die Kneipe: »Eh, Luigi, komm rüber, alter Nachbar, trinkste ein'n mit?« Luigi lächelt beflissen, zögert und setzt sich zu den zusammenrückenden Nachbarn.
Einer von denen war in Italien gewesen, im Sommer: »Also, ich hab ja nichts gegen die Kanaken, aber ein Sauladen ist das da, nicht mal das Licht im Badezimmer hat funktioniert im Hotel, und gestreikt ham die, die Kellner im Hotel und überall, gerade im Urlaub, also das müßte verboten werden.« Luigi findet das nicht und versucht zu sagen, wann die denn sonst streiken sollten, im Winter vielleicht, wenn niemand da wäre und die Hotels zu? Er schrickt aber, wie immer zurück, als sie ihm vorwurfsvoll und laut sagen, er sei wohl Kommunist, was? Und so ginge das ja schließlich nicht, denn hier hätten sie ohne Streiks und mit Ruhe und Ord-

nung gute Löhne und ein gutes Leben ... »Ist doch alles gut, Deutschland, was? Na, darum kommt ihr ja auch alle her, weil ihr hier den dicken Reibach macht und noch Mama und Papa und Großonkel und tutta la Familia in bella Italia mit durchfüttern könnt, was? Jaja, ich weiß Bescheid, so ist das doch. Na, macht ja nichts, solange ihr fleißig arbeitet und so, da schaffen wir das schon.«

Luigi denkt an seine Brüder, die lange schon ohne Arbeit sind, an seine Eltern und die seiner Frau, und an die vielen Männer, die aus seinem Dorf nach Deutschland und früher auch nach Amerika gegangen sind.

Auf dem Rückweg trifft er Knoop im Hausflur. Der sitzt auf der Stufe und hebt grüßend eine Bierflasche: »Tschau, Luitschi! Soll ich dir mal meine Papiere zeigen? Probezeit nicht überlebt, Kollege! Flutsch wieder draußen! So'ne Scheiße. Und kein Stück Arbeitslosengeld gibt's, und die Alte will schon wieder Geld von mir. Komm, trink nen Schluck auf den Sozialstaat mit mir, Heinz Knoop, dem Held der Arbeit.«

In den letzten Jahren war's nicht das erste Mal, daß Knoop so auf der Treppe saß, oder schlief, auch sonntags früh und montags.

Luigi erinnerte sich, wie Knoop seine Karin geheiratet hatte. Sie waren damals oft zusammen gewesen, die Knoops und die Castellos, sogar in Italien hatten die beiden ihn mal besucht. Knoop hatte große Flusen im Kopf, damals. Einen Mordswagen hatte er sich gekauft, auf Raten, als er den ersten festen Job hatte als Verkaufsfahrer. Rallyes wollte er fahren. Trinken tat er aber immer schon zuviel, und mit der jungen Frau, neunzehn war sie, gab's bald Streit, weil Knoop zuviel Geld ins Auto steckte oder in die Kneipe trug. Schließlich hatte sie es satt, und nachdem sie von Knoop öfter geschlagen worden war, haute sie einfach ab. Knoop hatte das nie begriffen, warum eigentlich, fuhr dann bald sein Auto zu Bruch, mit Alkohol, und verlor für einige Zeit den Führerschein. Arbeitslosengeld aufgebraucht, Schulden auf der Bank, später Sozialhilfe, Zahlungen für seine Frau, und mehr Alkohol. Er hatte sich dann wieder aufgerappelt, und seit ein paar Wochen diesen neuen Job, wieder als Fahrer, nachdem er seinen Schein wiederhatte.

Luigi brachte Knoop, der ihn mehrfach umarmte, fluchte, weinte und lallte, die Treppe hoch und nahm dem Schwan-

kenden die Wohnungsschlüssel aus der Tasche und legte ihn auf ein Sofa.
Als Luigi nachdenklich die Treppe runterging, klappte bei Ratajeks die Tür auf und Frau Gertrud im Morgenmantel verschanzte sich hinter dem Türspalt: Ihr Mann hätte nun auch gesagt, daß es reicht, und wenn er und seine besoffenen Freunde meinten, daß sie sich in Deutschland benehmen könnten, wie sie wollten, dann würde man schon sehen, ob Herr Neumann oder die Wohnungsgesellschaft da nicht anderer Meinung wären. Sie hätten nun genug Geduld mit den Ausländern und besonders mit den Castellos gehabt. Luigi ging vorbei und sagte vernehmlich: »Mir is scheißegal . . .« und auch anderes, Italienisches und Deftigeres.
Frau Gertrud erzählte am nächsten Tag beim Bäcker an der Ecke, die Ausländer würden immer frecher, und einer hätte sie gestern auf das übelste beleidigt, und hätte sie nicht schnell die Tür zugemacht, weiß Gott, was alles hätte passieren können. Die Bäckersfrau meinte auch, es wäre schrecklich, aber die Türken seien ja noch viel schlimmer. Obwohl sie es eigentlich leise sagen wollte, hatte Herr Yilderim es doch gehört, der in der Schlange stand. Er verzog aber keine Miene, obwohl es, wie immer, nicht wieder aus seinem Herzen getilgt werden würde.

4.

Neumann hatte lange mit dem Wohnungsamt und der Wohnungsgesellschaft verhandelt wegen der Wohnung von Oma Schneider für den Kollegen Buschmann. Er sähe das ja ein, viele Bewerber mit vielen Kindern, sicher, aber schließlich seien die Buschmanns eine ordentliche deutsche Familie, und er kenne sie gut, und das wäre für die Hausgemeinschaft viel besser, wenn die da wohnen würden. Er hatte es auch, so unterderhand, über die Parteikollegen versucht, ob die nicht jemand kennen würden, der da was machen könnte, denn schließlich wären da schon zwei ausländische Familien im Haus . . . Zu viele Ausländer, das wäre ja auch nicht gut für den Stadtteil, denn dann kämen ja immer mehr, man wisse ja, wie die zusammenhalten. Das wolle man prüfen, hatte man ihm gesagt, aber Dringlichkeitsschein sei eben Dringlichkeitsschein, und das wären schließlich Sozialwohnungen . . . Aber wenn das mit den Ausländern so schlimm

werde, dann müsse man das mal in Ruhe mit den Kollegen von der anderen Partei nach der Ortsausschußsitzung besprechen, ob man da nicht was machen könne.
Ratajek war auch schon mit seinem Sohn beim Wohnungsamt und der Gesellschaft gewesen wegen der Wohnung. Da hatte man den beiden eröffnet, es gäbe da eine türkische Familie, die schon lange und sehr dringend eine Wohnung suche und einen Dringlichkeitsschein hätte. Und außerdem sei das Familieneinkommen seines Sohnes für Sozialwohnungen viel zu hoch. Das wäre ja nun das Allertollste, sowas könne doch wohl nich wahr sein, die Kanaken kriegen die billigen Wohnungen, nur weil die ewig Kinder kriegen, und sein Sohn, der schließlich Deutscher sei und hier im Stadtteil geboren, der könne sehen, wo er bleibt. Dafür hätte er nun jahrelang die SPD gewählt, daß die so mit einem umspringen. Er wolle nun endlich mal mit dem Amtsleiter reden, denn Ausländer hätten seiner Meinung nach sowieso in Sozialwohnungen nichts zu suchen. Der Sohn konnte ihn mit Mühe und etwas Geschick aus dem Amt bugsieren, aber Ratajek kochte noch, als er im Haus ankam und bei Neumann klingelte . . . »Da müssen wir was machen, Neumann!«
Sie holten den alten Kollberg von oben, aber der blieb stur: Das muß so sein, Sozialwohnung an die, die das brauchen. Dafür ist das eingerichtet, und das ist ganz egal, ob das Ausländer oder nicht sind, wenn die hier ihre Arbeit machen und Steuern zahlen. Wo soll'n die denn wohnen, bei den Direktoren im Vorort oder was? Neumann wurde still, Ratajek knallte mit der Wohnungstür.
Luigi hatte auch lange mit seiner Frau gesprochen wegen der Wohnung. In ihrer Verwandtschaft waren viele, die eine Wohnung suchten, nahe bei der Arbeit und groß genug für die Kinder. Seine Frau hatte schon ausgesucht, wem sie es sagen sollten, daß da eine Wohnung frei war, und er hatte Neumann gefragt, ob denn er nicht helfen könnte. Neumann, abweisend und mürrisch, meinte, das ginge nicht, er hätte da nichts zu sagen und könne gar nichts sagen, aber wenn das nach ihm ginge, wären nun genug Ausländer im Haus.
Luigi fand das auch, denn mit den Turkis hätte er auch nichts zu kriegen, weil, das wären Asiaten und ganz andere Menschen, die hier gar nicht hingehörten, und außerdem wären

schon zu viele hier. Aber wegen der Wohnung hatte er auch keine Ausländer gemeint, sondern Italiener, Verwandte von ihm, ganz saubere Leute, und er könne seine Hand für die ins Feuer legen. Wieso, Italiener, das sind doch genau solche Ausländer? Sicher, besser als Türken, aber es wären nun eben genug Ausländer im Haus, meinte Neumann, und das müsse er doch einsehen.
Luigi Castello, fünfzehn Jahre in Deutschland, fünfunddreißig Jahre alt, Beruf Dreher und seit fünfzehn Jahren Mitglied derselben Gewerkschaft und derselben Partei wie Erwin Neumann, war wie vor den Kopf geschlagen. Auf seine beiden Kinder, Mario und Lucia, die schlecht und recht, und höchst ungern Italienisch sprachen, blickte er lange und nachdenklich, während seine Frau ihn nicht weiter nach der Wohnung fragte.
Bei Yilderims war die Frage von Oma Schneiders Wohnung nicht mehr angesprochen worden. Frau Yilderim hatte viele Türken an dem Haus vorbeigehen sehen, die erkannten, daß sich hinter den Fenstern ohne Gardinen im dritten Stock eine leere Wohnung befand. Oft studierten sie dann die Klingelschilder und kamen an ihrer Wohnungstür klingeln, um wegen der Wohnung zu fragen. Sie machte nie auf.
Ihren Mann Muhamed hatten viele Landsleute nach der Wohnung gefragt, ihm Geld und Gefallen geboten, wenn er vermitteln könne. Herr Yilderim hielt sich da raus. Er sagte allen, in Deutschland wäre das nicht so, mit unterderhand mauscheln, mit Geld und Gefallen und mit Schiebereien. Hier ginge das seinen ordentlichen Gang, und wenn sie die Wohnung haben wollten, dann sollten sie zum Wohnungsamt gehen.
Er war allerdings entsetzt, als am Sonntagnachmittag ein alter Transporter vorfuhr und die Familie Gülyaz, ihre drei Kinder und viele andere Landsleute kamen, um die wenigen wackligen Möbel und einige Bündel und Kästen, verschnürte Koffer und Plastiktüten in die alte Wohnung von Oma Schneider zu tragen.
Das waren genau die Kopftuchtürken, die dummen Bauern, wie er sie nannte, mit denen er überhaupt nichts zu tun haben wollte. Würde er, der nach neun Jahren im deutschen Fußballclub spielte, der sogar von deutschen Kollegen schon mal eingeladen wurde, würde er seiner Vergangenheit denn immer wieder begegnen müssen? Er wollte nicht daran

erinnert werden, daß auch er damals so angekommen war, auch so fremd und anders gewesen war ... Er wollte es nicht, er haßte sie, diese Türken mit ihren alten Sitten und Traditionen, auf die alle Deutschen ihn ansprachen, über die alle Deutschen schimpften, und nach denen sie sich auf der Straße umdrehten wie nach Zirkustieren ... und doch, er war sich sehr wohl darüber im klaren: Es waren seine Leute, sein Volk.

5.

Auch Kollberg lehnte an diesem Tag aus dem Fenster, und es war ihm nicht wohl, als er an Ratajek und an die anderen Kollegen aus der Eckkneipe und auch an Neumann dachte. An einem der nächsten Abende, als er in der Dunkelheit vom Angeln kam, fand er zwei der kleinen Gülyaz-Kinder in ihren Pyjamas an der Hauptstraße. Er nimmt schlichtweg das eine an die linke, das andere an die rechte Hand und liefert sie so bei Gülyaz an der Wohnungstür ab. Die Frau mit dem großen Kopftuch und einem Rock über den Hosen zieht die Kinder zu sich in die Wohnung. Herr Gülyaz erscheint, bittet mit Gesten und einigem Deutsch den Frührentner Kollberg, achtundfünfzig Jahre, alleinstehend, in die kärglich möblierte Wohnung.

Einige bunte, schillernde Bildbehänge an den Wänden, ein Glasschrank mit einem rosa Kaffeeservice, einige Plastikblumen, gebrauchte Möbel und ein Fernseher, viel ist es nicht, was die Einrichtung betrifft. Es gibt Kaffee, stark und in kleinen Tassen. Er muß ihn mit viel Zucker trinken, es gibt später einen milchigen Schnaps mit Wasser; süßen Kuchen mit viel Mandeln, zum Kaffee; und weißen Käse, Oliven und kleine grüne Pfefferschoten zum Schnaps. Alles nur für ihn und Herrn Gülyaz. Die Frau steht mit den Kindern an der Tür, erst später, und etwas abseits, setzt sie sich auf einen Stuhl. Die Unterhaltung ist mühsam, aber Kollberg hat es nicht eilig.

Er versteht schließlich, daß die Wohnung dringend nötig war wegen der Ausländerpolizei, daß die Ausländerpolizei vorschreibt, wie groß die Wohnung sein muß, und daß man das auch kontrolliert. Erstaunt und ungläubig erfährt er, daß es keine Aufenthaltserlaubnis gibt ohne die richtige Wohnungsgröße. Und ohne Aufenthaltserlaubnis natürlich keine Arbeit. Er erfährt auch, daß die Frau gar nicht arbeiten

darf, daß das Kindergeld in der Türkei nur die Hälfte beträgt. Und er wird in den nächsten Monaten, in denen er viele Papiere und Formulare für die Familie ausfüllt und mit vielen Ämtern und Behörden telefoniert und spricht, noch viel mehr erfahren darüber, wie die Gastarbeiter verwaltet und reglementiert werden. Es macht ihn sehr nachdenklich, und manchmal empört es ihn.
Als er an diesem Abend in seine Dachwohnung steigt, ist es ihm, als hätte er ein neues Land entdeckt. Etwas verwundert riecht er noch an seinen Händen, die er auf freundliches Drängen von Herrn Gülyaz mit einem duftenden Wasser einreiben mußte, und er stellte fest, daß ihm das ein angenehmes Gefühl war.

6.

Der Kinderwagen der Familie Gülyaz steht im Hausflur, gleich neben der Tür von Ratajeks. Die beschweren sich umgehend bei Neumann, der bei Gülyaz klingelt. Frau Sevtab Gülyaz, neunundzwanzig Jahre alt, seit drei Jahren in Deutschland, öffnet die Tür, umgeben von den Kindern. Neumann erklärt, Ratajeks stehen im Hintergrund. Frau Gülyaz ist verschreckt und versteht nicht. Sie hat auch Angst vor den Fremden, denn ihr Mann ist noch nicht zu Hause. »Nichts verstehen«, sagt sie. »Nichts verstehen, Mann nix zu Hause.« Neumann fängt noch einmal an. Stanislaus Ratajek nimmt die gerahmte, hinter Glas vergilbte Hausordnung von der Wand und fuchtelt mit ihr herum: »Nix Kinderwagen im Treppenhaus! Du verstehen? Nix Kinderwagen im Treppenhaus, hier, in die Wohnung gehört das Ding!« – während seine Frau den Wagen in die Wohnung schiebt.
Herr Yilderim kommt nach Hause und versucht, unbeteiligt an dem kleinen Auflauf vorbeizukommen. Er wird angehalten, und Neumann fordert ihn auf, zu übersetzen. Yilderim erklärt, ruhig und ausführlich auf Türkisch, daß der Kinderwagen nicht im Hausflur stehen darf, sondern in der Wohnung stehen muß. Aber die Wohnung ist dafür viel zu klein, warum sollte das denn nicht gehen auf dem Korridor, wen sollte es denn stören? Das wäre egal, denn es müsse seine Ordnung haben, und so stehe es in der Hausordnung. Frau Gülyaz aber verweist auf zwei Fahrräder, die auch unten im Korridor stehen, und die würden da immer stehen

und warum dann nicht der Kinderwagen? Das leuchtet Herrn Yilderim ein, und er übersetzt fragend an Neumann. Dieser sagt schlicht: »Das ist was anderes, die gehören meinen Kindern, und Fahrräder gehören nicht in die Wohnung. Kinderwagen gehören in die Wohnung.« Frau Gülyaz kann dennoch ihrem Mann nicht erklären, als er nach Hause kommt, warum der Kinderwagen in der Wohnung stehen muß. Herr Gülyaz, der in der letzten Zeit in einer Kneipe mit türkischen Kollegen Karten spielt und das Trinken angefangen hat, wird böse und stellt, noch am späten Abend, den Kinderwagen neben die Fahrräder in den Flur.

7.

Heinz und Renate Schmedding sind noch nicht lange zusammen, aber seitdem sie zusammen sind, sind sie auch verheiratet. Heinz Schmedding arbeitet bei der Sparkasse, Renate in der Jeansboutique im Stadtteil. Beide schwärmen von Spanien und dem Süden, eigentlich die Costa Brava, aber neuerdings Mallorca und Ibiza, weil die Discos da besser, die Leute einfach interessanter und nicht so spießig sind. Die Sonne und das Leben im Süden sind es, was sie veranlaßt, von den muffigen Deutschen Abstand zu nehmen und die südliche Lebensart zu schätzen. Sie haben wenig Kontakt zu den Nachbarn ihres Hauses und schämen sich eher, die Clique ihrer Freunde zu sich einzuladen; denn, so ist es nun mal, dieser Stadtteil ist kaputt, hier kann man nichts mehr werden, und seit die Ausländer hier sind, wird sowieso nichts mehr hier gemacht. Wer will denn hier noch investieren, und die Geschäfte machen auch keinen Umsatz mehr, weil die Ausländer doch nur bei ihren eigenen Läden kaufen . . . Heinz Schmedding will raus aus dem Stadtteil, das ist einfach keine Adresse mehr, und hier ist auch nichts mehr los. Es gibt da am Stadtrand neue Wohnungskomplexe mit Eigentumswohnungen, beste Kapitalanlage, und nicht immer den Ärger mit den ganzen Nachbarn, man kann da machen, was man will, ist unabhängig.
Dennoch, des öfteren finden bei Schmeddings Parties statt, zu denen Leute aus besseren Stadtteilen und neuere Automodelle kommen: Es ist dann immer bei uns wie im Urlaub in Spanien, alle Leute sind so lustig, und die Musik stimmt einfach, und wir kümmern uns einfach nicht um die ganzen

Spießer im Haus ... Es wird spät und laut, so daß Luigi Castello, der Frühschicht hat und nicht einschlafen kann, weil die Kinder nicht schlafen und die Mutter mit ihnen schimpft, weil sie selber auch nicht schlafen kann, sich schließlich mit seiner Frau streitet, weil die Kinder nicht schlafen.

Schließlich geht er ein Stockwerk tiefer, wie schon so manches Mal, und bittet, so ruhig wie er es noch kann, um Ruhe. Er solle sich man nicht so anstellen, man könne ja mal feiern und sowieso wäre es überhaupt nicht zu laut ... Außerdem könne er sich schon mal gar nicht beschweren, denn bei seinem ständigen Besuch und dem Krawall seiner Kinder hätten sie sich schon längst beschweren können. Und er wäre doch Italiener, da müsse er doch die Lebensfreude und das südliche Temperament verstehen? Luigi geht zähneknirschend wieder ins Bett. Die Polizei will er nicht holen, auch dieses Mal nicht, denn das ist ihm dann doch zu offiziell.

Die Polizei kommt aber bei dem nächsten Fest ins Haus, an einem Nachmittag. Es ist das Ende der türkischen Fastenzeit, und bei der Familie Gülyaz finden sich viele Gäste, Freunde und Verwandte ein. Neumann aus der darunterliegenden Wohnung bittet um Ruhe und wird von einem leicht angetrunkenen Herrn Gülyaz eingeladen: »Komm, Kollege, komm Raki trinken, heute schönes Fest und viele gute Kollegen hier.« In der Wohnung wird Musik gespielt, für Neumanns Ohren fremde und jaulende Musik, und er ist erstaunt, Kollberg auf einem Sofa in der Wohnung zu entdecken. Aber Neumann nimmt die Einladung nicht an, sondern bittet nochmals um Ruhe, weist auf die Hausordnung hin und geht.

Ratajeks haben das Gespräch vor ihrer Wohnungstür gehört, der Krach stört sie schon lange, und daß sich Neumann, der doch schließlich Verwalter ist, gegen diese Typen nicht durchsetzen kann, da sieht man wieder mal. Gegen Abend wird es eher lauter, die Musik eindringlicher, und es kommen immer noch Gäste. Der Hausflur hängt schwer voller fremdländischer, gewürziger Essensdüfte, und so ruft schließlich Herr Ratajek die Polizei. Die kommen dann auch nach einer Weile, vom Ratajekschen Fenster aus erwartet und hinaufgewinkt. Das ginge nun schon den ganzen Tag so, das hält ja wohl ein anständiger Mensch nicht aus, und auch der Verwalter hätte ja schon mehrfach diese Leute gewarnt, und ihm, Ratajek würd's jetzt reichen, denn wenn das keine Ruhestörung wäre, was sonst, und nun müßten die Beamten da mal für Ordnung sorgen, denn mit gutem Willen wäre da nix mehr zu machen. Die Beamten fühlen sich unwohl, finden es auch ein bißchen laut und setzen sich, bevor sie bei Gülyaz klingeln, umständlich die Dienstmützen zurecht. Gülyaz ist um so mehr erschrocken, als er nun nicht mehr nüchtern ist. Er gestikuliert, und sein Deutsch wird noch schlechter: »Komm rein, Kollege, komm rein, wir machen nichts Schlechtes, heute Ende Ramadan, du gut essen und trinken.« Die Gäste finden sich an der Tür ein, Kollberg kommt dazu, die Beamten mahnen zur Ruhe und Mäßigung und ziehen wieder ab.

8.

Auf dem Konto der Familie, also des Familienoberhauptes, Gülyaz, ist wenig Geld. Seinen überwiesenen Lohn und das Kindergeld hebt er ab. Vieles schickt er in die Türkei, einiges bewahrt er zu Hause auf. Kontoauszüge liest und sammelt er nicht, er weiß damit wenig anzufangen. Mit dem Rest seiner Post ist es ähnlich. Es kommen immer mal Briefe, aber er kann sie nicht lesen. Zu einem Kollegen, der das könnte, geht er nicht, denn die Blöße des Nichtverstehens kann er sich nicht geben. Zustellungen und ähnliche Sachen bleiben liegen, gehen schließlich zurück, Mahnungen verfallen, Fristen verstreichen. Als der Gerichtsvollzieher erscheint, um die Wohnung wegen ausstehender Monatsmieten zu räumen, versteht Frau Gülyaz wenig, fühlt aber die offizielle Bedrohung ihrer Existenz. Yilderim übersetzt, der hinzugeholte Kollberg erklärt. Es wird eine Frist von wenigen Tagen eingeräumt, wenn die ausstehende Miete und die Kosten sofort bar bezahlt werden.
Am nächsten Tag ist Kollberg mit Gülyaz auf der Bank. Schmedding erkennt sie, wenn auch spät, und eilt gemessen an den Tresen. Ja, das ist so: »Für die Einzugsermächtigung der Miete wies damals wohl das Konto keine ausreichende Deckung auf, und Sie verstehen, Herr Kollberg, daß wir da nicht einlösen konnten. Die Wohnungsgesellschaft hat dann im nächsten Monat doppelte Miete einziehen wollen, und im dritten die dreifache, und bei dem Kontostand, das ging selbstverständlich nicht . . .« Kollberg versteht nicht: »Mir

passiert sowas auch mal, dann geht das Konto ins Rote, und Sie haben da nie was gemacht, sowas, meine ich, daß Sie es da soweit kommen lassen...« »Das ist selbstverständlich etwas anderes, bei Ihnen, aber die Gesellschaft mahnt ja auch den Mieter, mehrfach, schickt Einschreiben, und von uns bekommt er ja auch seine Kontoauszüge, also da muß der Kunde schon selber aufpassen. Und außerdem, und gerade Sie werden das doch verstehen, bei Gastarbeitern sind wir angewiesen, die Kontoüberziehung zu unterbinden, denn bei denen kann man nie sicher sein, morgen haun die ab in ihre Dörfer, und wir haben dann den Saldo zu verantworten. Bei Ihnen, Sie haben ja den festen Wohnsitz hier, da ist das was anderes, Sie verduften ja schließlich nicht einfach in die Türkei . . . nicht?«
Kollberg fühlt eine Mischung zwischen Ekel und Schwäche in der Magengegend. »Gülyaz bekommt regelmäßig Lohn, Kindergeld aufs Konto . . . er hat einen festen Wohnsitz, warum denn?« »Herr Kollberg, Sie sind da zu gutgläubig, ich persönlich würde vielleicht privat auch so denken wie Sie, aber in meinem Beruf und bei meiner Verantwortung, verstehen Sie, da kann man diesen Leuten nicht trauen . . .«

9.

Knoop, der mittlerweile mehr trinkt als ihm guttut und von der Sozialhilfe lebt, findet keine Arbeit. So richtig ist er auch nicht hinter einer neuen Arbeit her. Er ist eher mutlos und wütend wegen der Entlassung in der Probezeit, den Problemen mit seiner Frau, dem langsamen, aber doch scheinbar sicheren Abstieg . . . Meistens ist ihm alles egal, nur selten kommt es zu Wutausbrüchen und irgendwelchen Schlägereien. In der letzten Zeit ist er öfters mal bei Kollberg und trifft da auch die Gülyazkinder, denn die haben sich angewöhnt, Kollberg zu besuchen, der mit ihnen spielt, ihnen etwas onkelhaft und schulmeisterlich Deutsch beibringt und sich dabei gut amüsiert.
»Gastarbeiterkinder, lauter kleine Kanaken, überall, Kollberg, und was wohl mal wird mit denen? Die woll'n dann auch so leben wie du und wie ich, wenn die mal achtzehn sind, dann woll'n die doch nicht zurück in ihr Dorf, denn das sind dann doch beinahe Deutsche. Und so leicht kannst du die nicht rumschubsen und zufrieden machen wie die Alten, das sag ich dir. Da sind die nicht mit zufrieden, so wie die

Alten hier leben. Aber was ham die denn für Aussichten, sag mal, Kollberg, was ham die denn für'ne Chance hier bei uns? In der Heimat nichts zu fressen und nichts zu verdienen, aber Oma und Opa zu füttern, weil die auch nichts zu fressen haben, und hier als die Neger behandelt ... Kollberg, wenn das man gut geht.«

10.

Völlig überraschend für alle ziehen Schmeddings eines Tages aus. Es wird wieder eine Wohnung frei.
Ratajek geht mit einer Liste durchs Haus, an das Wohnungsamt, an die Wohnungsgesellschaft: Wir, die Mieter des Hauses Nr. 20, fordern, daß in die freigewordene Wohnung keine Ausländer kommen, denn es gibt schon genug Ausländer in unserem Haus, und die Hausgemeinschaft leidet darunter.
Neumanns unterschreiben beide, Kollberg und Knoop nicht; wobei Knoop im Suff Ratajek ein Schwein nennt, der wohl vergessen hat, wie das damals als Pollacke war, und so'ne Zeit könnte er, Ratajek, mal wieder vertragen ... Yilderim hört abends in der Eckkneipe davon und kommt zu Ratajek, um zu unterschreiben: Er fände auch, zu viele Ausländer und dumme Türken, das ist schlecht. Ratajeks sind etwas verblüfft und fragen sich später verwirrt, ob das wohl geht, daß ein Ausländer mit unterschreibt auf so einer Liste ... Aber wenn der das getan hat, dann fragen wir die anderen auch ... Gülyaz versteht das schlecht, es wird ihm erklärt, und er sagt schlicht: »Ich nix unterschreiben.« Castellos unterschreiben beide, als Ratajek erklärt, es wären ja nicht so Leute wie sie gemeint, sondern die Türken. »Nee, Sie nicht, Herr Capello, Sie sind doch eigentlich 'ne ganz ordentliche Familie.«
Aber die Liste ist nicht nötig. Denn die Kollegen aus den beiden Parteien, im Ortsamt und im Bezirk, waren sich einig, daß der Stadtteil wieder liebenswert werden soll, daß saniert werden müsse, daß man was tun müsse und daß man eben junge deutsche, stabile und einkommensstarke Familien haben müsse, damit der Stadtteil wieder was wird. Und darum müssen wir den Zuzug der Ausländer stoppen. »Wir ham nun genug hier, solln die doch woanders wohnen. Hier kommen nun keine mehr her.« Somit wurde, nach Zustimmung höherer Behörden, das Wohnungsamt angewiesen,

keine Wohnungen in diesem Stadtteil mehr an Ausländer zu vermieten.

Daher steht die Wohnung erst mal einige Wochen leer. Viele Ausländer fragen im Haus, fragen auf dem Wohnungsamt und bei der Gesellschaft. Viele holen ihren sorgfältig zusammengefalteten Dringlichkeitsschein stolz hervor, als man ihnen sagt, das ginge nicht mit der Wohnung: »Du Ausländer! Du nicht mehr wohnen in diesem Stadtteil, du verstehen??« Aber der Dringlichkeitsschein ist nicht mehr das, was er mal früher war. Magisch hat er sich in ihren ausländischen Taschen zu einem wertlosen Stück Papier verwandelt...

So zieht dann schließlich der Arbeitskollege Buschmann ein; Yilderim aber wird den Gedanken nicht los, daß das mit der Unterschrift vielleicht nicht ganz so richtig war, denn er kennt viele Landsleute, die die Wohnung sicher dringender brauchten als Buschmanns.

Unter Freunden und Kartenspielern wird auch Gülyaz erzählen, warum er diese leere Wohnung in all den Wochen nicht den vielen Freunden und Bekannten besorgen konnte, die ihn immer wieder danach fragten: »Es war eine Liste, Freunde, eine Liste gegen uns, gegen die Ausländer, die sollen hier nicht mehr wohnen.« »Ja, es ist so«, sagt ein anderer. »Du hast recht, ich habe auch gehört, die Regierung der Stadt will uns rausschmeißen, und wir sollen hier nicht mehr wohnen. Die Deutschen wollen uns nicht, sie wollen, daß wir arbeiten und nicht gesehen werden, ihren Kindern nicht unter die Augen kommen.«

»Nein, es ist nicht ganz so. Ich habe einen guten Nachbarn«, erzählt Gülyaz von Kollberg, und auch von Knoop erzählt er ein bißchen. »Du hast recht, es gibt solche Deutsche, aber er ist ein alter Mann, ein alter, einsamer Mann, der hat nichts zu verlieren, und der andere, der ist kaputt, eine Null, der zählt nicht . . . ein Schwächling.«

»Wir müssen uns mehr zusammentun, die Türken und die Träger der türkischen Ehre und der Moslemkultur«, sagt ein jüngerer Mann mit kurzen, rasierten Haaren. »Auch hier, wo so viele unserer Kameraden und Glaubensbrüder sind, ist Türkei. Wir müssen uns zusammentun und unsere Ehre bewahren . . .« Niemand antwortet, der Rauch der Zigaretten macht schwere Ringe unter der Lampe. Daher kann man das Kettchen um seinen Hals mit dem kleinen goldenen

Halbmond, auf dem ein heulender Wolf den Kopf reckt, noch nicht so gut erkennen.
Gülyaz kommt spät nach Haus. Bei Buschmanns ist Einweihung, aber auch im Korridor zu Neumanns offener Wohnungstür hinüber wird gefeiert. Musik dröhnt durch das Haus: Eviva l'España, die Sonne lacht bei Tag und Nacht. Gülyaz geht stumm, aber sanft an den Menschen vorbei, denn er ist nicht eingeladen. Castellos und Yilderims auch nicht. Sie sehen fern und können den Bildern nicht recht folgen . . . denn es ist spät, das Fest ist laut, und es ist ein sehr deutsches Fest.

11.

Die Wohnungsgesellschaft beginnt endlich, Häuser in der Straße zu sanieren. Zug um Zug werden Nachtspeicheröfen und dazugehörige Steigleitungen, Kunststoffensterrahmen, Duschbäder mit elektrischen Durchlauferhitzern und automatische Treppenbeleuchtung eingebaut. Das Treppenhaus wird grün gestrichen, mit einer grauen Absetzkante.
Die Kaltmiete erhöht sich dadurch um fast die Hälfte. Heizkosten, erklärt Kollberg, werden pro Wohnung so um die achtzig Märker im Monat liegen. Strom dürfte auch teurer werden, wegen dem Heißwasser. Knapp wird das bestimmt mit der Rente. Aber schaffen muß ich es, denn ich will hier nicht weg.
Gülyaz schafft es nicht. Mit dem Geld für die Familie in der Heimat, mit dem Kartenspiel unter Kollegen, und den Raten für den Farbfernseher, dem Stolz und der Errungenschaft, dem sichtbaren Lohn der Arbeit, das geht nicht. Hätte seine Frau eine Arbeit, dann vielleicht . . . aber auch dann: die Kinder! Was ist mit denen tagsüber? Die Wartelisten sind lang für die Tagesheime. Und außerdem hat sie ja auch keine Arbeitserlaubnis, und vorm Schwarzarbeiten hat Herr Gülyaz noch Angst. »Kollberg, Kollege, was ich machen?«
Nach einigen Monaten kann dann auch Kollberg die Zwangsräumung nicht mehr abbiegen. Vor dem Lager für Obdachlose bewahrt Gülyaz der Kamerad, der den Halbmond mit dem Wolf am Kettchen um den Hals trägt. Bei ihm wohnt die Familie zunächst. Aber Gülyaz will da wieder weg, er hat Angst vor dem Wolf, der in der Türkei schon so viele Leute gerissen hat. Er hat es Kollberg erklärt: »Wolf,

Bozkurt, bei uns genau wie Hakenkreuz bei euch.« Aber Gülyaz weiß nicht wohin.

Das Ortsamt veröffentlicht am Ende des Jahres eine Statistik, aus der hervorgeht, daß die Gesamtzahl der ausländischen Wohnbevölkerung von 8665 auf 8599 gesunken sei. Dennoch sei die Abwanderung der deutschen Familien noch nicht gestoppt, man müsse daher die Vergabesperre für Sozialwohnungen unbedingt aufrechterhalten, da sie erfolgreich gewesen sei, und verstärkt weiter sanieren.

Bleibt nachzutragen, daß bald darauf auch die beiden Ratajeks ausziehen mußten, denn für die sanierte Wohnung reichte die Rente nicht. Es ist nicht sicher, ob sich die Ratajeks und die Familie Gülyaz in einem noch nicht sanierten Stadtteil, in einem noch nicht sanierten Haus, wiedertrafen. Theoretisch erscheint es jedenfalls möglich.

Margherita Gerighausen

Es ist gut so, wie es ist

Ausländer in der Bundesrepublik müssen selbst dann nicht immer auch eine Ghetto-Erfahrung machen, wenn dafür eigentlich alle objektiven Voraussetzungen gegeben sind. Frau C. zum Beispiel spricht kaum Deutsch, hat keine deutschen Bekannten und fühlt sich trotzdem weder isoliert noch benachteiligt. Sie lebt in einem klar definierten Familienzusammenhang, und es ist ihr offenbar gelungen, die Identität ihrer Familie gegen die Ghettoformel »Ausländer« durchzusetzen. Margherita Gerighausen hat mit Frau C. gesprochen.

Margherita Gerighausen ist promovierte Germanistin italienischer Herkunft. Sie hat unter anderem in Italien als Lehrerin gearbeitet, ist heute mit einem Deutschen verheiratet und unterrichtet muttersprachlich-italienische Klassen an einer Hauptschule in München.

Wir sind im Wohnzimmer und reden: Frau C., ihre sechzehnjährige Tochter Eva und ich, die Lehrerin von Eva in einer muttersprachlich-italienischen Klasse. Wir sprechen Italienisch. Der fünfjährige Sohn Mario kommt und geht und wirft die Fotos von Evas Verlobung durcheinander, die wir uns gerade ansehen. Der zwölfjährige Nino und Herr C., der zur Zeit als Lastwagenfahrer arbeitet, sind nicht zu Hause.
Eva hat sich kürzlich in ihrem Heimatort, einem Dorf in der Nähe von Neapel, verlobt. Seit wann kennt ihr euch? frage ich Eva. Ewig, sagt sie, ich muß sagen, daß ich zuerst nicht an ihn dachte, aber dann gefiel er mir doch. Ja, fährt die Mutter dazwischen, seit Jahren schon meint er, Eva sollte ihn heiraten, und wir sollten uns zusammentun und eine Tankstelle aufmachen. Nun, sage ich, und wann wird das sein?

Wann gehen Sie zurück? Ich weiß aus Erfahrung, sie sprechen alle davon, im nächsten Jahr zurückzukehren ...
Eigentlich, sagt Frau C., bin ich gekommen, um zwei Jahre hier zu bleiben, höchstens drei. Mein Mann war schon acht Monate in Deutschland, bevor ich kam. Und ich habe gesagt: Entweder du in Italien, oder ich in Deutschland! Eva habe ich erst noch bei meiner Mutter in Italien gelassen, ich habe nur Nino mitgenommen, nach etwa einem Jahr habe ich Eva dann nachgeholt. Nun sind neun Jahre vorbei!
Sie sprechen gut Deutsch inzwischen, sage ich. Nein, sagt Frau C., nicht so gut, denn ich war meistens mit Italienern zusammen, auch bei der Arbeit. Wie haben Sie überhaupt Arbeit gefunden? frage ich.
Das war so, sagt Frau C.: Mein Mann war ja schon acht Monate lang in Deutschland und hat damals bei BMW gearbeitet, aber dann hat er keine Ferien bekommen, um mich zu holen, und da ist er einfach trotzdem nach Italien gekommen und hat so den Arbeitsplatz verloren. Wir sind hergekommen, und mein Mann hatte keine Arbeit, und ich hatte keine, und der Sohn noch dabei ... Mein Mann hatte aber einen Freund hier, und so sind wir zu seinem Freund gegangen; sie haben sich gern wie zwei Brüder. Jedenfalls, der Freund hatte ein Zimmer, von der Firma, er selbst ging zu einem anderen Freund schlafen, und wir schliefen in seinem Zimmerchen. Zu dritt in einem Bett, einem kleinen Bett! Das war aber nur ein paar Tage, dann ist der Freund meines Mannes zu seinem Chef gegangen und hat zu ihm gesagt: Ich habe hier einen Freund von mir, den schmeiß' ich nicht aus meinem Zimmer, den hab ich gern wie einen Bruder, und er hat auch seine Frau hier – vom Sohn hat er nichts gesagt –, und entweder geben Sie ihm Arbeit oder Sie geben mir meine Papiere und ich gehe. – So hat er es dem Chef gesagt. Und weil der ihn halten wollte, denn er arbeitete gut, hat der Chef auch meinen Mann und mich genommen. Für Nino haben wir dann eine Italienerin gefunden, die nicht arbeitete, weil sie gerade operiert worden war, und die hat sich zuerst um ihn gekümmert. Und später haben wir das Fräulein vom Kindergarten gefunden, eine Deutsche, und die kümmerte sich auch um ihn, wenn wir zu spät von der Arbeit kamen ... Gott, was hatte sie ihn gerne!
Und wie haben Sie dann eine Wohnung gefunden? frage ich.
Ja, sagt Frau C., das war so: Eines Tages kam ein Freund,

und wir haben geplaudert, und so habe ich erfahren, daß eine Firma den Frauen, die da arbeiten, auch eine Wohnung gibt. Gott, was habe ich geheult! Ich mußte bei dieser Firma putzen, in den Unterkünften der Arbeiter, und ich war das nicht gewöhnt und hatte Angst, in die Räume zu gehen. Sicher, mein Mann hatte gleich gesagt: Wenn du nach Deutschland kommst, in Deutschland mußt du arbeiten, alle Frauen arbeiten hier. Ich hatte gesagt: Besser in Deutschland arbeiten, als in Italien ohne dich sein. Aber hart war es doch. Und dann habe ich mich daran gewöhnt. Und jetzt mache ich auch andere Arbeiten, alles habe ich gelernt. Glauben Sie nicht, ich sei eingebildet, nein, ich bin eine einfache Frau, aber ich habe wirklich alles gelernt. Ich bin schnell. In Italien hätte ich es nie getan. Ich hatte es da auch nicht nötig.
Aber warum sind Sie denn dann hierher gekommen? frage ich Frau C. Die Eltern meines Mannes, sagt sie, hatten ein Lokal, und als der Vater starb, hat die Mutter zu ihm gesagt: Du mußt kommen. Und er kam. Dann aber wollte sie ihn wie irgendwen bezahlen, ohne daß er Mitbesitzer werden sollte. Und das wollte mein Mann nicht mitmachen, denn er war es nicht gewöhnt, unter anderen zu arbeiten. Er hatte immer selbständig gearbeitet. Es war eine gute Familie, seine Familie, sein Großvater war im Ministerium gewesen, und ein Urgroßvater war Advokat in Neapel gewesen ... Einige Freunde von meinem Mann, die haben ihm gesagt: Wir gehen nach Deutschland, willst du nicht auch mitkommen? So ist er dann nach hier gegangen.
Sie sagen, Ihr Mann wollte nicht abhängig sein in Italien, wie ist es denn aber in Deutschland mit der Abhängigkeit? werfe ich ein. Signora, sagt Frau C., Signora, ich weiß nicht, entweder war es bisher gut, weil mein Mann Sympathie für den Chef hatte, oder umgekehrt. Mein Mann meint, das Arbeiten ist hier besser, hier wird der Arbeiter respektiert. Vielleicht hängt alles vom Arbeiter ab, oder vielleicht vom Chef, ich weiß nicht. Ich habe bisher bei drei Stellen gearbeitet; vielleicht war es gut, weil ich die Arbeit ernst nehme. Jetzt zum Beispiel, bei der Firma, wo ich arbeite: Wo die mich auch hintun, geht es gut.
Und? frage ich, haben Sie trotzdem Sehnsucht nach Italien? Sehnsucht nicht, sagt sie, mir fehlt nichts; ich sehe, daß es den Kindern gut geht hier ... Mir fehlt nichts. Mir alles,

unterbricht Eva. Ja, sagt Frau C., Eva fehlt etwas, der Verlobte ist ja da unten. Nein, sagt Eva, das ist es nicht nur. Da unten sind wir alle miteinander, es ist ganz anders.
Nun, sagt Frau C., auf jeden Fall: Uns fehlt hier nichts. Ich würde nur nach Italien zurückgehen, wenn es meinem Mann genauso gut geht wie hier. Ich möchte schon mal zurück ... Wenn ich so todmüde bin, Arbeit draußen, Arbeit zu Hause, den ganzen Tag ... Aber was tue ich in Italien? Mit drei Kindern? Wir haben es so gut hier wie ein Doktor unten in Italien. Dreimal sind wir dies Jahr in die Ferien gefahren, November, Ostern und jetzt fahren wir wieder. Ich habe eine Wohnung am Meer – ich habe sie nicht, ich miete die, aber es ist schon was! Und etwas Geld haben wir auch gespart. Wir wollen ja die Tankstelle bauen in Italien, so eine wie die hier in Deutschland, mit automatischer Waschanlage, Werkstatt und alles. Und wenn Gott uns hilft, bauen wir dann eine Wohnung für uns und eine für Eva, und der Nino wird in der Werkstatt arbeiten. Deswegen möchte mein Mann auch, daß er hier Mechaniker lernt. Nino bekommt hier auch eine Lehrstelle, wir kennen einen, es ist ein Deutscher, aber er schätzt meinen Mann, und so nimmt er Nino ... Die Kinder sollen zusammenbleiben, dann hat man was. Der Verlobte von Eva will die Tankstelle ja immer schon mit uns bauen. Mein Mann kriegt keine Bauerlaubnis, aber der Verlobte von Eva hat schon eine. Einverstanden, hat mein Mann schon damals zu ihm gesagt, wenn es was Festes ist, und er die Eva heiratet, dann bekommen sie alles, was mein Mann gespart hat für die Tankstelle. Mal sehen, vielleicht verzanken sich die beiden ja auch noch, man weiß nie!
Haben Sie Freunde unter den Deutschen? frage ich. Nicht so richtige, sagt Frau C. Von meinem Mann die Kollegen, sie trinken mal ein Glas zusammen. Mir gefällt es so. Mit den Deutschen im Haus ist das gleiche. Wir kennen uns, guten Morgen, guten Abend, und dabei bleibt es. Anfangs wollten sie uns nicht, sie dachten, wir wären aus der Türkei. Sie haben die Stadt angerufen, daß sie keine Türken wollen. Dann ist ein Freund von meinem Mann hingegangen ... Anfangs glaubten sie vielleicht, die Italiener, ich weiß nicht, sind schmutzig oder so. Sie guckten mich schief an. Dann haben sie, also der Hausmeister, wenn es um Reparaturen ging oder sowas, die Wohnung gesehen. Was weiß ich? Vielleicht haben sie gesehen, daß sie immer in Ordnung ist.

Und jetzt geht es gut; sie schimpfen nicht mal, wenn die Kinder sich zanken und laut werden. Und der Kleine bekommt immer Schokolade von der Frau, die oben wohnt, sie kommt manchmal auch einen Moment rein. Es ist gut so, wie es ist.
Und, sage ich, wie war es mit den Kindern in der Schule? Nino ging zuerst in eine deutsche Klasse, sagt Frau C., aber die Lehrerin hat ihn mißhandelt, ihn und auch einen anderen Jungen aus Italien. Nino kam jeden Tag nach Hause und hatte in die Hose gemacht. Mein Mann hat immer mit ihm geschimpft, aber es nutzte alles nichts. Da ist er zum Konsulat gegangen, und die haben Nino in eine italienische Klasse geschickt, und sofort ging alles gut.
Eva sagt: Ich war auch auf einer deutschen Schule zuerst. Aber es ging nicht, was sollte ich da, ich verstand kein Wort, ich hatte nur Lust zu weinen . . . (Heute geht Eva in die 9. Klasse der italienischen Hauptschule, an der ich unterrichte).
Ich frage den kleinen Mario, der gerade wieder ins Wohnzimmer kommt, wie es denn im Kindergarten wäre. Mario geht in einen Kindergarten mit deutschen und ausländischen Kindern. Im Kindergarten weigert er sich, Italienisch zu sprechen und anderen italienischen Kindern, die noch wenig Deutsch verstehen, etwas zu erklären. Ich bin Deutscher, sagt er, und meine Freunde sind Alex und das Fräulein vom Kindergarten.
Mario geht wieder, und ich wende mich an Eva: Was wird eigentlich aus dir, Eva, abgesehen vom Heiraten, zu Hause in Italien? Ich habe die Frage als Provokation gemeint, und Eva reagiert auch entsprechend: Heiraten oder nicht! Ich bleibe nicht zu Hause und setze Kinder in die Welt! Das kommt nicht in Frage! Genau weiß ich noch nichts, aber etwas werde ich schon tun. Krankenschwester, vielleicht. Bei uns in Italien ist eine deutsche Klinik, die suchen immer Krankenschwestern . . . Frau C. sagt: Am Ende entscheidet doch der Mann. Wenn Eva diesen Jungen heiratet, dann wird sie vielleicht an der Kasse unserer Tankstelle sitzen. Warum soll sie jetzt was anderes lernen? Ich will aber was lernen, sagt Eva mit Engagement, auch wenn es nicht nötig ist.
Wir sprechen darüber, was Mädchen in Italien und was Mädchen in Evas Alter in Deutschland dürfen. Eva meint, in Italien dürfen die Mädchen in die Disko gehen, wie hier, bis

Mitternacht. Bloß sie dürfe nicht! Frau C. glaubt zwar auch, daß es in diesem Punkt keine Unterschiede zwischen Italien und Deutschland gibt, aber sie hat ihren eigenen Standpunkt dabei: Meine Tochter, sagt sie, die laß ich nicht ohne weiteres allein ausgehen. Ich denke, ein Mädchen sollte sich zurückhalten, denn wenn es mit Diskotheken anfängt, Tanzen und was weiß ich, wo hört das auf? Und wenn sie ihr eine Zigarette zu rauchen geben? Oder was Komisches zu trinken? Auch in Italien würde ich Eva streng halten.
Das glaube ich nicht, Mama, widerspricht Eva, es wäre ganz anders, vor allem bei uns. Im Dorf kennt jeder jeden, es kann gar nicht viel passieren. Frau C. nickt. Aber Signora, sagt sie dann zu mir, allmählich wird es auch dort so wie hier. Die Frauen nehmen sich den Mann einer anderen, die Männer haben zwei Frauen ... Und ich soll nicht aufpassen? Lieber ein Junge, den man gut kennt, wo man schon die Familie kennt. Wissen Sie, die Mädchen hier heiraten falsch. Alles kaputte Ehen, weil sie sich nicht gut genug kannten vorher. Sie haben sich zu schnell kennengelernt. Zu schnell. »Moglie e buoi dei paesi tuoi« (etwa: »Frau und Kühe aus dem eigenen Dorf«), sage ich und lache.
Als ich Frau C. frage, was sie denn von Sätzen hält, wie: »Die armen Ausländer, die armen Kerle, sie werden ausgenutzt«, reagiert sie wie angestochen. Ach, Signora, sagt sie, ich habe so eine Dame kennengelernt, am Meer, in Acropoli, wo wir diese Wohnung mieten. Eine von diesen italienischen Damen, die nichts tun, als sich sonnen. Wenn sie erscheinen, so aufgetakelt, dann sehen sie aus, als kämen sie aus einem Palazzo ... und womöglich kommen sie aus der Gosse ... Wie dem auch sei: Ich saß da mit einer Freundin, und diese Dame saß in der Nähe. Die Freundin fragt mich: Na, wie geht es dir? Wie ist es nach soviel Jahren Deutschland? Hast du es immer noch nicht satt? Ich sage: Nein, wenn ich es satt hätte, wär ich nicht seit so vielen Jahren dort! Und jene Dame sagt nun zu mir: Hören Sie auf! Sagen Sie keine Dummheit! Es geht Ihnen ja gar nicht gut. Es steht ja überall geschrieben, in der »Cronica Vera« und auch im Fernsehen habe ich es gesehen, daß man in Deutschland die Italiener wie die Sklaven behandelt. – Ich bin explodiert. Ich sage: Sklaven! Und haben wir vielleicht so einen Charakter, daß wir uns wie Sklaven behandeln lassen? Was erzählen Sie, sage ich zu ihr, Sklaven? Weil wir arbeiten? Aber wir wollen

Abb. 15 Und haben wir vielleicht so einen Charakter, daß wir uns wie Sklaven behandeln lassen?

arbeiten! Wenn wir arbeiten, dann ist das unser Wille, um uns eine Zukunft zu schaffen, um ein paar Lire zu haben, um was zu kaufen. Sehen Sie, sage ich zu dieser Dame, ich komme ans Meer, mein Mann wechselt jedes Jahr das Auto, meinen Kindern geht es wie Herrschaften. Was meinen Sie? Hätte ich es in Italien auch so gut? Da sagt sie: Ja, aber ich habe anderes gesehen und gehört. Ich sage: Hören Sie, man zeigt, was man will. Wir haben auch Freunde, die haben es nicht geschafft (wieso, weiß ich auch nicht), sie sind zurückgekommen und haben alles mögliche erzählt, daß man schlecht behandelt wird in Deutschland und so weiter. Ich werde nicht schlecht behandelt. Sonst wäre ich wieder in Italien, in der Sonne, und würde schlafen bis elf, wie Sie – habe ich gesagt –, ja, Sie gehen ans Meer, auch ein Luxus, aber ich weiß von vielen hier, die Schulden haben, und die lassen aufschreiben im Geschäft, wenn sie was kaufen, denn sie haben nicht das Geld, zu bezahlen . . . Ich, ich bezahle, was ich kaufe, und ich bin glücklich, daß meine Kinder es so gut haben. So habe ich zu ihr gesagt.
Und die anderen Italiener, die Sie hier in Deutschland kennen, gilt das auch für die? frage ich. Wissen Sie, Signora, sagt Frau C., ich kenne welche, denen geht es ganz gut, ich kenne andere, die leben wie die Zigeuner. Zigeuner waren

sie schon vorher! Wie sie kommen, so bleiben sie. Einige sparen furchtbar, weil sie in Italien bald bauen wollen, oder ein Geschäft aufmachen. Wir ja auch! Aber mein Mann denkt anders: Sparen, ja, aber nicht die Würde verlieren. Wir leben auch nur einmal! Wenn einer kommt, so haben wir immer was anzubieten. Verschwenden, das nicht, aber das Nötige muß man haben. Das, was Sie hier sehen, alles, haben wir hier gekauft. Sie wissen es schon, ich bin hierher gekommen, und ich hatte nur meinen Koffer . . . Sehen Sie, Signora, das ist es: Nie soll einer sich demütigen, man muß aushalten, man muß hartnäckig sein.
Bevor ich gehe, trinken wir noch einen Espresso zusammen, einen richtigen italienischen, wie es sich gehört.

Ruth Gerstacker

Am Rande von Lindau

Ausländer, die für ihre Familie in Deutschland arbeiten, aber ohne ihre Familie hier leben, sind doppelt isoliert: einmal als Ausländer in Deutschland und zum anderen als »Aus-Länder« ihrer eigenen Familie. Ruth Gerstacker hat mit zwei Jugoslawen über diese Situation gesprochen.

Ruth Gerstacker ist Diplom-Psychologin. Sie hat als Mitarbeiter der Arbeitsgruppe »Vorschulerziehung« am Deutschen Jugendinstitut München ein breit angelegtes Vorschul-Curriculum entwickelt und erprobt. Heute ist sie Leiterin der Projektgruppe »Interkulturelle Erziehung im Kindergarten« beim Senator für Familie, Jugend und Sport in Berlin.

Mohamed Momenoviç und Ali Milmoviç, beide sechsundfünfzig Jahre alt, arbeiten und leben seit mehr als zehn Jahren in der Bundesrepublik. Sie wohnen in einem Wohnheim für ausländische Arbeiter am Rande von Lindau. Sie leben allein hier, ihre Familien sind in Jugoslawien geblieben. Wir sitzen in Mohameds winzigem Zimmerchen, trinken Sliwowitz und sprechen über das Leben in Deutschland, über die Arbeit, das Allein-Sein, den Alltag, über Wochenenden und Freundinnen und über die Rückkehr nach Hause.

Mohamed:
Ich schon gekommen zu Deutschland 1966. Seit dreizehn Jahren bin ich hier. Vier Jahre Arbeit bei Firma Voster, Baufirma. Paar Monat Arbeit bei andere Firma. Nachher immer Arbeit bei Firma Metzeler.
Abends ein bißele Fernsehen schauen, ein bißele essen, schlafen. Kein Schatzele, keine Freundin, oft traurig. Bist frei, gehst bißele spazieren, aber nicht viel. Mußt ungefähr

um zehn liegen im Bett, sonst nix kannst aufstehen. Wann besoffen, am Morgen Kopfschmerzen, Magenweh, oh krank. Geh ich Doktor. Doktor sagt: »Was ist los?« – Ich: »Schmerzen am Kopf.« Doktor: »Du gestern zu viel gesoffen. Gut, heute krank, aber morgen wieder Arbeit, nicht wieder krankmachen, wenn gesoffen.« Ich: »Oh, Sakrament!« Ich nächste Woche nicht mehr trinken so viel. Früh ins Bett, nächste Morgen geht besser.

Ali:
Ich arbeit auf Baustelle seit 1968. Ich arbeit von 7 bis 18 Uhr. Dann heimkommen, bißele waschen, essen, bißele Radio hören. Zehn Uhr fertig, Bett, schlafen. Ich bleiben abends immer hier. Wann ganzen Tag schleppen Steine, Bretter, drei Meter fünfzig lang, müde. Wann gehen spazieren abends, du müde in der Früh, Firma sagen: »Du kannst nicht arbeiten, geh weg, wir nehm ein andere.«

Habt ihr nie daran gedacht, eure Familien nachzuholen?

Ali:
Wenn kommen Familie Deutschland, können nix sprechen deutsch, was machen? Kinder nix sprechen jugoslawisch, wann hier. Also retour nach Jugoslawien. Also was machen? Ist viel schwer.

Mohamed:
Muß bleiben Familie zu Hause. Kinder gehen zu Schule. Wann Kinder fertig mit Schule, Deutschland nix brauchen mehr Leute zur Arbeit. Wenn Schule fertig, wenn Militär fertig, muß bleiben zu Hause, arbeiten zu Hause. Jetzt Deutschland noch brauchen Leute, aber dürfen mehr nicht kommen.
Mein Sohn, achtzehn Jahre, wie er hier war, er mich fragen: »Warum du nicht gehen nach Hause? Arbeit zu Hause? Hier du mußt alles allein machen, du keine Kinder, kein Familie. Und du viel zahlen für Zimmer, 180 Mark für das kleine Zimmer, ein Bett, ein Schrank, Tisch, Stuhl, kalt Wasser, Bad nur eins auf dem Stock. Das Haus hat sechs Stock, Frauen kommen nur zum Saubermachen. Wann du Hunger hast, du mußt selber kochen, wann du schmutzige

Wäsche hast, du mußt selber waschen oder gehen bei Wäscherei, ganz schlecht!« Mein Sohn gesagt zu mir: »Oh, Papa, das ist nicht gut, du ganz verrückt, wenn Du allein, warum nicht gehn nach Hause? Zu Hause arbeitest in Landwirtschaft oder andere jugoslawische Firma in kleine Stadt.« Da hab ich gesagt: »Schau mal, ich arbeit hier viele Jahre, arbeit noch a paar Jahre, dann ich geh Rente. Wann ich jetzt geh nach Jugoslawien, wer bezahlt Rente? Ich auch a bißele krank – wer bezahlt Doktor in Jugoslawien für mich? Nur noch a paar Jahre.«
Ich bin sechsundfünfzig Jahre, arbeit schon dreizehn Jahre hier. Doktor hat gesagt, »du mußt gehen zur Kur!« Ich weiß nicht, was ich hab, Beine kaputt, Bandscheiben kaputt. Doktor sagt: »Du mußt machen krank.« Ich viel Schmerzen, ich gehen zu Orthopäd, aber nicht wissen, was machen. Einmal Schmerzen hier, einmal Schmerzen Bandscheibe, einmal Magenoperation. Viel Arbeit, viel kaputt. Wenn Frau kommen, sie nicht arbeit. Mann muß Geld abgeben, Mann geht Arbeit. Frau geht bißele spazieren und kaufen ein bißele ein. In zwei Monat, ich tausend Mark nehmen. Gehn wir zusammen Urlaub machen zu Hause, einen Monat oder drei Wochen. Nachher wieder retour. Frau bleiben zu Hause. Frau immer weinen, allein bleiben zu Hause. Ich auch weinen, oh, wie Regen, alles naß machen – keine Frau, kein Schatzele, keine Freundin. Mann muß gehen allein und arbeiten wie ein Esel.

Ihr seid beide schon so lange hier. Warum seid ihr damals hierhergekommen?

Ali:
Bißele Geld brauchen. Meine Kinder gehen in Schule, ich mußte Schule bezahlen. Jeden Monat muß bezahlen dreihundert Mark. In Jugoslawia du weniger verdienen. Wann eine Person arbeit ein Monat, dann verdienen dreihundert Mark, vierhundert Mark.

Mohamed:
Für mich wäre besser, wann zu Haus. Zu Hause alles in Ordnung, ich habe Haus, ein kleine Landwirtschaft. Aber 1966 mein Bruder geht und gesagt: »Warum du nicht ge-

hen?« Ich gesagt: »Gehst du, geh mal schauen, wann gut für mich, schickst einen Brief und schreibst, wieviel Firma geben für meine Arbeit; wann mehr wie hundert Dinar dann gut.« Und mein Bruder geht nach Österreich. Und sie mir einen Brief schicken: »Sehr geehrter Herr Momenoviç. Deine Verdienst immer sein 4000 Schilling.« Dann ich gesagt zu meiner Frau: »Ich sofort geh.« Meine Frau: »Ah nein, du nix gehen, du nicht brauchen so viel Geld, wir nix arme Leute, haben alles in Ordnung, haben eine Familie, einen Sohn, Frau. Alles zu Hause in Ordnung!«
Ich gegangen. Ich vier Jahre Arbeit bei Bregenz, nachher kommen bei Deutschland. Wann ich jetzt geh nach Jugoslawien, keine Rente. Ich arbeit dreizehn vierzehn Jahre hier, muß bleiben. Ich nix brauchen Geld von Sohn oder Tochter, ich haben meine Rente. Wenn er will sparen oder Geld ausgeben, seine Sache, ich haben Rente. Er nix muß geben ein Schachtel Zigaretten zu mir, oder ein Flasche Schnaps oder ein Brot und ich: »Danke schön.« Nein, haben Rente dann.

Wenn ihr heute noch einmal wählen könntet, würdet ihr wieder nach Deutschland kommen oder in Jugoslawien bleiben?

Ali:
Es ist ein schweres Problem. Ich nicht genau wissen, warum, aber ich hierher kommen.

Mohamed:
Jeder überlegt und rechnet, wie lange er noch in Deutschland bleiben muß. Und er sagt: »Bleib noch ein Jahr, dann genug verdient, dann gehn nach Hause.« So bleibst immer noch ein Jahr. Wenn ich geh nach Hause jetzt, ich hab genug Geld. Schau: In Deutschland ein Kilo Brot kostet zwei Mark siebzig, ein Kilo Brot in Jugoslawia siebzig Pfennig. Eine Schachtel Zigaretten drei Mark, in Jugoslawia sechzig, siebzig Pfennig. Wenn ich in Jugoslawia wär in meine Familie, ich nix sparen einen Pfennig. Hier in Deutschland ich sparen. Dann gehn zurück und wir viel Geld. Ich im Monat brauchen fünfhundert Mark für Essen, Brotzeit, Zigaretten, zweihundert Mark für Zimmer, macht siebenhundert Mark.

Wann Familie hier, dann brauchen auch Geld, für Kino auch, dann Geld nicht reichen. Ich muß schauen, daß meine Kinder Schule besuchen, ich brauchen viel Geld. Wenn du gehst einkaufen für Familie, kostet gleich hundert Mark für ein Wochenende. Und alles wieder viel teuer.

Ali:
In Jugoslawia zwar auch teuer und wird auch teurer, aber nicht so wie hier. Mark ist gut jetzt. Wann Mark und Dinar gleich, wir nix arbeiten in Deutschland. Deshalb wir immer länger arbeiten in Deutschland. Vielleicht morgen gehen, in halbe Jahr, in paar Jahre, weiß nicht.

Ihr wohnt hier in einem Ausländerwohnheim. Ist es gut, hier zu wohnen?

Ali:
Ja, ist schon gut. Vor allem, jeden Tag kommen Frauen zu putzen, saubermachen, Bett machen, jede Monat Wäsche wechseln. Wir aber immer selber kochen. Unten im dritten Stock haben Küche. Ist aber schon teuer hier. Hundertachtzig Mark jeden Monat. Ich haben eine Bett, ein Tisch, ein Schrank, fertig. Wann arbeiten, muß aufstehen halb fünf Uhr. Wann ich rasiere, muß schnell Kaffee kochen. Ich haben gekauft elektrische Platte zum Kaffee kochen in Zimmer, Küche weit weg. Hausmeister merken das und sagen: »Du haben Kochplatte. Du zahlen drei Mark für Elektrisch.« Ja egal, ich bezahlen. Die fragen: »Warum du nicht kochen unten?« Ich: »Muß schnell gehen in der Früh, wann kochen unten, ich noch früher aufstehen.«

Mohamed:
Freundin hier im Haus verboten. Besuch nur bis zehn Uhr, danach verboten. Oben ist ein Plakat, da steht's drauf. Wenn gesehen eine Freundin, Hausmeister kommen zu mir, immer schimpfen: »Oh, Momenoviç, warum du nehmen eine Freundin?« Ich: »Oh, bißchen sitzen und Kaffee trinken.« Dann: »Ja, aber ab zehn Uhr raus! Nicht ganze Nacht bleiben!« Bißchen sitzen, sprechen, gehn ins Gasthaus, biß-

chen tanzen, aber nicht Nacht bleiben. Verboten! Immer schimpfen.
Hausmeister sagt: »Du haben zu Hause eine Frau, warum du brauchen noch ein Schatzele?« Jeden Sonntag ich gehe Kirche, zu Gott sagen: »Kommen Freundin zu mir, nix schimpfen, ich so allein.«
Wenn du eine Freundin hier hast, müssen alle beide schlafen in ein Bett. Wann bekommen schmale Frau, ist schon Platz genug, aber wann eine dicke bekommen, dann ist's zu eng. Wann Winter, dann ist gut, dann ein bißele warm machen, besser zusammen schlafen, aber wann Sonne, einer muß schlafen unten auf dem Boden, zu heiß in kleine Bett. Aber mir egal, wann ich haben eine gute Freundin, schöne Frau. Ich jede Woche lese jugoslawische Zeitung, wann ich habe Zeit, lese auch deutsche Zeitung, finden eine schöne deutsche Frau. Ich auch brauchen eine Freundin, wann ich viel bleib bei Deutschland. Es ist ganz schwer, so lang allein. Ich aber nicht treffen eine gute Frau. Wann ist eine schöne Frau, sie schon hat Mann.
Ich hab kein Auto. Wann haben Auto, haben viele Freundin. Kann ich sagen: »Schau, haben Auto, können wir gehen zusammen nach Lindau, Bregenz, bißele tanzen.« Aber wann kein Auto, mußt bezahlen Zug oder Bus, Freundin nix wollen zu Fuß gehen. Andere Kollege mehr Glück. Ich hab Schwiegersohn in einem anderen Haus. Wann ich gehe mit Frau spazieren, dann Schwiegersohn schreiben nach Hause: »Du paß mal auf, Dein Mann geht mit andere Frau spazieren, haben andere Freundin.« Und wann ich dann gehen nach Haus, meine Frau schimpfen: »Du paß mal auf, Du mein Lieber! Du heiraten eine Deutsche, Du nix mehr wiederkommen!« Ich: »Muß ich a bißele Geld schicken?« Die Frau: »Egal, wenn Du nicht mehr kommen, Dein Geld Scheiße!«
Besser, wann normal leben. Mit Familie, mit eigene Wohnung, so wie die Deutschen. Frau immer alles waschen, kochen, einkaufen, wann sie nicht arbeit. Aber wenn jugoslawische Familie hier, Frau auch arbeit. Das ist auch schwer. Besser wann haben eine Frau, bleibt bei Wohnung, und nix arbeit. Mann arbeit, bekommen immer alles richtig, verstehst du? Richtig essen, richtig trinken, immer schöne Wohnung, schön sauber, Hemden immer waschen und bügeln. Wann frei, Feiertage, immer Zeit genug, gehen zusammen spazieren.

Aber wann ich allein, haben Nachtschicht, ich im Bett liegen bis elf Uhr an freie Tag. Ich dann aufstehen: »Kruzifix, mein weißes Hemd!« Einmal anziehen, schon schmutzig. Die anderen Hemden ich liegen lasse, nicht waschen. So ich muß gehen Geschäft, kaufen ein neues, zehn, fünfzehn, zwanzig Mark kost ein Hemd. Wann Samstag dann anziehen, Sonntag schauen: »Ach, Kruzifix! Wieder schmutzig machen.« Wann eine Freundin, Frau oder Kollege sehen, dann denken: »Oh, schlechte Kollege.« Sie nicht denken an Nachtschicht. Nicht denken, daß ich allein.

Wie ist das überhaupt mit der Freizeit am Wochenende?

Ali:
Am Samstag, Sonntag, wann nicht arbeit, gehen spazieren, gehen Gasthaus. Gasthaus viel teuer, zwölf bis fünfzehn Mark, a bißele essen und ein Bier trinken. Bißele sparen, selber kochen. Wann ins Gasthaus gehen, wieder verlieren zwanzig, dreißig Mark. Jugoslawische Leute haben's schlecht: Wann fünf, zehn Mann sitzen zusammen, alle immer: »Was du trinken, was du trinken?« Und nachher die ganze Runde bezahlen. Und dann andere Kollege muß andere Runde bezahlen. Wann fünf, sechs, sieben Kollegen, mußt sieben Bier trinken. Dann immer noch eine Runde machen, jeder Kollege will bezahlen. Nachher bist a bißele besoffen, und nachher immer schlagen. Einer geht Krankenhaus, einer geht nach Hause. Und am Morgen: »Oh, Kruzifix, ich Schuld machen!« Zu Kollege: »Wie geht's?« – »A bißele Schmerzen, du schlagen.« – »Oh, ist meine Schuld, schlecht Gasthaus.«

Wir gehen auch mit italienischen Kollegen, auch mit deutsche. Aber sind zusammen viel mit jugoslawische Kollege, mit Familie, so wir immer sprechen jugoslawisch. So wir nix lernen perfekt Deutsch.

Mohamed:
Ich schon wissen, wann ich geh einkaufen oder geh arbeiten, was ich muß machen. Aber wann ich Zeitung lese, ich nix alles versteh. Wann ich arbeit zusammen mit türkischer Mann oder jugoslawische Mann, dann ich nix lern Deutsch

perfekt. Wann ich arbeit jeden Tag, bei deutsche Mann und bin zusammen mit deutsche Frau, ich lern perfekt Deutsch sprechen.

Habt ihr nie daran gedacht, einen Deutschkurs zu machen?

Mohamed:
Ja, wann ich habe achtzehn, zwanzig, fünfundzwanzig Jahre, dann ich gehen deutsche Schule, aber wenn ich habe fünfzig Jahre, ich nicht geh.

Ali:
Wenn wir perfekt sprechen Deutsch, dann alles viel besser. Aber wir nix sprechen gut. Viel Problem, lieber sprechen mit jugoslawische Kollege. Wir zwei nix perfekt sprechen bei Deutsch. Wann wir perfekt sprechen bei Deutsch, alles in Ordnung. Aber so wir nix verstehen.

Wie wird es sein, wenn ihr in Rente und dann wieder zurück nach Jugoslawien geht?

Mohamed:
Ich arbeite in der Landwirtschaft. Mein Frau jetzt allein. Wenn ein Mann mäht die Wiese mit Maschine, sie muß bezahlen. Wenn macht Lammbraten, sie muß viel bezahlen. Die Leute sagen: »Dein Mann arbeit in Deutschland. Dein Mann haben viele Geld. Dein Mann viel verdienen, ich auch muß leben, ich auch brauchen Geld!« Wann ich geh nach Hause, ich kann das alles selber machen.
In Jugoslawien fünfundneunzig Prozent der Leute haben ein schönen Platz, wo sie Kartoffel, Zwiebel, bißele Paprika machen, paar Tomaten, haben eine Kuh. Nix muß gehen Geschäft, kaufen ein Liter Milch, wann Kinder brauchen oder wann du brauchen Milchkaffee. Frau gehen unten, Kuh melken, sechs, sieben Liter am Tag. Das ist nix wenig. Meine Familie brauchen ein, zwei Liter, das andere immer verkaufen bei Molkerei oder Käse machen. Haben kleine Haus, haben alles, was brauchen.

Abb. 16 Aber Du, fünfzig Jahre vorbei, wo Deine Familie?

Aber nicht alle gehen nach Hause, wenn sie in Rente sind. Viele bleiben hier.

Mohamed:
Ich kenn Kollege. Ich gesagt: »Du, warum nicht gehen nach Hause?« Er sagt: »Wo nach Hause? Ich hab kein Zuhause.« Ich gesagt: »Aber du, fünfzig Jahre vorbei, wo deine Familie?« Er: »Ich hab keine Familie.« Ich: »Deine Frau?« – »Ich hab keine Frau. Wenn ich brauch Frau, ich hab ein

Schatzele ein paar Stunde, Samstag, Sonntag, wann ich nix geh arbeiten.« Dann gestorben, einfach gestorben.
In Krankenhaus ich treffen alte Mann, schon in Rente, nicht gehen nach Hause. Jeden Abend besoffen. Ich zu ihm sagen: »Du in Rente, warum du nix nach Hause gehen?« Er: »Scheiße, du Trottel, ich nix haben Zuhause.« Ich: »Deine sechzig Jahre vorbei, warum du nix machen Haus? Bißele kaufen eine schöne Wohnung, heiraten, haben Frau?« – »Ich nix brauchen Frau, ich nix haben Kinder, ich bleiben hier.« Ist gegangen ins Nebenzimmer. Schwester in der Früh sagen: »Nebenan, Mann gestern gekommen, heute gestorben.« Fertig, nix mehr.

Peter Kowalski/Winfried Schmidt

Ganz verschiedene Erfahrungen

Ein Engländer oder ein Rumäne ist in Deutschland ebenso »Ausländer« wie ein Türke oder ein Pakistani, aber die einen erfahren weder die Vorurteile noch die Abneigung, die den anderen entgegengebracht werden. Die einen sind Mitteleuropäer, die den Deutschen zivilisatorisch und kulturell ähneln, und die anderen sind Orientalen, die auch dann noch als extrem »fremd« eingeschätzt werden, wenn sie selbst bereit sind, sich auf mitteleuropäische Normen einzulassen. Peter Kowalski und Winfried Schmidt belegen diese unterschiedliche Erfahrung, »Ausländer« zu sein, in zwei Interviews.

Peter Kowalski ist Leiter des Projektbereichs »Ausländische Arbeiter« bei der Arbeitsgemeinschaft katholischer Studenten- und Hochschulgemeinden (AGG) in Bonn, Vorsitzender des »Verbands der Initiativgruppen in der Ausländerarbeit« (VIA) in Bonn und Herausgeber der »Materialien zum Projektbereich Ausländische Arbeiter«.
Winfried Schmidt ist graduierter Sozialpädagoge und arbeitet im »Projekt Ausländerberatung« an der Universität Bielefeld.

Ich heiße nicht: He du!

Ich bin Türke. Ich bin 31 Jahre alt. Ich bin Ende 1971 nach Deutschland gekommen, um hier zu arbeiten. Die wirtschaftliche Lage bei uns war ja also längst nicht so gut, und vor mir war mein Bruder hier gewesen, und dann hat er mir auch berichtet, man könnte hier eben besser verdienen. Ich bin in dem Sinne Facharbeiter. Ich habe meine berufliche Ausbildung noch in der Türkei gemacht. Im Moment arbeite

ich in einem Werkzeugmaschinenbau als Maschinenschleifer, aber dazwischen habe ich auch als Fräser gearbeitet.
Ja, als ich hierher kam, war ich natürlich überhaupt nicht vorbereitet, also für Deutschland. Ich konnte auch keine andere Fremdsprache. Und dann in der ersten Zeit mußte ich immer jemand dabei haben, der mir helfen konnte. Und dann habe ich begriffen, daß es nicht so weitergeht. Und dann habe ich mir Bücher gekauft, auf türkischer Sprache. Dann habe ich die Wörter auswendig gelernt und nach einem Jahr habe ich bei der Volkshochschule einen Grundkursus gemacht. Und dann konnte ich keinen Kursus mehr besuchen, weil ich Schichtarbeit hatte. Und dann habe ich praktisch meine Sprache von Bücher und von meinen Bekannten gelernt.
Also, wenn ich zurückdenke, die erste Zeit, obwohl das schwierig war, schwieriger war als jetzt, aber ich war seelisch noch zufriedener. Wenn man jetzt die Sprache versteht, man kann dann also verstehen, was das ist, natürlich schlimmere Dinge auch. Ich war z. B. letztes Jahr bei einem Internist, der mußte also meinen Magen röntgen, vermutlich hatte ich ein Magengeschwür. Und dann, es hat schon im Röntgenraum angefangen, also er hat mich regelrecht geduzt: »Trink, setz dich hin, komm mal hierhin.« Und dann ich mußte nach vier Tagen nochmal hin, daß ich die Ergebnisse erfahren konnte. Und dann hat er mir Tabletten aufgeschrieben. Und dann hat er gesagt, also wenn die Packung zu Ende wäre, ich sollte wieder zu ihm kommen. Ja, und dann bin ich weggegangen und dann hinterher, als die Packung leer war, bin ich wieder hingegangen und dann hat er mich wieder geduzt. Ja, und dann hat er mir nochmal Tabletten aufgeschrieben und dann hat er gesagt: »Zwei Monate später du nochmal kommen, wir werden nochmal röntgen.« Daraufhin habe ich ihn gefragt: »Also, entschuldigen Sie mal, werden wir uns weiter duzen?« Und dann er hat so blöd geguckt und dann hat er gesagt: »Kommen *Sie* mal in zwei Monaten.«
Ich habe noch andere Geschichten. Während des Einkaufens, da kam ein Verkäufer zu mir. Ich hatte eine Bohrmaschine in der Hand, und dann wollte ich mir die technischen Daten angucken, und dann hat er gesagt: »Schöne Maschine, du wollen kaufen?« Und daraufhin habe ich auch zu ihm gesagt: »Entschuldigen Sie mal, sind wir Verwandte oder was, warum duzen Sie mich?« Und dann er konnte natürlich

mich nicht befriedigend beantworten, hatte wahrscheinlich auch keine Zeit mehr und dann hat er gesagt: »Mach was du willst« und ist weitergegangen.
Aber am schlimmsten, also am schlimmsten war vergangene Woche Samstag. Also es ist folgendes passiert: Also das Telefon läutete, und dann habe ich abgenommen. Und dann sagte eine Frauenstimme: »Packen Sie Ihre Koffer und hauen Sie hier endlich ab.« Und dann habe ich gesagt: »Verzeihen Sie bitte?« Und dann hat sie gesagt: »Ja, Sie haben doch gut verstanden, packen Sie Ihre Koffer und hauen Sie hier ab.« Und dann habe ich gesagt: »Ja, wer sind Sie denn überhaupt?« »Ja«, sagte sie dann, »soll ich meinen Namen nennen und dann hinterher hinter meinem Rücken ein Messer finden?« Und dann habe ich gesagt: »Wenn Sie sich nicht mit Ihrem Namen nennen, dann müßte ich normalerweise jetzt auflegen, also das Gespräch beenden.« Das habe ich aber nicht gemacht, und dann habe ich sie gefragt, warum sie gerade mich anruft und woher sie meine Telefonnummer hat. Und dann hat sie gesagt: »Meinen Sie, ich bin so doof? Ich konnte ja ins Telefonbuch gucken.« Aber sie wollte unbedingt anonym bleiben. Und dann habe ich gesagt: »Ja, woher kennen Sie mich denn?« Und dann hat sie gesagt: »Ich wohne ja vier Häuser weiter weg von Ihnen.« Und dann habe ich gesagt: »Das stimmt nicht, Sie haben sich geirrt, wo ich wohne, kenne ich jeden Bewohner hier, sogar mit Namen, also so eine Frau wie Sie, kenne ich bestimmt nicht.« Und dann habe ich gesagt: »Sie können ja mir nochmal sagen, ob ich schwarzhaarig bin, ob ich Brillenträger bin, ob ich verheiratet bin.« Und dann hat sie gesagt: »Ja, selbstverständlich, Sie sind Türke, Sie sind schwarzhaarig, Sie sind Brillenträger und Sie sind verheiratet.« Und dann habe ich gesagt: »Eins davon ist richtig und zwei sind aber falsch.« Und dann habe ich gesagt: »Sind Sie sich denn im klaren, was Sie mit diesem Anruf, also was Sie anrichten können?« Und dann hat sie gesagt: »Ja.« Und dann habe ich das Gespräch hier beendet und aufgelegt.
Also drei Beispiele. Die schlechten Erfahrungen natürlich, die sind sehr zahlreich. Was man hier alles erlebt, in acht Jahren. Natürlich, die guten Seiten, die gibt es auch viel. Sonst säße ich nicht hier. Wenn ich jetzt meine Meinung hier äußere, ich hoffe, daß das kein falsches Bild gibt. Als ich bei meiner jetzigen Firma zum Beispiel ein Jahr war, stand der

Obermeister auf der Bühne und dann sagte er immer: »He! He du!« Und dann habe ich hingeguckt, er meinte mich. Aber ich habe nicht darauf reagiert, habe meine Arbeit weitergemacht. Und dann hat er nochmal gerufen: »He du!« Und dann habe ich gesagt: »Ich heiße nicht he du!« Und dann ist er zu mir gekommen und hat gesagt, er wüßte meinen Namen nicht. Und dann habe ich gesagt: »Also, wenn Sie in einem Jahr meinen Namen nicht im Kopf behalten können, dann sollten Sie den Kittel ausziehen.« Natürlich war er zuerst ein bißchen geschockt, aber in der nächsten Woche ist er zu mir gekommen, hat sich entschuldigt und dann hat er gesagt: »Mein Name ist Heinz.« Und dann haben wir uns weiter geduzt. Also, wir verstehen uns jetzt im Moment sehr gut.
Ich hab mich bemüht, möglichst mich hier anzupassen und bestimmt in vielen Bereichen, also auch geschafft. Aber es gibt noch Probleme: Also wir sind nicht sicher, ob wir hier weiter wohnen dürfen, beziehungsweise hier bleiben dürfen. Ich habe vor zwei Monaten für meine Frau unbefristete Aufenthaltsgenehmigung beantragt, weil meine Frau auch schon seit sieben Jahren hier ist. Und ich habe auch den Brief geschrieben: Laut den letzten Änderungen im Ausländergesetz dürfte meine Frau nach fünf Jahren auch unbefristete Aufenthaltsgenehmigung bekommen. Und dann hat das Ausländeramt mir geschrieben, meine Frau hätte keine fünfjährige Arbeitserlaubnis und daher könnte der bearbeitende Beamte das, was sie verlangte, ihr nicht geben, also unbefristete Aufenthaltsgenehmigung. Und demnächst muß ich für mich selber beantragen, in zwei Monaten, also ich bin jetzt gespannt, was damit wird.
Also Wohnungsprobleme habe ich selber nicht, aber von meinem Bekanntenkreis, die haben sehr viele. Vor allen Dingen, wenn in der Zeitung annonciert wird und man darauf anruft. Wenn man sagt: Also wir sind Ausländer, man sagt sofort, es tut mir leid, die Wohnung ist schon vergeben oder so etwas. Ich hab mal angerufen für meinen Bekannten, weil der nicht so sprechen konnte wie ich. Als ich sagte, wir sind Ausländer, hat man überhaupt nichts gesagt, sondern einfach aufgelegt. So etwas passiert ja auch.
Probleme haben wir, nicht wirtschaftliche, aber mit dem Klima. Unsere Körper sind ja wahrscheinlich von Geburt

her angepaßt, und diese nasse Luft hier ist ja auch für unsere Gesundheit nicht schön. Und also mit dem Essen, natürlich, wir Türken haben da sehr viele Schwierigkeiten. Ich muß mich hier herausziehen, ich habe in dem Sinne keine Schwierigkeiten, weil ich nicht in dem Sinne gläubig bin. Deswegen habe ich auch mit meinen Bekannten etwas, ein gespanntes – wie sagt man auf Deutsch? Ich esse, was eßbar ist, alles, aber unsere Religion verbietet das Schweinefleisch. Alkohol natürlich auch. Also, ich trinke schon mal wenig. Ja, und dadurch nehmen unsere Bekannten zu uns etwas Abstand. Manchmal machen sie uns Vorwürfe: Warum macht ihr das? Müßt ihr das? Seid ihr nicht mehr Mohammedaner? und so weiter.
Aber jetzt möchte ich zu einem Punkt noch klarstellen: Man spricht von Integration. Das ist natürlich zweiseitig. Also, es gibt meiner Ansicht nach zwei Themen: Erstens wollen von der deutschen Bevölkerung eine erhebliche Mehrzahl, daß sie mit uns nichts zu tun haben. Und dann der zweite Punkt: Es gibt von unserer Seite, von der Ausländerseite, auch eine erhebliche Mehrzahl, die wollen, was angewöhnt ist, nicht ändern. Ich habe, oder wir haben, unsere Familie, meine Frau und ich, wir haben ein paar deutsche Bekannte, aber diese Bekanntschaft ist nur dadurch zustande gekommen, weil *wir* uns bemüht haben, und zwar sehr viel. Wenn ich zum Beispiel so leben sollte wie in der Türkei, ich könnte hier keine einzige Familie finden, die mit uns verkehrt, also das ist unmöglich. Ausnahmen gibt es, aber es ist ganz selten.
Wir arbeiten, ja, aber wir fühlen uns immer noch als Gast. Es ist schlecht zu erklären – also wenn ich keine Bereitschaft von der anderen Seite fühle, dann muß ich es wie andere machen, dann muß ich mich abkapseln. Wahrscheinlich hängt das auch von unseren Angewohnheiten, von Sitten ab. Und dann aber, also das möchte ich schon mal dazu sagen, mich stört hier auch, wenn man in den Zeitungen liest oder mit den Arbeitskollegen, mit den Bekannten darüber gesprochen hat, daß das gesamte Ausländerproblem als ein Türkenproblem eingestellt wird.
Ich habe eine Tochter, sie geht jetzt seit einem Jahr in den Kindergarten. Ich habe neulich auch mit der Gruppenleiterin gesprochen, also Meinungsverschiedenheiten gehabt. Außer meiner Tochter sind noch vier türkische Kinder in

der Gruppe, und da habe ich schon mehrere Male Beobachtungen gemacht, daß die fünf Kinder, die sitzen an einem Tisch und sie haben immer nur zusammen gespielt. Da habe ich zu der Kindergartenleiterin gesagt: »Entschuldigen Sie mal, ist mir was ganz Komisches aufgefallen. Wenn meine Tochter nach Hause kommt, sie erzählt immer von den türkischen Kindern, also der hat das gemacht, die hat das gemacht, aber von deutschen Kindern erzählt sie überhaupt nicht.« Ich weiß nicht, ob die Kindergartenleiterin nicht verstanden hat, was ich meinte, also was ich damit sagen wollte, denn sie hat gesagt: »Ja, also wir sind mit Ihrer Tochter sehr zufrieden, also sie kann ganz schön den Anschluß finden, also ist artig, tut alles, was man von ihr verlangt und so.«

Dann nach zwei Monaten bin ich wieder einmal hingegangen. Und dann habe ich nochmal gesehen, daß wieder die fünf zusammen spielen. Dann habe ich gesagt: »Ja, ich möchte gern einmal wissen, muß das eigentlich sein, daß diese fünf Kinder hier im Kindergarten speziell allein unter sich spielen und die deutschen Kinder da spielen.« Und daraufhin haben sie gesagt: »Nein, das nicht, also die fünf Kinder hatten heute zufälligerweise die gleiche Aufgabe und daher mußten sie sich zusammensetzen, weil sie die Aufgabe dann leichter lösen können.« Und da habe ich gesagt: »Warum geben Sie denn dann den fünf Kindern die gleiche Aufgabe?« Ich vermute, daß hier für die Kinder eine Gettostellung im Kindergarten gemacht wird, obwohl in Rundfunk und Zeitungen spricht man, wir wollen uns bemühen, also integrieren und so weiter. Ja, ich habe gesagt, sie müßten sich das überlegen, wenn das so weitergeht, dann geht mein Kind überhaupt nicht mehr hierher.

Die türkischen Kinder, die mit meiner Tochter da im Kindergarten sind, die kommen ja von einer ganz anderen Ecke als wir, also an der russischen Grenze. Die haben einen ganz anderen Dialekt, die haben ganz andere Sitten, und das hat mich auch beunruhigt. Ich will meine Tochter ja zweisprachig erziehen, sie lernt aber im Kindergarten von diesen Kindern mehr als von uns. Natürlich auch in dem anderen Dialekt. Das wollte ich also vermeiden. Ja, jetzt ist Sommerpause im Kindergarten. Das müssen wir dann nach der Sommerpause regeln.

Ich fühle mich hier sehr heimisch

Ich bin 31 Jahre alt und komme aus Rumänien. In meiner Heimat habe ich Abitur gemacht und dann bin ich zum Militär gegangen. Danach bin ich ins Ausland gefahren, zunächst nach Griechenland. Da habe ich eine Hotelfachschule besucht und bin Hotelfachmann. Nach zwei Jahren bin ich nach Deutschland gekommen und hier arbeite ich jetzt als Hotelkaufmann.
In Deutschland herrscht eine sehr große Ordnung. Ein Beispiel: Ich kam mal mit dem Zug aus Italien, 1. Klasse. Im Speisewagen gab es pünktlich das Menü. Das war mein erster Eindruck, nachdem wir die deutsche Grenze passiert hatten. Da habe ich diese enorme Ordnung erstmalig ganz deutlich gespürt. Das ist ein Unterschied, diese Ordnung gibt es in keinem anderen Land der Welt, auch nicht in der Schweiz. In Deutschland ist es ganz anders mit dieser Ordnung. Das hat mich fasziniert und das mag ich auch, die Ordnung hier in Deutschland. Immer wieder, wenn ich in Urlaub fahre, dann bin ich anschließend froh, wenn ich wieder in Deutschland bin. Da kann ich mein Bier trinken, irgendwo im Flughafen, auch wenn das in Frankfurt ist, da herrscht keine Hektik, da läuft alles nach Band.
Was auch anders ist hier in Deutschland, das ist der Wohlstand. Das viele Geld. Aber wenn man arbeitet und Geld verdient und kaufen kann, dann ist einem der Wohlstand doch nicht mehr so wichtig. Man gewöhnt sich an den Wohlstand. Das fällt mir bei mir auch stark auf. Vor acht Jahren, als ich hierher kam, da fiel mir der Wohlstand ganz stark auf. Doch heute, nach acht Jahren, da merke ich das gar nicht mehr. Heute sehe ich mehr das Elend, was alles fehlt, was alles noch zu machen ist. Der Wohlstand ist für mich nicht mehr so interessant.
Ja, mit den Menschen habe ich eigentlich gar keine Probleme, so gut wie keine Schwierigkeiten. Mit den Deutschen habe ich mich irgendwie gut verständigen können, vielleicht lag es auch daran, weil ich Deutsch konnte. Man erzählt immer wieder, daß die Deutschen nicht so kontaktfreudig sind, nicht sehr gesprächsfreudig, aber von mir persönlich gesehen, muß ich das widerlegen. Also meine Erfahrungen sind gut. Die meisten Deutschen, die ich kennengelernt

habe, sind sehr kontaktfreudig und versuchen immer wieder zu helfen, wo etwas zu helfen war.
Also, ich würde auf keinen Fall sagen, daß die Deutschen fremdenfeindlich sind. Wenn die Deutschen hörten, daß ich Rumäne bin, dann sagten sie: »Ach, das ist ja schön, ich habe noch nie einen Rumänen kennengelernt.« Aber die Türken und die Jugoslawen, die sind ja massenweise in Deutschland. Ich glaube, die Deutschen im Urlaub, die mögen die Italiener in Italien und die Jugoslawen in Jugoslawien, aber nicht hier in Deutschland.
Wenn ich ab und zu zur Behörde muß, dann steht man da und wartet auf einem Korridor, man sieht immer wieder sehr viele Türken, die werden meistens abgewiesen, wenn sie mal eine Erklärung brauchen oder etwas nicht verstanden haben. Wenn ich da ehrlich bin, dann muß ich sagen, da werde ich ganz anders behandelt, weil ich gut Deutsch sprechen kann oder weil ich eben Rumäne bin. Das erlebe ich aber auch mit den Mitmietern oder dem Vermieter, die sagen immer wieder: »Ach, wie schön, daß Sie kein Türke sind, kein Grieche oder kein Italiener.« Ich glaube, das hat nichts mit mir persönlich zu tun, mit meinem Aussehen oder mit meinem Verhalten sonst, sondern weil ich Rumäne bin.
Bevor ich nach Deutschland kam, hatte ich ein Bild von Deutschland, und zwar von Zeitschriften. Daher habe ich mir Deutschland mehr wie Amerika vorgestellt. Ich dachte, Deutschland wäre irgendwas Ähnliches wie Amerika. Und als ich dann hierher kam, war ich doch überrascht, es besteht nicht die geringste Ähnlichkeit, es ist doch ein sehr europäischer Staat, und wenn schon der Vergleich zu machen ist, dann ist Deutschland Rumänien viel ähnlicher als Amerika. Also, ich fühle mich hier sehr heimisch. Es ist vieles so wie in meiner Heimatstadt. Es erinnert mich vieles an meine Heimat, die Gebäude, die Straßen, vieles. Ich fühle mich eben ziemlich wie zu Hause. Auch das Klima und die Vegetation und alles. Und die Menschen auch. Deshalb möchte ich auch hier bleiben, ich bleibe in Deutschland, ich gehe nie wieder nach Rumänien.

Hans Günter Thiele

Deutsches über Ausländer

Der einzelne Ausländer hat sich mit Haltungen und Einstellungen der Deutschen auseinanderzusetzen, die in ihrer Feindseligkeit nicht unbedingt ihm selbst, sondern seiner Gruppe gelten. Das Vorurteil duldet keine Widerlegung durch den konkreten einzelnen, es nährt sich vom Gerücht über ein imaginäres Ganzes und läßt sich auch durch eigene Erfahrungen nicht beirren. Hans Günter Thiele hat solche Gerüchte bei Deutschen recherchiert.

Hans Günter Thiele ist Journalist. Er hat an verschiedenen deutschen Zeitungen gearbeitet und ist heute Redakteur an einer Tageszeitung in Bremen. Er ist Autor des Buches »Menschen Mörder«.

1.

Was fällt Ihnen zu Ausländern ein? – »Meistens etwas Negatives«, antwortet mir die sechsundzwanzig Jahre alte Verwaltungsangestellte Frau K. aus Kaufbeuren. Beruflich hat sie mit Ausweisungen und Abschiebungen zu tun: »Es kommen da viele Sachen vor, die gegen die Ausländer sprechen, ob das nun illegale Grenzübertritte sind oder kriminelle Geschichten.«

Ihr Mann, ein 30jähriger Berufsschullehrer, kann das leicht nachvollziehen. In seiner Klasse – er unterrichtet Elektrikerlehrlinge – gibt es etliche Türken: »Bei uns ist es so, daß die Ausländer einem mehr oder weniger zugeschoben werden, der eine in die Klasse, der andere in jene. Die meisten lernen ja keine Berufe, sondern sind Hilfsarbeiter, aber halt schulpflichtig. Die stören den Unterricht und verstehen bei manchen Berufszweigen gar nichts von der Materie, weil es viel zu schwer ist. Bei denen ist es schade um die Zeit. Es wäre produktiver, die alle in einer Klasse zusammenzufassen.«

Die Eheleute K. haben gemeinsam Italien, Jugoslawien, Frankreich, Skandinavien und Südwestafrika bereist und sind mit ihrem Alpenverein in Westtibet gewesen. Einmal wollten sie sogar nach Afrika auswandern. Das war 1973. »Damals«, erzählt Herr K., noch immer begeistert, »war das da unten ein recht angenehmes Leben. Aber dann ist es unruhiger geworden, und wir haben die Idee aufgegeben.«
Das Ehepaar K. plädiert dafür, die Kinder von »Gastarbeitern« frühzeitig auf ihr unabänderliches Schicksal vorzubereiten: »Es ist schon besser, wenn sie davon ausgehen, daß sie eines Tages zurück müssen.« Die beiden meinen auch, daß die Beschäftigung ausländischer Arbeitnehmer eingeschränkt und das Asylrecht viel strenger gehandhabt werden müßte, weil die Ausländer »hier ja nur schnell und leicht möglichst viel Reichtum erwerben wollen«. Herr K. sagt: »Das ist meine Meinung. Sonst würden die von zu Hause nicht weggehen, wo sie's doch sehr schön haben. Es wird denen hierzulande viel zu leicht gemacht, sich häuslich niederzulassen.«
Von einer Benachteiligung ausländischer Arbeitnehmer mag Herr K. nichts wissen: »Die Arbeitsplätze, die sie vorfinden, muß man in Relation zu dem sehen, was sie zu Hause haben. Und da kann sich, glaube ich, kaum einer beschweren, daß er einen Arbeitsplatz hätte, an dem er benachteiligt wäre oder an dem er's zu schwer hätte ...«
Eine Veränderung gegenüber den Arbeitsbedingungen daheim sei es freilich schon, aber, so Frau K.: »Sie müssen sich halt dann dem Gastland anpassen.«
Meinen Sie, daß Ausländer in Deutschland isoliert sind? – Frau K. schüttelt den Kopf: »Ich glaube, das ist eine Sache des Wollens der Ausländer.«
In den Augen von Frau K. ist das »Abschieben in die Heimat das beste Mittel, um Ausländer vor Straftaten und Vergehen abzuschrecken«. Herr K. ist da eher für Differenzierungen: »Verkehrsdelikte und solche, die uns auch passieren können, die jedem zivilisierten Menschen passieren können, wenn ich mal so sagen darf ... also, die sollte man nachsichtiger behandeln.«
Ich frage Herrn K., ob er Angst hätte, wenn seine Frau in einem Wohnheim für ausländische Arbeiter Putzfrau wäre. Er braucht nicht zu überlegen: »Ich hätte Bedenken. Auf jeden Fall ein sehr ungutes Gefühl. Vielleicht ist das ver-

ständlich, wenn man bedenkt, daß die Frauen von denen ja nicht da sind, und der Samenspiegel denen schon die Schädeldecke hebt . . ., wenn ich mal so sagen darf. Die pfeifen doch jeder nach.« Ich erkundige mich bei Frau K., ob sie sich durch einen Ausländer schon jemals verletzt gefühlt hat. Sie erinnert sich nicht. »Mir pfeifen auch manchmal deutsche Männer nach und machen blöde Bemerkungen«, sagt sie.

2.

Auswandern wollte auch schon mal das Ehepaar S. aus Lübbecke, einer kleinen Stadt am Wiehengebirge. Sie waren von Israel fasziniert. Doch es fehlte ihnen, wie sie sich heute eingestehen, »an der Traute, alles hinter sich abzubrechen«. Frau S., sechsundzwanzig Jahre alt und Hausfrau, hat schon in ihrer Schulzeit Außenseiterprobleme kennengelernt: »Auf unsere Schule gingen vier Neger.« Das Ehepaar S. würde denn auch eher einen farbigen als einen anderen Ausländer zur Untermiete aufnehmen. »Aus einem Wiedergutmachungsgefühl heraus«, sagt Herr S., neunundzwanzig Jahre alt und Fernmeldetechniker, »weil diese Leute in der Vergangenheit so viel gelitten haben.«

Bedrückend finden beide aber oft auch die Gegenwart: Wenn zum Beispiel in Lübbecke Automaten aufgebrochen werden, fällt der Verdacht zuallererst immer auf die jugendlichen Ausländer, die da eine Förderschule besuchen. Frau S., die kriminologische Forschungen bestenfalls vom Hörensagen kennt, spricht ganz selbstverständlich über den direkten Zusammenhang zwischen den Vorurteilen gegen die jungen Ausländer und ihrer tatsächlichen Kriminalisierung. Mancher Berufsverurteiler wäre dazu trotz langer Studienjahre nicht imstande.

Für die Eheleute S. ist »Entwicklungshilfe« ein Thema, über das sie schon oft und lange gesprochen haben. Sie beklagen dabei beide die Unaufrichtigkeit der politisch Verantwortlichen. Unter sinnvoller Entwicklungshilfe verstehen sie nämlich einen Beitrag, der die Abhängigkeit ärmerer Länder von den reichen Industrienationen nicht noch verstärkt, sondern es diesen Ländern ermöglicht, »sich selbst zu entwickeln«. Das kann ihrer Meinung nach nicht allein durch Kredite und Darlehen geschehen: Vielmehr müßten »die Reichen zugunsten der Armen Verzichte leisten«. »Wachstum an sich« bedeutet dem Ehepaar S. nichts, solange es dabei nicht auch um »mehr Lebensqualität« geht. Allerdings sind sie, wie sie sagen, »realistisch genug, um eine solche Politik für schwer durchsetzbar zu halten«. Für die Gegenwart halten sie es zunächst einmal für wichtig, ausländische Arbeitnehmer nicht als industrielle Reservearmee zu behandeln. »Wo bleibt da sonst die Idee von einem Vereinigten Europa?« fragt Herr S.

3.

Haben Sie Erfahrungen mit Ausländern? – Das Ehepaar B. aus Aachen, beide dreiunddreißig Jahre alt, lacht wie aus einem Munde und zeigt auf das Mädchen, das bei ihnen steht: eine fünfzehn Jahre alte Griechin. »Melina, die Pflegetochter meiner Mutter«, erklärt Frau B. »Eigentlich fing es damit an, daß Ausländer bei uns im Haus meine Mutter gefragt haben, ob sie mal auf die Kinder aufpassen kann. Das hat meine Mutter dann gemacht – ein, zwei Jahre, dann sind die weggezogen. Danach sind dann die Eltern von Melina gekommen. Und Melina, die hat meine Mutter dann genommen, als sie vier Wochen alt war und sie gehabt, bis sie elf war. Dann fuhr Melina für zwei Jahre nach Griechenland, um da die griechische Schule zu machen. Jetzt ist sie wieder hier in Deutschland.«

»Ich fühle mich als Deutsche«, sagt das Mädchen Melina, das bislang geschwiegen hat. Und Herr B., von Beruf technischer Angestellter, ergänzt: »Sie möchte in Deutschland bleiben.« Seine Frau korrigiert ihn vorsichtig: »Sie wäre von sich aus wohl gern Deutsche . . .« – Warum? Melina: »Dann hätt' ich's leichter, zum Beispiel in der Schule.« Melinas Eltern, die wegen eines plötzlichen Leistungsabfalls ihrer Tochter besorgt die Klassenlehrerin konsultierten, bekamen zu hören: »Aber das macht doch nichts; sie geht ja eines Tages sowieso nach Griechenland zurück.«

Die Eheleute B., die selbst keine Kinder haben, wissen, weshalb sie nicht Ausländer in der Bundesrepublik sein möchten: »Es ist schon eine große Gettobildung.« Frau B., die Kindergärtnerin ist, arbeitet in einem Viertel, in dem viele Türken leben. Etwa dreißig Prozent der von ihr im Kindergarten betreuten Kinder sind türkischer Nationalität. »Es kommen deutsche Eltern zu mir«, erläutert sie, »die sagen: ›Ja, in Ihrer Gruppe da sind ja so viele Türken, da wollen wir unser Kind nicht drin haben.‹ Oder es heißt:

›Spiel nicht mit denen!‹ Die Kinder nehmen dann natürlich die Meinung ihrer Eltern an.«

4.

Im Gerichtssaal steht ein bedauernswerter armer Teufel vor einem Amtsrichter. Der Angeklagte macht sich Luft: »Da kam ein Türke und wollte mit meiner Mutter tanzen. Ich habe ihn weggejagt, denn ich mag keine Ausländer. Weil meine Mutter aber trotzdem mit dem tanzen wollte, gab es eben Krach ... Ich kann Ausländer nicht vertragen – ein Jugoslawe hat mich mal niedergestochen ...« Die Abneigung ist emotional.

Völlig rational dagegen klingt die Begründung eines Urteils, das ein Einzelrichter wenig später im gleichen Gerichtssaal gegen einen jungen Türken verhängt, der sich an einer Schlägerei in einer Gaststätte beteiligt haben soll: »In den vergangenen Monaten häufen sich die Fälle, in denen Ausländer versuchen, in Lokalen das Regiment zu übernehmen. Zur Verteidigung der Rechtsordnung ist es unbedingt erforderlich, den Anfängen zu wehren und Zeichen zu setzen. Wir können solche Verhaltensweisen, die in anderen Städten schon eingerissen sind, nicht dulden. Und wir werden mit allen zu Gebote stehenden Mitteln dagegen einschreiten. Je nachhaltiger wir das tun, desto größer ist die Gewißheit, daß wir erreichen, was wir wollen.«

Eine düstere Analyse, die jeden biederen Stammtischbruder das Gruseln lehren muß, von einem Mann, der berufen ist, das Recht zu pflegen und der ehrenamtlich auch noch andere Kulturgüter schützt.

Draußen auf dem Flur begegnet mir ein Oberstaatsanwalt, der zur Zeit gegen einen, des versuchten Millionenbetruges verdächtigten, Zahnarzt ermittelt. »Er redet mit Händen und Füßen«, beschreibt der Jurist die Vernehmungssituation. »Aber so sind sie nun einmal, diese Leute. Man darf den Geschichten dieses Levantiners nur nicht auf den Leim gehen.« Ich frage, woher der Zahnarzt denn stammt. »Er ist Jude ...« Der Oberstaatsanwalt schaut mich vielsagend an; vielleicht hat er es nicht einmal »böse« gemeint.

5.

Der dreißig Jahre alte Herr W. war acht Jahre bei der Bundeswehr, hat danach die Fachhochschulreife erworben

und wurde arbeitslos. Zur Zeit ist er Reisebegleiter. Mit seiner Freundin, Frau G., einer achtundzwanzigjährigen Buchbinderin, wohnt er in einem Dorf bei Pinneberg. Herr W. verhält sich zunächst, als wäre er nur Zuschauer in einem fremden Theaterstück: »Ausländer? Da kursieren natürlich die verschiedensten Meinungen.« – Und wie ist Ihre Meinung? – »Meine Meinung ist, daß es auf jeden Fall ein heißes Eisen werden wird, denn der Kinderboom ist ja vorbei, und es werden immer mehr Ausländerkinder geboren. Es sieht ja praktisch so aus, daß sich schon ganze Ausländerstadtteile gebildet haben. Da kommen die wildesten Sprüche auf ... Minderheit im eigenen Land.« – Ängstigt Sie die Vorstellung? – »Gemischte Gefühle gibt es schon, weil ein Menschenhandel, das ist es doch«, empört sich Herr W.
Seine Freundin, Frau G., wird konkreter: »In dem Haus, in dem wir wohnen, gab es bisher zwei türkische Familien. Anfangs eine Frau mit ihrer Mutter und zwei Kindern. Gegen die war nichts zu sagen, die waren nett und ordentlich. Aber danach: das ganze Gegenteil.« – Was heißt das? – »Nun, was Sauberkeit anbelangt. Die sind über Nacht eingezogen, wovon niemand was wußte, nicht mal die Hausverwaltung. Man kann echt nicht sagen, wie viele das waren, vielleicht vier, fünf Erwachsene mit drei Kindern; eins war inzwischen mal geboren worden, aber das haben wir erst nachher gehört.« Gegen Ausländer hat Frau G. aber im Prinzip natürlich nichts einzuwenden; schließlich ist selbst der Frauenarzt, der sie behandelt, ein Thailänder: »Wenn die hier geboren sind, ist das ihre Heimat.«
Herrn W. geht es um grundsätzlichere Fragen. Lebensgewohnheiten richten Barrieren auf, das ist sein Standpunkt: »In Berlin, da sollen die Türken mal einen Ochsen auf der Straße geschlachtet haben. Das gibt natürlich Probleme.« Er sieht die Sache mit den Ausländern so: »Die sind ins gelobte deutsche Land gekommen und im Nu zwischen die Räder geraten – wie der schwarze Mann in den USA, der im Schnitt auch immer noch die Dreckarbeiten macht. Es muß geschafft werden, die von den untersten Schichten ans Tageslicht zu fördern, damit das nicht alles Sozialfälle werden.« – Und wie? – »Die müssen eben was Richtiges lernen.«

Abb. 17 Manche Ausländer sind sogar ganz nett und ordentlich.

6.

Herr N., ein dreiundzwanzigjähriger Soldat aus Dortmund, ist bei einer Studienfahrt durch Polen »einmal fast von Jugendlichen zusammengeschlagen worden«. (Das war übrigens sein einziger direkter Kontakt zu der Bevölkerung.) »Wir kamen gegen Mitternacht aus einem Jazzclub. Die müssen irgendwie gehört haben, daß wir Deutsche waren, und auch gemerkt haben, daß wir aus Westdeutschland kamen. Das ist ja nicht schwierig da drüben, das zu sehen. Dann hieß es auf einmal: ›Wie? Ihr alten Nazis in unserem Club?‹ Anschließend ging es rund. Wir haben gesehen, daß wir auf Umwegen wieder zurück ins Hotel kamen.« Sein Polenbild sei dadurch jedoch nicht

beeinflußt worden, sagt er: »Ich würde sofort wieder hinfahren.«
Herr N. ist eigentlich Tischler. In der Firma, in der er bis zu seiner Einberufung gearbeitet hat, gab es auch mehrere Türken und einen Ägypter: »Alles gute Kollegen.« Aber man konnte sie wegen ihrer Sprachschwierigkeiten auch sehr leicht manipulieren.
»Die Ausländerkinder, die sind die Ärmsten der Armen«, sagt Herr N., »die verstehen zwar meist mehr als die Erwachsenen, aber es langt trotzdem nicht. In der Schule kommen sie nicht mit, und hinterher erhalten sie keine Berufsausbildung.« Schon aus diesem Grund sei eine Integration wünschenswert – eine wirkliche Eingliederung, keine Zusammenfassung in Gettos. Herr N. ist der einzige meiner Gesprächspartner, der bereitwillig einräumt, daß man Ausländer auch nach ihrem Bildungsstand beurteilen muß: »Das macht doch einen Unterschied, ob ich auf einen Akademiker treffe, oder ob ich in meinem Betrieb mit einem Malocher zusammen bin.«
Seine Freundin, Frau A., einundzwanzig Jahre alt und Goldschmiedin, ist einmal mit ihrer Schwester nach England gefahren und hat einmal einen dreiwöchigen Urlaub in Holland verbracht: »Die Engländer und die Holländer, die waren ganz in Ordnung, so wie wir.« Frau A. weiß aber nicht, ob es richtig ist, »daß Ausländer hier arbeiten, weil es bei uns so viele Arbeitslose gibt«. Befragt zum Wahlrecht für ausländische Mitbürger, sagt sie: »Warum nicht, wenn sie schon lange hier sind? – Obwohl, das geht dann ja eigentlich alles ein bißchen durcheinander. Das wäre ja dann gar nicht mehr richtig Deutschland.«

7.
Frau U. lebt in einer kleinen Hafenstadt an der Unterweser. Sie ist zweiundfünfzig Jahre alt und Küsterin der Kirchengemeinde. Ihr Mann ist achtundfünfzig und Betriebsmeister einer Werft. Die beiden stammen aus dem Osten. Die meisten ihrer Verwandten sind im Treck umgekommen. Herr U. hat als Soldat in der Sowjetunion und in Italien gekämpft. Die Amerikaner internierten ihn dann bei Kriegsende in Tarent. Im Jahr darauf kam er in britische Kriegsgefangenschaft und wurde zum Ernteeinsatz nach England geschickt. 1948 ist er entlassen worden.

»Auslandsreisen? Wir haben kein Bedürfnis«, sagt Herr U. »Seit dem Krieg hab ich da einen Komplex. Auf Deutsch gesagt: Ich hab die Nase voll vom Ausland.« Frau U. sagt: »Ich reise nicht mal in Deutschland. Ich bin immer zu Hause.« Informieren lassen sich die beiden durch Fernsehen und Zeitungen. Herr U.: »Mich interessiert alles, was in der Welt vorgeht.« Er fühlt sich auch ausreichend unterrichtet: »Ich nehme an, das reicht für einen Durchschnittsbürger«, sagt er.

Frau U. findet: »Ausländer – das sind Menschen wie wir.« Ihr Mann sieht indes Unterschiede: »Wollen wir mal sagen, die Südländer haben eine ganz andere Mentalität. Auf einen Engländer kann ich mich mehr verlassen als auf einen Türken oder einen Araber.« Aber ein »soziales Gefühl« und eine »christliche Grundhaltung« bestimmen die Eheleute U., sich für eine Eingliederung der Ausländer auszusprechen. Deutlich schwingt dabei allerdings die Furcht mit, »überrollt«, »übervölkert«, »überfremdet« zu werden. Herr U.: »Es ist wichtig, daß man den Leuten hilft. Aber es wäre besser, wenn die deutsche Industrie mehr Arbeitsplätze im Ausland schaffen würde. Dann würde sich das alles von selbst regeln. Viele wollen ja gar nicht hierher, sondern lieber dableiben.« Gleichwohl meint er im Gegensatz zu seiner Frau, daß man auf ausländische Arbeitskräfte auch in Zukunft nicht wird verzichten können. »Schon allein im Hotelgewerbe. Da sind die Italiener doch Spitze. Wer will das von den Deutschen denn machen?«

Von Vorurteilen, »diesen plumpen, ungerechten Meinungen«, glaubt sich das Ehepaar U. frei. »Auch bei uns gibt es ja solche und solche«, sagt Frau U. »Höchstens«, merkt ihr Mann an, »daß viele von den Ausländern rückständiger sind als wir.«

Alles in allem geht es den Ausländern in Deutschland ganz gut, meinen die beiden: »Sie kriegen Arbeitslosengeld. Und das ist mehr als der Lohn in ihrer Heimat. Und der Spanier, der auf der Werft arbeitet, der baut sich da unten ein Haus. Mit dem Geld, was der hier verdient, ist der da doch ein Krösus. Und praktisch haben die Ausländer hier doch dieselben Rechte wie wir.«

8.

Der vierundvierzigjährige Zimmermann Herr M. aus Berlin

und seine achtunddreißigjährige Frau, die Schneiderin ist, haben drei Töchter im Alter von siebzehn, fünfzehn und dreizehn Jahren. – Wie würden sie reagieren, wenn sich eines der Mädchen entschließen sollte, einen Ausländer zu heiraten? – »Das müssen die selber wissen«, antwortet Frau M., »ich gehe ja davon aus, daß sie sich darüber im klaren sind, was ihnen blüht. Aber die Tür zu Hause würde immer offen bleiben.«

Der Kontakt des Berliner Ehepaares M. zu seinen ausländischen Nachbarn beschränkt sich auf »Guten Tag« und »Guten Weg«. Vor allem mit Türken haben die beiden wenig im Sinn, »weil die nach Knoblauch stinken«. »Det is grausam«, klärt mich Herr M. auf, »det riecht aus allen Knopplöchern.« Seine Frau pflichtet ihm bei: »Wenn ich Türke höre, dann tickt es.« – Warum? – Man hört so viel: »In Kreuzberg – Klein-Istanbul – gibt es manche Stelle, da hausen die wie die Vandalen. Die zerkloppen ja alles aus reinem Übermut«, berichtet Herr M. »Na, das ist aber bei Unseren genauso, wenn sie nichts anzufangen wissen«, stoppt ihn seine Frau. Er lenkt kurz ein: »Klar, nicht mal die Deutschen kriegen Lehrstellen. Und die Ausländer haben überhaupt keine Chancen mehr ... Aber trotzdem: Im Moment is det ganz doll. Die reißen einem die Handtaschen aus der Hand und alles solche Dinger.« Wieder folgt die Einschränkung von Frau M. auf dem Fuß: »... und bei den Ausländern wird das bloß mehr aufgebauscht.«

»Hauptsache, Geld verdienen, die Deutsche Mark, die ist ja nun überall bekannt, und die sparen sie ja auch alle wie die Weltmeister«, versucht Herr M. den Motiven und dem Verhalten der ausländischen Arbeitnehmer auf die Spur zu kommen. Doch darunter mischt sich auch Bewunderung: »Die machen langsamer und schaffen auch. Die Deutschen sind ja reine Schinder.« Und, was er grade noch als Antriebsfeder der Ausländer vermutet hat: »Die wollen nur raffen.« Irgendwie nötigen ihm die Fremden Respekt ab: »Die wissen besser Bescheid als wir, mit allem, ob das Krankengeld ist oder was, die holen sich alles ab.« Seine Frau kann's kaum glauben: »Wo wissen die das denn her?« Herr M. zieht die Schultern hoch: »Die Quelle weiß ich auch nicht. Aber da sind die ganz groß drin.«

Im vergangenen Jahr hat die Familie auf Einladung eines früheren Arbeitskollegen den Urlaub auf Sizilien verbracht.

»Gastfreundlich sind die«, erzählt Frau M., »die haben sich bald umgebracht.« Hin und wieder fahren die Eheleute mit den Töchtern auch nach Kreuzberg, wo der Bruder des Sizilianers eine Pizzeria besitzt: »Alles nette Leute.« Auch die Arbeitskollegen auf der Baustelle – Jugoslawen und Türken – sind in Ordnung: »Klar, es gibt auch ein paar Querköppe drunter, aber nur ein paar.« Dennoch lassen die sich nicht einmal entfernt mit den Pakistanis vergleichen: »Von denen hört man ja nun gar nichts Gutes«, bricht es aus Herrn M. hervor. »Die bringen ja nur Unheil rein, die Kollegen. Die arbeiten nicht. Das sind meistens Ganoven, die hier rüberkommen, Rauschgifthändler und so. Die schlagen sämtliche Kneipen kaputt und alles solche Dinger. Das muß 'ne ganz ulkige Rasse sein. Die kommen hier alle her, als wenn sie der Chef persönlich wär'n, überhaupt in Berlin. Aber gut, es muß ja wohl irgendwie Gründe geben, daß sie der Heimat den Rücken kehren. Die sind da doch groß geworden, und jeder hängt an seinem Land. Ist doch so.«

9.

Am kürzesten war mein Gespräch mit einer vierundzwanzig Jahre alten Prostituierten aus Köln, von der ich wissen wollte, ob sie schlechte Erfahrungen mit ausländischen Freiern hat. Die Frau verneinte das. Und als ich erstaunt nachfragte, antwortete sie mir: »Ausländer nehme ich aus Prinzip nicht mit!«

Filiz Erkiner

Drei Texte in Deutsch

Filiz Erkiner, die die drei folgenden Texte geschrieben hat, ist 1954 in Bursa in der Türkei geboren. Ich habe sie 1975 kennengelernt, als sie sich an der Pädagogischen Hochschule in Neuss immatrikulierte. Sie hatte sich – zehnjährig nach Deutschland gekommen – über Hauptschule, Höhere Handelsschule, gymnasialen Zweig der Höheren Handelsschule Stufe um Stufe zäh und erfolgreich durch das deutsche Bildungssystem emporgearbeitet. Sie war »deutsch« geworden darüber, glaubten wir, glaubte sie vielleicht selbst. Und so hat sie auch ihr Studium angefaßt, erfolgreich auch hier.
Wir bemühten uns damals schon an unserer Pädagogischen Hochschule um die Probleme des Unterrichts mit ausländischen Kindern, bemühten uns, mit unseren mitteleuropäischen Gehirnen zu verstehen, was diesen Problemen zugrunde liegt, und auszudenken, was künftigen Lehrern dieser Kinder gesagt und geraten werden muß. Es war nur selbstverständlich, daß Filiz mit diesen Bemühungen in Berührung kam und daß wir von ihr lernen wollten.
Wir haben uns nicht bewußt gemacht, was wir getan haben, daß wir die »deutsche« Studentin in eine »türkische« Expertin verwandeln wollten. Bei ihr ließ diese Rollenzumutung Herkunftserinnerungen lebendig werden, machte Spannungen bewußt, löste Konflikte aus: Sie sah sich mit ihrem »Bikulturalismus« konfrontiert. Und begann wieder zu schreiben, türkisch und deutsch.
Es macht den Reiz ihrer deutschen Sprache aus, daß punktweise »Türkisches« durchbricht. Und diese türkischen Punkte lassen ihr Deutsch als etwas Neues, etwas erstaunlich Unverbrauchtes erscheinen. Sie schreibt für sich, um mit sich zu Rande zu kommen, über sich und über Menschen, die wie sie mit zwei Menschenwelten zu Rande kommen müssen, die »bikulturell« sind, auch wenn sie mit diesem

Wort nichts anzufangen wüßten, auch wenn sie keine eigenen Worte fänden, um ihre Situation zu beschreiben.
Die Texte von Filiz Erkiner sind nicht geschrieben, um veröffentlicht zu werden. Ich habe ein wenig Überredung anwenden müssen, um Filiz dazu zu bewegen, sie aus ihren Händen zu geben. Ich denke, daß ich ein Recht dazu hatte, weil ihre Texte uns ermöglichen, Gedanken und Gefühle eines »Gastarbeiterkindes« von innen heraus zu verstehen. Und diese Kunst ist sehr, sehr selten.

Hans H. Reich

Hans H. Reich ist Professor an der Pädagogischen Hochschule Rheinland, Abteilung Neuss, und Leiter der dortigen Forschungsstelle ALFA – »Ausbildung von Lehrern für Ausländerkinder«.

Begegnung

Es war ca. 18.30 Uhr. Meine Mutter und ich kehrten aus der Stadt zurück. Wir begegneten einer Frau, die wir kennen. An einem günstigeren Ort hätten wir uns gar nicht treffen können. Zwei Häuser weiter hat ein praktischer Arzt seine Praxis und auf der gegenüberliegenden Straßenseite befindet sich eine Apotheke, die aber mittlerweile geschlossen hatte.
Die Frau, die uns zufällig begegnet ist, ist eine griechische Lasin, mit der wir vor ca. neun Jahren zusammen in einem Haus gewohnt haben. Eine ehemalige Nachbarin, die meiner Mutter und mir noch sehr gut bekannt ist. Frau F. spricht die türkische Sprache fließend, ohne Akzent und ohne Fehler. Seit achtzehn Jahren lebt sie mit ihrem Mann in der Bundesrepublik. Sie hat zwei erwachsene Söhne und eine sechzehnjährige Tochter. Die Kinder sind bei der Großmutter in Griechenland großgeworden. Frau F. und ihr Ehemann haben ihre elterliche Pflicht getan und haben ihnen jeden Monat Unterhaltsgeld geschickt und haben sie einmal im Jahr besucht. Außerdem haben sie für ihre Kinder viel Geld gespart.
Meine Mutter und Frau F. haben sich umarmt und haben sich dabei gegenseitig auf die Wangen geküßt. Die beiden Frauen waren überglücklich über ihre zufällige Begegnung,

weil sie sich seit längerer Zeit nicht gesehen hatten. Sie erzählten sich gegenseitig alles Mögliche, was ihnen in den Sinn kam. Frau F. erzählte, daß sie seit langem arbeitslos wäre. Ihr Arbeitgeber hätte ihr gekündigt, weil sie öfters krank gefeiert hätte. Beim weiteren Gespräch blieb sie dann auch beim Thema Krankheit. Meine Mutter hörte ihr natürlich mitfühlend zu. Ich dagegen hörte ihr überhaupt nicht zu, weil ich sie sowieso als eine kranke Frau kenne und hoffte, daß die beiden Frauen sich schnell voneinander verabschieden würden.

Doch wie es immer so ist, redeten sie sehr lange. Dabei wiederholte Frau F. immer wieder das schon Gesagte und versuchte, meiner Mutter alles genauer zu erklären. Sie beschrieb mehrmals ihre Leiden und beklagte sich über die Ärzte, weil sie ihr einfach nicht glauben würden. Sei es in Griechenland oder in der Bundesrepublik, sie wäre schon bei so vielen Ärzten gewesen und keiner konnte bei ihr etwas feststellen. Und letzte Woche hätte ihre Hausärztin sie zu einem Arzt nach Düsseldorf geschickt. Doch der lange Weg nach Düsseldorf, zu diesem Arzt, hätte sich nicht gelohnt, weil dieser Arzt sich nicht mal die Mühe gemacht hätte, Frau F. zu untersuchen. Er hat mit ihr nur sprechen wollen, aber ihr Gastarbeiterdeutsch war zu diesem Gespräch nicht ausreichend. Ihr Ehemann Georgios hätte auch nicht übersetzen dürfen. Frau F. bedauerte, daß sie nicht gut Deutsch sprach und wünschte sich, nur halb so gut Deutsch zu können, wie sie Türkisch kann.

Danach begann sie wieder von ihren Leiden zu erzählen. Diesmal hörte ich ihr aufmerksam zu. Mir fiel folgende Kombination ihrer Leiden auf: Oberbauchgegend, Krämpfe im Magen, Hals und Atembeschwerden und danach unerträglich starke Kopfschmerzen. Während ich über diese Kombination nachdachte, wiederholte sie immer wieder, daß die Ärzte ihr diese Schmerzen einfach nicht glauben würden, und daß man ihr immer nur wiederholte, daß sie körperlich gesund sei. Keiner würde sie verstehen.

Irgendwie spürte ich, daß ich Frau F. verstand und mischte mich in das Gespräch ein. Ich wiederholte die Dreierkombination ihrer Leiden und fügte folgendes noch hinzu: »Nach den Kopfschmerzen dreht sich alles vor Deinen Augen. Alles dreht sich, und Du mußt Dich hinlegen.« Frau F. stimmte mir zu und lachte dabei fröhlich. Sie fragte mich, ob

ich sie verstehe, und ich antwortete ihr: »He, anliyom« und fing ebenfalls an zu lachen.
Unser Lachen überraschte meine Mutter, weil sie nicht verstehen konnte, worüber wir lachten, aber sie lachte auch einfach grundlos mit. Die Fröhlichkeit der Frau F. beendete ich mit einer Frage: »Was passiert nach dem Schwindelgefühl?«
Auf diese Frage gab sie keine Antwort und tat so, als ob sie mich nicht verstanden hätte. Dabei verstand sie mich genau, konnte aber den Widerstand nicht besiegen und mir antworten. Ich wiederholte meine Frage: »Magenschmerzen, nicht atmen können, Kopfschmerzen, schwindlig werden und dann . . . was kommt danach?«
Frau F. legte ihren Kopf zwischen ihre Hände und antwortete mit ernster Stimme: »Ondan sonra düşünüyom.« (Danach fange ich an zu denken.) »Ja, richtig. Danach fängst Du an zu denken.«
Diese Bestätigung gab Frau F. wieder Anlaß zur Freude. Sie freute sich wie ein Kind und ließ mich wieder an ihrer Freude teilnehmen, indem sie ihre Bewunderung ausdrückte, daß ich sie verstand. Ich sicherte ihr zu, daß ich sie nicht nur verstand, sondern auch an sie glauben würde.
Unser kurzer Dialog wurde schnell von meiner Mutter unterbrochen, denn sie interpretierte das Verb »denken«, »düşünmek« als »sich Sorgen machen« und begann Frau F. Anweisungen zu erteilen, daß sie sich doch nicht immer so viel Sorgen machen sollte. Wieder nahm eine völlig andere Diskussion ihren Lauf und die beiden Frauen erzählten sich gegenseitig, worüber sie sich immer unnötig Sorgen machen würden. Dabei beharrte Frau F. beim Gedanken, daß vieles, worüber sie sich Sorgen machen würde, sie nicht mal im Schlaf in Ruhe lassen würde. Neben den vielen, vielen anderen Träumen hatte sie einen einzigen Traum, der sich permanent wiederholte. Bei diesem Traum würde man ihr einen Zahn ziehen, und sie würde immer wieder den Schmerz spüren.
Ich mischte mich wieder unauffällig mit einer ruhigen Stimme in das Gespräch ein und formulierte folgenden Gedanken: »Wenn man Schmerz spürt, dann muß man schreien. Kannst Du im Traum schreien?«
Später habe ich sehr bereut, daß ich ihr diese Frage gestellt habe, aber ich hatte sie nunmal gestellt und Frau F. wurde

sich bewußt darüber, daß sie im Traum nicht schreien kann. Sie wiederholte mehrmals: »Bağiramiyom.« (Ich kann nicht schreien.) Während sie »bağiramiyom« wiederholte, klammerte sie ihre beiden Arme unterhalb ihrer Busens, danach hielt sie ihren Kopf fest und sagte, daß es ihr schlecht werden würde. Dabei bewegte sie sich einige Schritte vorwärts und sank dann zu Boden.
Frau F. wurde ohnmächtig. Meine Mutter und ich hatten Mühe, ihren schweren Körper aufzurichten. Wir griffen sie an den Armen, stellten sie wieder hin und liefen mit ihr ca. zwanzig Meter zur Praxis des Arztes. Auf dieser kurzen Strecke war Frau F. nicht bei Bewußtsein, aber sie lief mit und murmelte etwas vor sich hin. Mehrmals konnte ich verstehen, daß sie »Mama« sagte. Andere Begriffe, die sie in griechischer Sprache sagte, konnte ich nicht verstehen. Sie kam wieder zu Bewußtsein, als sie in der Arztpraxis auf der Bahre lag. Der Arzt schickte sie ins Krankenhaus. Am nächsten Tag wurde sie wieder aus dem Krankenhaus entlassen, weil sie angeblich völlig gesund ist.
Die Gesundheit der Frau F. hat sehr enge Grenzen.
An dem Abend habe ich »bewußt« ihre Grenze überschritten, weil ich unbedingt feststellen wollte, ob ich sie auch wirklich verstand. Ja, ich hatte sie verstanden, und daß Frau F. mich ebenfalls verstand, das hat sie mir durch ihren Ohnmachtsanfall bewiesen.
Der lange Weg nach Düsseldorf hätte sich gelohnt, wenn der Arzt, der nicht ihren Körper, aber ihr Gehirn untersuchen wollte, die türkische oder die griechische Sprache gesprochen hätte.

Kofa

In der Türkei sind wir in Bursa angekommen. Unsere Oma wohnt in einem Einfamilienhaus mit Garten. Nachdem mein Vater den Wagen vor dem Gartentor geparkt hat, sind wir alle mit Eile ins Haus gerannt und haben unsere Oma einzeln umarmt. Nach einer kurzen Begrüßung ging mein Vater wieder aus dem Haus, um den Wagen wegzufahren, denn die Straße ist eng und ein parkender Wagen versperrt und behindert den Verkehr. Bevor er wegfuhr, hat er aus dem Kofferraum das Gepäck herausgenommen, das wir aus

Almanya mitgebracht hatten, und er hat es auf dem Gehweg im Garten stehenlassen, mit der Hoffnung, daß einer von uns Kindern das Gepäck ins Haus tragen wird.
Meine Schwester Behiye, die ihn als einzige aus dem Fenster beobachtet hatte, lief zur Haustür, um in den Garten zu gehen. Vergebens versuchte sie, die Haustüre zu öffnen, denn das Schloß klemmte. Sooft sie auch mit ihrer ganzen Kraft ihrer Hände die Türklinke herunterdrückte und sie dabei an sich zog, öffnete sich die Tür nicht. Verärgert rief sie auf türkisch meine Oma zur Hilfe: »Machst du mal die Tür auf? Ich möchte in den Garten gehen.«
»Du bist gerade erst gekommen und willst schon wieder nach draußen gehen? Ihr seid drei Tage lang mit dem Auto gefahren und seid immer noch nicht müde? Komm her, und laß Dich mal anschauen, ob Du groß geworden bis! Erzähl mir, wie es Deiner Mutter und Deinem Bruder in Almanya geht! Wann werden sie mich denn besuchen?«
»Ach, Oma, laß mich doch bitte rausgehen.«
»So ist es aber immer mit Euch. Ihr habt kein Erbarmen mit Eurer alten Oma. Jetzt willst Du, daß ich von meinem Platz aufstehe, und Dir die Haustür öffne, da wo ich so bequem sitze. Gerade angekommen, und schon lauft ihr wieder alle aus dem Haus. Ich sehe Euch ja nicht mal richtig. Nur wenn Ihr abends zum Schlafen nach Hause kommt. Dann heißt es auch noch, daß Ihr mich besuchen kommt.«
»Ich will ja gar nicht weggehen, sondern den Kofa reinholen.«
»Warum willst Du den Kova reinholen? Laß den Kova draußen im Garten stehen, da wo er immer steht.«
»Ja, wenn Du die Tür nicht aufmachst, dann springe ich vom Balkon runter.«
»Wozu hat man denn eine Haustür? Du zeigst ja den Dieben, wie sie leicht in mein Haus eindringen können.«
»Wir können doch den Kofa nicht draußen stehenlassen. Sonst wird er gestohlen.«
»Ach, sorg Dich mal nicht um den Kova! Der wird schon nicht gestohlen.«
»Und wenn er doch gestohlen wird, dann haben wir gar keine Kleider zum Anziehen.«
»Wieso, habt Ihr gar keine Kleider mitgebracht?«
»Unsere Kleider sind im Kofa.«

Abb. 18 Erzähl mir, wie es Deiner Mutter und Deinem Bruder in Almanya geht!

»Was im Kova? Wie kommen denn Eure Kleider so schnell in mein Kova hinein?«
»Na, den haben wir doch aus Almanya mitgebracht.«
»Was, Ihr habt aus Almanya einen Kova mitgebracht? Also Ihr wißt aber wirklich nicht, was Ihr mitzubringen habt. Was wollt Ihr denn mit einem Kova? Ich habe doch genug Kova

im Haus. Außer den einen, der im Garten steht, habe ich noch zwei in der Küche. Schau mal, einer muß hinter der Küchentüre stehen!«

Das ganze Gespräch ist an einem einzigen Wort gescheitert. Unsere Oma sprach von ihrem Wassereimer, der auf türkisch *kova* heißt, und meine Schwester, die den türkischen Begriff des *bavul* oder *valiz* für das deutsche Wort *Koffer* nicht kannte, hat in ihrem türkischen Gespräch das einzige Wort, das in ihrem Wortschatz für Koffer vorhanden war, verwendet.

»Oma, Ihr habt Euch beide eben nicht verständigen können.«
»Was heißt hier nicht verständigen können? Bis jetzt habe ich alles verstanden, was sie gesagt hat. Unsere Behiye kann gut Türkisch. Kennst Du meine Nachbarin, die Mürvet hanim?«
»Ja, was ist mit ihr?«
»Nichts ist mit ihr. Vor einigen Wochen hat ihre Enkelin sie besucht. Sie ist auch in Almanya geboren und lebt dort. Sie wird wohl auch so alt sein wie unsere Behiye. Also die Mürvet hanim hat sich mit ihrer Enkelin gar nicht verständigen können. Das Mädchen sprach nur ein Paar Brocken Türkisch. Wenn ich die Behiye mit ihm vergleiche, so muß ich sagen, daß sie ziemlich gut spricht. Jetzt spricht sie sogar ein besseres Türkisch als im letzten Urlaub. Wir verstehen uns schon. Misch Du Dich mal nicht in unser Gespräch ein!«
»Ja, ich höre schon, wie Ihr Euch wieder mal verständigen könnt.«

Erzählungen aus dem Urlaub

Dialoge mit meiner dreizehnjährigen Schwester Behiye, die die Türkei als ein deutsches Mädchen kennenlernt.

1.
»Es scheint so, als ob das ganze Volk miteinander verwandt wäre.«
»Was ist mit den Verwandten?«

»Nichts ist mit den Verwandten.« »Hier sind alle verwandt.«
»Wie kommst Du denn darauf, daß hier alle miteinander verwandt wären?«
»Hörst Du denn nicht, wie alle Leute sich mit Abi, Abla, Amca, Teyze und Kardeş ansprechen?«
»Ach so, das meinst Du damit, daß das ganze Volk miteinander verwandt wäre. Weißt Du, alle sind nicht richtig miteinander verwandt, aber man gebraucht auch für fremde Leute die verwandtschaftlichen Bezeichnungen.«
»Warum eigentlich?«
»Man will höflich und nett zueinander sein.«
»Ach so, deswegen hat meine Oma mit mir heute morgen geschimpft. Ich bin bestimmt zu der Frau Şükrüye unhöflich gewesen. Weißt Du, die Nachbarin, die im nächsten Haus wohnt, hat uns heute morgen besucht. Ich habe sie mit *Şükrüye hanim* angeredet, wie meine Oma sie angeredet hat. Nachdem sie weggegangen ist, hat die Oma mit mir geschimpft. Ich hätte ihr *Şükrüye teyze* sagen müssen. Das habe ich aber nicht gewußt. Warum sollte ich sie denn wohl mit *teyze* (Tante) anreden sollen? Sie ist ja gar nicht meine richtige Tante. Die Oma hat mit mir sehr viel geschimpft.«
»Und was hast Du gemacht?«
»Ich habe natürlich mitgeschimpft, obwohl ich gar nicht verstanden habe, worum es geht.«

2.
»Warum bedanken sich denn einige Türken mit *merci*? Wenn ich immer auf deutsch *Danke* sage, dann lachen sie immer, und sagen, daß ich nicht gut Türkisch kann. Dabei ist doch *merci* auch nicht Türkisch. *Merci* ist Französisch. Ich vergesse immer wieder *teşekküt ederim* zu sagen. *Danke*, ist ja auch viel einfacher.«
»Das macht nichts, wenn Du *Danke* sagst.«
»Warum sagen denn immer einige *merci*? Haben sie denn auch in Frankreich gelebt, so wie wir in Deutschland leben?«
»Nein, die haben nicht in Frankreich gelebt, aber sie haben französisch auf der höheren Schule gelernt. Die Intellektuellen müssen sich doch immer unterscheiden.«
»Was sind das für komische Leute, . . . die Intoks oder die Inteks, . . . wie, wie hast Du sie genannt?«

3.

»Wo seid ihr denn heute gewesen?«

»Wir waren oben. Wo die Seilbahn fährt. Die *Telefirik.* Da ist es sehr schön. Man kann auf die ganze Stadt herabblikken. Die Aussicht ist sehr schön. Da ist es auch so gebirgig. Als wir den Berg herunterliefen, hat mich die Oma gebeten, ihre Tasche zu tragen. Die Tasche habe ich mir um die Schulter gehängt wie ein Rucksack. Meine Oma sagte, daß die Touristen hier so herumlaufen würden. Ich kam mir vor, wie in Bayern. Dann habe ich angefangen zu singen: ›Mein Vater war ein Wandersmann und mir steckt's auch im Blut, drum wandere ich froh und heiter, und schwenke meinen Hut. Hollarie, hollara, hollari, ha ha ha ... und schwenke meinen Hut ...‹ Das Lied habe ich der Oma übersetzen müssen. Den Wandersmann habe ich als Spaziermann übersetzt. *Gezmége giden adam*: Ein Mann, der spazieren geht.«

»Ja, das war schon richtig.«

»Das Lied habe ich mindestens zehnmal gesungen. Immer wieder von neuem. Die Oma fand das Lied sehr schön. Doch dann habe ich mir gedacht, daß ich auch mal jodeln kann. Ich wollte ja mal nur hören, ob hier in den Bergen ebenfalls das Echo zurückkommt. Die Oma ist böse geworden. Sie hat sich umgeschaut, ob andere Leute uns anschauen. Dann hat sie gefragt, was dieses Hundegejaule soll. *Köpek uǵulamasi*, hat sie gesagt. Das habe ich verstanden. Ich habe ihr erklärt, daß die Deutschen in Bayern so singen. Sie hat mir das nicht geglaubt. Sie sagte: Alamanlar singen bestimmt nicht so. Sie hat mir tatsächlich nicht geglaubt, daß man in Bayern jodelt. Wenn wir nächstes Jahr wiederkommen, dann werde ich der Oma eine Jodelplatte mitbringen. Dann kann sie ja mal hören, wie Alamanlar singen.«

4.

»Meine Oma hat mir gesagt, daß sie mir ein Geschenk kaufen will. Ich sollte ihr meinen Wunsch äußern. Ich habe ihr gesagt, daß ich mir gerne einen Armreifen wünsche. Ein *Bilezik.* Sie sagte, daß die Armreifen sehr teuer wären, weil sie aus Gold sind. Außerdem hätte sie nicht so viel Geld, weil sie keine Rente hat. Sie würde mir ein Paar Pantoffeln kaufen. Die Pantoffeln mit den hohen Spitzen.«

»Mit was für Spitzen?«

»Na, die Pantoffeln, die wie die Wikinger-Schiffe aussehen. Doch ich habe ihr gesagt, daß ich keine Pantoffeln haben möchte.«
»Du darfst doch die Oma nicht kränken.«
»Ja, aber sie kränkt mich doch auch, wenn sie mir ein Geschenk kauft, das mir nicht gefällt. Dann hätte sie mich vorher nicht fragen sollen. Hätte sie die Pantoffeln gekauft und sie mir gegeben, dann hätte ich gesagt: Na ja, geschenktem Gaul schaut man nicht ins Maul. Außerdem tragen hier alle Frauen und alle Mädchen ganz viele Goldreifen. Sind die Leute denn alle so reich?«
»Ach nein, sie tragen ihr ganzes Vermögen bei sich in Form von Goldarmreifen und Ketten. Die Inflation ist sehr hoch. Das Geld verliert seinen Wert.«
»Geld ist doch immer Geld.«
»Ja, das Geld wird immer von Tag zu Tag weniger wert.«
»Warum das denn?«
»Du verstehst das nicht. Das ist zu hoch für Dich.«
»Zu hoch, zu hoch. Alles ist immer zu hoch für mich. Gar nichts ist zu hoch für mich. Du kannst es nur nicht erklären.«

5.
»Weißt Du, was die Oma da in dem kleinen Zimmer hat?«
»Nein, was denn?«
»Eine Schatztruhe. Eine Schatztruhe, sage ich Dir.«
»So ein Quatsch. Was für eine Schatztruhe soll das denn sein?«
»Na, eine große Kiste. Auf der Kiste sind Matratzen gestapelt. Meine Oma hat mir gesagt, daß ich mich wie zu Hause fühlen soll, denn das hier wäre auch unser Haus. Dann hat mich die Kiste interessiert. Ich wollte unbedingt sehen, was in der Kiste war. Meine Oma wollte die Matratzen nicht herunternehmen und mir die Kiste öffnen. Doch dann habe ich sie daran erinnert, daß das auch mein Haus ist. Hat sie mir doch selbst gesagt. Ich soll mich wie zu Hause fühlen. Danach habe ich sie doch überredet, die Kiste zu öffnen. Ach, ich kann Dir gar nicht beschreiben. Da waren so schöne Dinge drin. Sehr viele Stoffe. Baumwollstoffe, Wollstoffe, Seidenstoffe, ein Haufen von Handtüchern und viele schöne Kleider. Und Babysachen.«
»Das ist auch kein Wunder. Unsere Oma lebt hier im Stoffparadies. Außerdem werden hier die schönsten Hand-

tücher aus Baumwolle gewebt. Handtuchweberei ist ein sehr altes Traditionshandwerk hier in Bursa.«

»Dann hat die Oma drei große Handtücher aus der Kiste herausgeholt. Die waren breit und lang. In ein Tuch habe ich mich viermal herumwickeln können. Sie hat mir erklärt, daß das Handtuch mit den blauen Streifen Dir gehört, das eine mit den grünen Streifen der Hatice und das letzte mit den roten Streifen mir gehören würde. Ich habe mein Handtuch sofort beiseite gelegt und habe ihr erzählt, daß ich es nach Almanya mitnehmen werde. Doch dann hat sie mir das Handtuch sofort wieder weggenommen und in die Kiste, zu den anderen Handtüchern gelegt. Sie sagte mir, daß das Handtuch für mein *çiyiz* wäre. Ich habe gar nicht verstanden, was das ist, und sie hat mir erklärt, daß jedes Mädchen *çiyiz* haben muß. Mädchen würden bei ihrer Heirat *çiyiz* bekommen. Ich habe ihr erklärt, daß ich nicht heiraten werde, und daß sie mir das Handtuch lieber jetzt geben sollte. Das würde mich mehr freuen.«

»Und hast Du es bekommen?«

»Nein, ich habe es nicht bekommen. Sie hat immer nur von *çiyiz* gesprochen. Ich habe gar nicht richtig verstanden, was das ist.«

»Das heißt nicht *çiyiz*, sondern *çeyiz*. Das ist Aussteuer.«

»Was für Steuer denn?«

»Keine Steuer, Aussteuer heißt das auf Deutsch. Die Mädchen erhalten bei der Heirat Haushaltsgegenstände und -sachen von den Eltern und anderen Verwandten.«

»Und was ist, wenn die Mädchen nicht heiraten?«

»Also, wenn Du nicht heiratest, dann wirst Du Deine Aussteuer von der Oma nicht bekommen.«

»Ich muß mir das mal überlegen. Vielleicht werde ich doch heiraten. Mit was für Tricks die Mädchen zur Heirat gelockt werden . . .«

Was tun? – Was lesen?

WIE WOHNEN
AUSLÄND. MITBÜR
2-Personen-Haushalte: 55%
3-Personen-Haushalte: 36% in einem
4-Personen-Haushalte: 25% in einem
5-Personen-Haushalte: 20% in einem
(DT. INST. F. URBANISTIK: INTEGRATION AUSLÄND. AR-
BEITNEHMER UND IHRER FAMILIEN ... 1974)
DER ARBEITGEBER IST VERPFLICHTET FÜR EI
ANGEMESSENE UNTERBRINGUNG DER VON
IHM ÜBER DIE BUNDESANSTALT FÜR ARBEIT
ANGEWORBENEN ARBEITNEHMER ZU SORGEN
BAYER. STAATSMINISTERIUM

Wolfgang Jung/Wolfgang Roth

Was wird getan? Was kann man tun?

Verschiedene Stellen versuchen auf verschiedene Weise den Ausländern in der Bundesrepublik zu helfen. Wolfgang Jung und Wolfgang Roth beschreiben die Arbeit der einzelnen Stellen und geben praktische Ratschläge für diejenigen, die dort mitarbeiten oder selber eine Initiativgruppe aufbauen wollen.

Wolfgang Jung war erst Fachlehrer für Musik und Werken und hat dann Pädagogik studiert. Er arbeitet heute im Forschungsprojekt »Sozialisation ausländischer Arbeiterkinder« an der Pädagogischen Hochschule Freiburg.
Wolfgang Roth hat Schlosser gelernt, dann im Abendgymnasium das Abitur nachgemacht und in Psychologie promoviert. Er ist heute Professor und Leiter des Forschungsprojekts »Sozialisation ausländischer Arbeiterkinder« an der Pädagogischen Hochschule Freiburg.

1. Warum brauchen Ausländer Hilfe?

Die enge Koppelung der Aufenthaltserlaubnis an die Arbeitserlaubnis macht es für einen Ausländer lebensnotwendig, sich in den Rechten und Pflichten genau auszukennen, die sein jeweiliger Arbeitsplatz mit sich bringt. Besonders zu Beginn seines Aufenthaltes in der Bundesrepublik – wenn einerseits alles davon abhängt, daß er seinen Arbeitsplatz behält und wenn er andererseits deutsche Vorschriften rein sprachlich noch gar nicht verstehen kann – müssen ihm diese Rechte und Pflichten erläutert werden. Sie sind ihm oft schon deshalb ein Buch mit sieben Siegeln, weil in seiner Kultur und in seinem Heimatland Arbeit und Produktion gänzlich anders organisiert sind. Er muß auf ablaufende Fristen und auf mögliche Folgen

seiner Verhaltensweisen und Entscheidungen hingewiesen werden.
Da an das Vorhandensein einer »angemessenen« Wohnung der Nachzug der Familie gekoppelt ist, ist die Lösung des Wohnproblems für Ausländer in der Bundesrepublik besonders akut. Auf der Suche nach billigem Wohnraum geraten sie aber immer wieder in Sanierungsgebiete, die ihnen entweder hohe Renovierungskosten bescheren oder einen erneuten Umzug in eine – vorher noch zu findende – andere Wohnung nötig machen. Den trickreichen Geschäftemachern des »freien« Wohnungsmarktes sind schon Deutsche hilflos ausgesetzt, wie sollen da Ausländer durchschauen, was »Kaution« oder »Abstand« bedeuten? Wie sollen sie erkennen, daß der Mietvertrag die geltenden Kündigungsfristen zu unterlaufen versucht? Wie sollen sie sich schließlich gegen die Kündigung selbst oder den Abbruch der Wohnhäuser wehren? Gerade weil ihre Hilflosigkeit den Vermietern bekannt ist, werden die »Gast«-Arbeiter bevorzugt in solche Problemobjekte vermittelt.
Auch bei der Einrichtung ihrer Wohnung erweisen sich die ausländischen Familien aufgrund der – verglichen mit ihrem bisherigen Lebens- und Erfahrungsbereich – völlig veränderten Bedingungen als ziemlich hilflos. Oft geben sich Kochtopf-, Staubsauger- und sonstige Vertreter bei Ausländerhaushalten die Türklinken in die Hand und erschwindeln sich Verträge über Hunderte oder gar Tausende von Mark. Auch Versicherungen und Banken haben es auf das Geld der sparfreudigen, von einer selbständigen Existenz träumenden ausländischen Arbeiter abgesehen. Wer soll und wer kann sie bei diesen Geldgeschäften beraten? Zu den offiziellen Beratungsstellen gehen sie – wenn überhaupt – in der Regel erst dann, wenn eine kaum mehr revidierbare Forderung bereits auf dem Tisch des Hauses liegt.
Die Schule schließlich stellt nicht nur an die Kinder Anforderungen, sondern auch an ihre Eltern. Es ist längst bekannt, daß Kinder, deren Eltern sich nicht um die schulischen Angelegenheiten kümmern können, beim Schulerfolg benachteiligt sind. Häufig glauben Ausländer auch, daß die Schule ein selbst funktionierender Mechanismus ist, der ihre (meist nicht durch den Kindergarten vorbereiteten) Kinder aufnimmt und sicher zu einem Abschluß führt. In diesem Glauben unterschreiben sie dann auch eines Tages die

Überweisung ihres Kindes auf eine Sonderschule. »Sonder«-Schule, das klingt ihnen wie eine Ehre. Wer klärt sie in solchen Fällen auf? Wer klärt sie über die Bildungs- und Berufschancen ihrer Kinder auf und zeigt ihnen Wege, wie ihren Kindern geholfen werden kann und wie sie ihre Rechte (z. B. über den Elternbeirat) vertreten können?
Ausländer brauchen Hilfe, private und öffentlich organisierte. Dabei sollte es das erklärte Ziel jeder institutionalisierten und privaten Hilfe sein, die Ausländer in die Lage zu versetzen, ihre Angelegenheiten und Probleme selbst in die Hand zu nehmen und regeln zu können, damit sie schließlich unabhängig von fremder Hilfe werden. (Nicht selten wird von den Ausländern aus Stolz und aus Angst vor Abhängigkeit vorab jede Hilfe abgelehnt.) Zu bedenken ist auch, daß die organisierte und institutionalisierte Hilfe Lohnarbeit mit einer 40-Stunden-Woche ist, in die sich individuell angemessene Hilfestellungen nur schwer einpassen lassen. Zu einer engeren Beziehung zwischen den bezahlten Helfern und den hilfesuchenden Ausländern kann es daneben schon allein aufgrund der großen Anzahl derer, die Hilfe brauchen, nur selten kommen. Auch gerät der Helfer häufig in Konflikte, wenn er die Interessen der Ausländer gegen die eigene Institution vertreten soll, die ihn bezahlt und von der er abhängig ist.

2. Was tun die Verbände der freien Wohlfahrtspflege?

Die freien Wohlfahrtsverbände (Arbeiterwohlfahrt, Caritas, Diakonisches Werk) haben bei der Einrichtung von Kindergärten, Horten, Altenwohnheimen usw. Vortritt vor den staatlichen und kommunalen Trägern. Man nennt dies das »Subsidiaritätsprinzip«. Dieses Prinzip hat dazu geführt, daß die Wohlfahrtsverbände heute das größte »Privatunternehmen« in der Bundesrepublik sind: mit einer halben Million Vollzeit- und Teilzeitmitarbeitern und mit rund zwei Millionen ehrenamtlichen Mitarbeitern. Sie tragen etwa 75% der Kindergärten, 57% der Altenheime und 37% der Krankenhäuser.
Obgleich die Verbände beträchtliche Zuschüsse aus der öffentlichen Hand erhalten (bis zu zwei Drittel der Gesamtkosten), gibt es von außen kaum Einflußmöglichkeiten auf

den Inhalt und die Zielrichtung ihrer Arbeit. Diese Unabhängigkeit der Verbände verleiht ihnen eine machtvolle Position in der sozialen Versorgung unserer Gesellschaft. Es ist selbstverständlich, daß die Größe der Verbände dabei auch die Gefahr der Bürokratisierung beinhaltet. Zu Kritik und zur Forderung nach stärkerer öffentlicher Kontrolle haben vor allem das Besitzstanddenken, der Konservativismus, die oft undurchsichtige Personalpolitik und die Geldwirtschaft der Verbände geführt. Allerdings darf bei solcher Kritik nicht vergessen werden, daß die Verbände schon zu einem Zeitpunkt »Ausländerhilfe« geleistet haben, zu dem die staatlichen Institutionen die Notwendigkeit von Hilfe noch gar nicht erkannt hatten.

Unter Berücksichtigung religiös-ideologischer Gesichtspunkte haben die Wohlfahrtsverbände die sozialarbeiterische Betreuung von Ausländern untereinander aufgeteilt: Die Arbeiterwohlfahrt betreut die Türken, die Gruppe der serbischen Jugoslawen, die Marokkaner und die Tunesier; die Caritas betreut die Italiener, die Spanier, die Portugiesen und die Gruppe der kroatischen Jugoslawen; das Diakonische Werk betreut die Griechen. Diese Art der Aufteilung bedeutet nun allerdings nicht, daß ein Hort des Diakonischen Werks etwa nur griechische Kinder und nicht auch Kinder anderer Nationalität aufnimmt.

Die Arbeiterwohlfahrt hat für ihre Ausländerarbeit auf oberster Ebene einen Fachausschuß für Ausländerfragen eingerichtet, der durch spezialisierte Ausschüsse in den einzelnen Arbeitsbereichen (z. B. der Jugendarbeit) ergänzt wird. Diese Ausschüsse sollen die Ausländerarbeit anregen und zugleich koordinieren. Leitlinien der Arbeit sind:

- gesichertes Aufenthaltsrecht,
- gleiches Recht für deutsche und ausländische Jugendliche am Arbeitsmarkt,
- stärkere Einbeziehung der Kinder in den vorschulischen bzw. elementaren Bildungsbereich,
- stärkere Förderung im Schulbereich,
- Öffnung der sozialen Infrastruktur für die Probleme der ausländischen Familien.

Die kirchlich getragenen Verbände, die Caritas und das Diakonische Werk, haben ihre Forderungen und Empfehlungen zum Teil noch deutlicher und umfangreicher formuliert. So heißt es beispielsweise in einer Erklärung des Deutschen Caritasverbandes vom April 1975 bereits, daß das Ausländerproblem nicht länger mehr einseitig »unter Gesichtspunkten der Wirtschaft und des Arbeitsmarktes« gesehen werden darf, und es wird für Ausländer gefordert:

Menschenwürdiger Wohnraum mit tragbaren Mieten ist bereitzustellen. Die derzeitigen Wohnverhältnisse und die Höhe der Mieten sind nicht selten ein Skandal.

Die Kinder und Jugendlichen der ausländischen Arbeitnehmerfamilien haben ein Recht auf gleichwertige Bildung und Erziehung wie ihre deutschen Altersgenossen. Außerdem ist der Ergänzungsunterricht in der Muttersprache zu garantieren.

Bei allen Maßnahmen ist die Reintegration der ausländischen Arbeitnehmer und ihrer Familien, die in ihre Heimat zurückkehren wollen, zu bedenken.

Für den Arbeitnehmer und seine Angehörigen ist ein Recht auf Daueraufenthalt zu gewährleisten.

Die Mitwirkung in Betrieb und politischer Gemeinde ist einzuräumen. Dazu gehört auch das aktive und passive Kommunalwahlrecht nach etwa fünfjährigem Aufenthalt.

Für die Ausländer aus Nicht-EG-Ländern muß die bisherige gesetzliche Benachteiligung fallen (z.B. Familienzusammenführung, Ausbildungs- und Berufsförderung, Bundessozialhilfegesetz, Jugendwohlfahrtsgesetz).

Über die von der Arbeiterwohlfahrt gesetzten Schwerpunkte hinaus wird unter anderem gefordert:

- die Einzelfallhilfe,
- die Förderung der Eigeninitiative und Selbsthilfe,
- die gegenseitige Verständlichmachung der Mentalität von Ausländern und Deutschen,
- die Unterrichtung der Öffentlichkeit über Ausländerfragen.

Wie sehen nun diese Ansprüche und Programme der freien Wohlfahrtsverbände, die breite Zustimmung verdienen, in der praktischen Arbeit aus? Zunächst einmal bleibt unklar, wie aus den allgemeinen Leitlinien überhaupt Handlungsanweisungen für die tägliche Arbeit abgeleitet werden können. Während in den Rechenschaftsberichten der Arbeiterwohlfahrt zum Beispiel für die einzelnen Bereiche (wie

Altenhilfe, Behinderte etc.) konkret angegeben wird, was unternommen und geleistet wurde, fehlen solche Angaben eben für den Bereich Ausländerhilfe. Zwar wäre es sicherlich falsch, etwa spezielle Kindergärten oder Kinderhorte für ausländische Kinder einzurichten, aber die Erfahrung zeigt doch andererseits, daß sich diese Kinder ohne zusätzliche und besondere Hilfen nicht in das deutsche Bildungs- und Erziehungssystem (Schule, Hort, Heim) integrieren lassen. Besondere Situationen erfordern in der Regel eben auch besondere Maßnahmen und Anstrengungen, um in »normale« übergeführt werden zu können. Entsprechende Konzeptentwicklungen und methodische Überlegungen der Verbände stecken aber noch ganz in den Anfängen.
Letztlich bleibt es der Initiative der einzelnen Kindergärtnerin, Hortnerin, Krankenschwester und des einzelnen Lehrers und Sozialarbeiters überlassen, wie sie an die konkreten Probleme der Ausländerarbeit herangehen. Neben den notwendigen strukturellen Veränderungen (Verkleinerung von Kindergarten- und Hortgruppen, Zulassung von ausländischen Hilfskräften ohne die sonst üblichen Eingangsqualifikationen, Aufstockung des Personal- und Sachetats, Vermehrung von Fortbildungsveranstaltungen, Kooperation zwischen den einzelnen Institutionen, Integration der Arbeitsbereiche Kinderbetreuung, Schul- und Berufsbildung, Elternarbeit und -fortbildung) wären inhaltliche Konzepte dafür zu erarbeiten, wie in den verschiedensten Einrichtungen mit den deutschen und ausländischen Kindern und Eltern umgegangen werden muß, damit die Integration und das gegenseitige Akzeptieren erreicht wird. Diese bislang halbherzig oder gar nicht angegangenen Aufgaben degradieren die auf geduldigem Papier gedruckten Forderungen und Programme zu Lippenbekenntnissen, zu nutz- und konsequenzlosen Feigenblättern.
Das Problem wird deutlich, wenn man in den Rahmenrichtlinien für den Sozialdienst der Caritas nachliest, was unter dem Punkt »Methoden« steht. In zwei Sätzen sind sie abgehandelt: »Die Sozialberater leisten ihren Dienst in der Arbeit mit einzelnen und Gruppen unter Berücksichtigung des sozialen Umfeldes. Dabei orientieren sie sich an den Methoden der Sozialarbeit: der sozialen Einzelhilfe, Gruppen- und Gemeinwesenarbeit.« Kein Wort zu den besonderen Maßnahmen und Methoden, die es bereits in der Sozial-

arbeit gibt und die es noch wesentlich weiterzuentwickeln gilt. Dies zu tun bleibt den regionalen Verbänden und den in der täglichen Arbeit stehenden einzelnen überlassen. Und es sind viele einzelne. Um diese Menschen (und Mittel) sinnvoll einzusetzen, würde sich eine verbindliche Konzeption der Aus- und Weiterbildung schon lohnen.

Tatsächlich aber ertrinken die Berater oft in der Fülle, spätestens in der Komplexität der Probleme. »Ich müßte Fachmann sein für zahllose Bereiche«, sagt ein Freiburger Sozialberater, »zum Beispiel in Rechtsangelegenheiten, Familienberatung, Steuersachen und anderem. Auch hat sich der Beratungsschwerpunkt verlagert. Ein Beispiel: Früher ging es vielen Ausländern darum, an einem bestimmten Ort arbeiten zu können, wo sie schon Freunde oder Bekannte hatten. Jetzt geht es darum, den Arbeitsplatz zu behalten. Früher war das Büro zu den Sprechzeiten proppenvoll. Die Leute standen Schlange. Heute sind es weniger Beratungsfälle, aber die Probleme, die an uns herangetragen werden, sind jetzt größer als früher, Arbeitsplatzprobleme, Schwierigkeiten mit der Rente.«

Noch immer geht man allgemein davon aus, daß derjenige, der einen Job in der Sozialarbeit annimmt, ein Idealist ist, der nicht auf die Uhr schaut, auch außerhalb der Arbeitszeit in die Familien geht, sich um dieses oder jenes kümmert und ganz in der Arbeit aufgeht. Solche Erwartungen, denen sicherlich ein Großteil der Sozialarbeiter und Sozialberater zumindest anfänglich auch entspricht, können eine qualifizierte Aus- und Weiterbildung, eine gute Anleitung und strukturelle Maßnahmen aber nicht ersetzen. Eine der idealistischen Erwartung gerecht werdende Haltung ist von den Helfern auf lange Sicht auch einfach nicht durchzuhalten, so daß sie schließlich zu Abwehrmaßnahmen greifen, die der ganzen Sache abträglich sind. Ein Zurückgehen der Beratungsfälle kann so gesehen eben auch bedeuten, daß sich die Hilfesuchenden von den Helfern nicht genügend versorgt fühlen.

Auch in anderen Bereichen werden die Brüche zwischen Anspruch und Wirklichkeit deutlich. So wirbt man seit einiger Zeit für die vermehrte Aufnahme der Ausländerkinder in die Kindergärten. Die dafür notwendigen strukturellen und inhaltlich-konzeptionellen Folgerungen wurden allerdings noch von niemandem gezogen. Auffällig ist auch, daß diese Aktion erst zu dem Zeitpunkt angesetzt wurde, zu dem klar war, daß die Kindergärten künftig von deutschen Kindern alleine nicht mehr ausgelastet sein würden. Weiter fällt auf, daß sich weder die staatlichen und kommunalen Stellen noch die freien Verbände für die Befreiung der Ausländer vom Kindergartengeld erwärmen konnten. Auch die Verkleinerung der Gruppengröße im Kindergarten, die Einstellung nationaler Helfer usw. läßt sich angeblich nicht realisieren.

Konkrete Erfahrungen zeigen auch, daß sich die Kindergärten schwer damit tun, den Anteil der Ausländerkinder zu erhöhen, weil die deutschen Eltern um den Lern- und Fördereffekt bei ihren Kindern fürchten – und sich durchsetzen. Sollte die Integration der ausländischen Kinder in den Kindergärten ernsthaft gewollt sein, so müssen den markigen Erklärungen auch Maßnahmen folgen.

Insgesamt drängt sich also der Eindruck auf, daß das Engagement für die Ausländer von den Verbänden stärker proklamiert als letztlich realisiert wird und daß die Maßnahmen nicht sorgfältig genug geplant werden. Für denjenigen, der sich in einem der Verbände und in deren Arbeitsfeld betätigen möchte, bleibt also viel zu tun. Vor allem im Bereich Jugend, Freizeit, Familie und in den zum Teil speziell für die ausländische Bevölkerung organisierten Bildungsangeboten (Sprachkurse, Förderunterricht, Hausaufgabenhilfe) ist es wichtig, mitzuarbeiten. Man kann sich dazu entweder unmittelbar an die ortsansässigen Verbände wenden oder an folgende Adressen schreiben und sich entsprechendes Informationsmaterial schicken lassen:

Arbeiterwohlfahrt Bundesverband e. V.
Ollenhauerstr. 3, 5300 Bonn
Fachausschuß Ausländerfragen
Vorsitzender: Hans Kohlberger, Sozialstadtrat in Berlin.

Adressenverzeichnis der katholischen Ausländer-Seelsorgestellen in den deutschen Diözesen. Hrsg. von:
Katholisches Auslandssekretariat
Postfach, 5300 Bonn

Verzeichnis von Adressen evangelischer Ausländergemeinden und wichtiger Stellungnahmen der Evangelischen

Kirche Deutschlands (EKD). Hrsg. von:
Kirchliches Außenamt der EKD
Postfach, 6000 Frankfurt

3. Was tun die Gewerkschaften?

Die Gewerkschaften sind von ihrem Anspruch und von ihrer Tätigkeit her Arbeitnehmervertreter. Inwieweit werden sie diesem Anspruch auch gegenüber den ausländischen Arbeitern gerecht?

Zunächst fürchteten die Gewerkschaften die zuwandernden ausländischen Arbeitskräfte als Lohn- und Streikbrecher und erwarteten, daß sie sich von den Arbeitgebern gegen die deutschen Arbeiter ausspielen lassen würden. Tatsächlich gab es eine ganze Reihe von Einzelfällen, in denen das auch gelungen ist. Insgesamt aber haben sich die Ausländer trotz anfänglicher Schwierigkeiten in den deutschen Gewerkschaften organisiert. Zirka 700 000 von ihnen sind heute in einer Gewerkschaft. Damit liegt der Organisationsgrad bei den Ausländern fast ebenso hoch wie bei den deutschen Arbeitern.

Aus einer Befragung der Ausländer geht auch deren beträchtliches Vertrauen in die Gewerkschaften hervor. Auf die Frage: »Wer vertritt Ihrer Ansicht nach Ihre Interessen in Deutschland am besten?« nannten die Befragten die Gewerkschaften an zweiter Stelle. Lediglich sich selbst trauten sie eine noch bessere Vertretung ihrer Interessen zu. (Reihenfolge der Nennungen: 1. Befragte selber, 2. Gewerkschaften, 3. Wohlfahrtsverbände, 4. Botschaften/Konsulate, 5. eigene Organisationen von Ausländern, 6. Massenmedien, 7. Initiativgruppen, 8. Kirchen.)

Bisher scheint es also den Gewerkschaften gelungen zu sein, trotz bestehender Interessenunterschiede zwischen deutschen und ausländischen Arbeitnehmern die Ausländer zu integrieren. Aus der Diskussion etwa, ob die Arbeitslosigkeit von Deutschen durch die »Rückführung« der Immigranten verringert werden kann, haben sich die Gewerkschaften weitgehend herausgehalten. Als Kampforganisationen haben sie für alle Arbeitnehmer um höhere Lohn- und Freizeitforderungen gestritten und den Ausländern die wichtigsten Informationen in deren Muttersprache vermit-

telt. Allerdings haben die Gewerkschaften bisher zu wenig gegen die Diskriminierung von Ausländern getan und zu wenig um Verständnis und Solidarität bei den deutschen Arbeitern geworben. Dazu kommt auch, daß Ausländer in den Betriebsräten und in anderen gewerkschaftlichen Instanzen längst nicht entsprechend ihrem Organisationsgrad vertreten sind. Dadurch verstärkt sich die Neigung der Organisationen, bei objektiven Interessenkonflikten zugunsten der deutschen Arbeitnehmer zu entscheiden.
Am einfachsten hat es noch die Gewerkschaft Erziehung und Wissenschaft (GEW), in der auch die meisten Lehrer an Grund- und Hauptschulen organisiert sind. Die Forderungen, die die GEW für Ausländer stellt, decken sich ganz mit den Interessen ihrer Mitglieder, die in den Grund- und Hauptschulen unter den Auswirkungen der unzureichenden Ausländerpolitik direkt zu leiden haben.
Die Forderungen der einzelnen Gewerkschaften weichen von denen der freien Verbände insofern ab, als sie zum Teil auch auf die Arbeitgeber und die Verursacher der Arbeitsimmigration ausgerichtet sind. Für die Durchsetzung dieser Forderungen wäre es wichtig:

- den Organisationsgrad unter den ausländischen Arbeitern zu erhöhen,
- die Solidarität zwischen ausländischen und deutschen Arbeitern, vor allem durch eine gezielte Aufklärung, zu erhöhen,
- und schließlich durch ein innerbetriebliches Ausbildungssystem den Respräsentationsgrad der Ausländer im Betriebsrat und den weiteren Vertretungsorganen zu erhöhen.

Insgesamt müßten sich die Gewerkschaften neben der Arbeitsmarktpolitik auch stärker als bisher der Sozialpolitik zuwenden, entsprechende Forderungen formulieren sowie Programme für die Betriebe erarbeiten. Die Fragen der Arbeitsplatzgestaltung, die Humanisierung der Arbeitswelt und vor allem die Frage einer sinnvollen Beziehung zwischen der Arbeit der Ausländer in der Bundesrepublik und ihrer eigenen Lebensperspektive werden stärker diskutiert werden müssen. Sicher kann eine solche Diskussion von den Gewerkschaften nicht allein getragen werden – wer anders aber könnte sie wenigstens beginnen?

4. Was tun die staatlichen und kommunalen Stellen?

Die staatlichen und kommunalen Behörden haben bis in die jüngste Zeit hinein das Ausländerproblem eigentlich nur verwaltet und von sich aus kaum Lösungsversuche gemacht. In den sechziger und siebziger Jahren (bis zum Bruch 1973, als der Ausländeranteil nicht weiter stieg) wurden umfangreiche Analysen über die Situation der Ausländer geliefert. Riesige Tabellenbände über Zuzug und Abzug, über die Wohnsituation, über Geburten, Einkommen usw. wurden erstellt – und als Folgerungen wurde die Anwerbung gestoppt, der Zuzug in Ballungsgebiete untersagt und eine restriktive Gesetzgebung eingeführt, die den nachgezogenen Familienangehörigen das Arbeiten verbot.
Erst in jüngster Zeit, nachdem klar wurde, daß die Wirtschaft trotz Rezession nicht auf Ausländer verzichten kann, wurde auch über Maßnahmen im Sinne einer Integrationspolitik nachgedacht. So hat beispielsweise das Bundeskabinett im Juni 1973 einen »Maßnahmenkatalog« vorgestellt, der auch auf Eingliederungsaspekte eingeht. Es wurden Fragen der Unterkunft, der Familienzusammenführung, der schulischen und beruflichen Bildung, der Freizeit und der Koordinierung bestehender Hilfsangebote für Ausländer angesprochen, allerdings nicht immer auch verbindlich geregelt.
Maßnahmenkataloge dieser Art gibt es inzwischen in Fülle. Einzelne Länder haben eigene Konzeptionen entwickelt, die größtenteils ähnlich unverbindlich sind. Sie nehmen sich oft wie Rechtfertigungen aus: Bisher sei schon fast alles getan worden, und künftig würde noch mehr getan werden. Beeindruckende Zahlen werden angegeben, ohne daß klar wird, wie sie zustande gekommen sind, und ohne daß immer spezifiziert wird, ob es sich dabei wirklich um speziell für Ausländer gedachte Maßnahmen handelt. So scheint es, als würde viel, ja schon fast zu viel getan: Die Probleme (falls es überhaupt welche waren) sind eigentlich gelöst.
Das sind sie natürlich nicht. Eine Hauptschwierigkeit besteht darin, daß die Positionen noch gar nicht geklärt sind, aus denen sich entsprechende Maßnahmen erst sinnvoll ableiten ließen. Die staatlichen und kommunalen Stellen pendeln zwischen den beiden Polen: Assimilation – Integration der Ausländer auf der einen, Rotation – Rückkehr in

Abb. 20 Die Probleme (falls es überhaupt welche waren) sind eigentlich gelöst.

die Heimat auf der anderen Seite. Darin spiegelt sich zum einen die objektive Grundproblematik der Ausländer selbst wider, die ihre eigene »Verweildauer« in der Bundesrepublik und ihre eigene Lebensperspektive nur höchst ungenau einschätzen können, zum anderen drückt sich darin auch die Haltung der deutschen Wähler aus: Die in der Bundesrepublik noch immer vorherrschenden Abneigungen und Vorurteile gegen Ausländer haben bisher (auch aus Sorge der Politiker um ihre Wiederwahl) eine konsequente Integrationspolitik verhindert.
Letztlich kann die Integration von Ausländern aber eben auch nicht per Gesetz verordnet werden. Sie erfolgt erst dann, wenn sich genügend Deutsche für die Ausländer einsetzen, wenn Ausländer eine Lobby haben, die Druck auf die staatlichen und kommunalen Instanzen ausübt.

5. Zur Arbeit der Initiativgruppen

Was durch Privatinitiative, durch das Engagement des einzelnen alles erreicht werden kann, haben zahlreiche Bürgerinitiativen demonstriert. Solche Initiativen gibt es auch im Ausländerbereich. In der Bundesrepublik sind heute rund

dreihundert Initiativgruppen in diesem Bereich tätig. Etwa zwei Drittel von ihnen sind den Wohlfahrtsverbänden, den Kommunen oder Kirchen angeschlossen, der Rest existiert ohne derartige Anbindungen und entsprechende Organisationsstrukturen. Hinzuzurechnen sind sicherlich noch zahlreiche Einzelaktivitäten, die in keiner Statistik auftauchen, oft aber sehr effektiv arbeiten.
Initiativgruppen haben – verglichen mit anderen Hilfsorganen – den bedeutsamen Vorzug darin, daß sie schnell und unbürokratisch genau dort helfen können, wo Hilfe am dringlichsten ist – und daß dabei deutsche Bürger aktiv und unmittelbar mit Ausländern in Kontakt kommen. Dadurch ist die Chance gegeben, daß Ausländern nicht nur in einer akuten Notlage geholfen wird, sondern daß sich auch dauerhaftere Beziehungen zwischen Ausländern und Deutschen entwickeln können, die überaus wichtig sind:
»Sprachprobleme, Informationsdefizit, Handlungsunsicherheit, Normorientierung und emotionale Unsicherheit werden in jeder Gesellschaft vor allem im privaten, informellen Kontakt der Mitglieder dieser Gemeinschaft bewältigt. Erst die Unübersichtlichkeit des sozialen Gefüges, die Individualisierung und Isolation des einzelnen in den Industrienationen machen die institutionalisierte und formalisierte Hilfe notwendig. Ohne den Sinn und die Notwendigkeit dieser Angebote in Frage zu stellen, möchten wir für uns davon ein Stück abrücken und den individuellen Kontakt, den Gruppenbezug und die gegenseitige Hilfe anregen.« (Ausländer Initiative Freiburg 1979).
Die Regeln einer Initiativgruppen-Bildung und -Arbeit lassen sich nicht im Sinne von Rezepten formulieren. Die nachfolgenden Hinweise könnten aber dennoch hilfreich sein, um die Chance eines effektiven Arbeitens zu erhöhen.

Da müßte was getan werden

Am Anfang einer Initiativgruppe (IG) steht üblicherweise die Berührung mit einem Problem und die subjektive Reaktion darauf in dem Sinne von: »Da müßte unbedingt etwas getan werden . . .!« Entscheidend ist nun, wie diese Betroffenheit des einzelnen oder einer Gruppe umgesetzt wird. Es kann:

– das Problem wieder »vergessen«, verdrängt, beiseite geschoben, geleugnet oder anders abgewehrt werden,

– die Schuld an den Zuständen irgend jemandem zugeschoben werden (den Ausländern, die an ihrer Lage selbst schuld sind, dem Staat, der Industrie usw.), damit man selbst der Handlungsverpflichtung enthoben ist,
– jemand gesucht werden, der sich der Probleme annehmen könnte (Delegation), weil man selbst nicht zuständig, nicht kompetent ist oder keine Zeit hat,
– mit der Arbeit begonnen werden.

Damit die letzte Reaktion erfolgen kann, muß die Hoffnung bestehen, daß die eigenen Fähigkeiten und Möglichkeiten für die Größe und die Art des Problems ausreichen. Eine IG konstituiert sich nicht etwa dadurch, daß ein Problem besonders groß und schwarz gemalt wird. Jeder muß das Gefühl haben, daß er mit seiner Arbeit auch wirklich einen nützlichen, wirkungsvollen Beitrag leisten kann und daß er von der Arbeit auch selbst profitieren könnte (man arbeitet mit netten Leuten zusammen, die Aktivitäten sind interessant usw.). Jemanden in eine IG gewaltsam hineinzuschieben, ist nicht sinnvoll, weil sich jedes Mitglied mit der Arbeit persönlich identifizieren muß.

Wie anfangen?

Viele IGs stürzen sich spontan in die Arbeit. Sie beginnen an einem Ende, wollen die verschiedensten Dinge tun – und übernehmen sich derart hoffnungslos, daß sie schon nach wenigen Wochen an den nicht erwarteten Schwierigkeiten scheitern. Um die vorhandenen Arbeitskräfte und Fähigkeiten so wirkungsvoll wie möglich einsetzen zu können, muß man genau wissen, wo konkret anzusetzen ist. Es ist also notwendig, sich ein möglichst umfassendes Bild von der Situation der Ausländer am Ort, im Stadtteil, in der Schule und anderen Lebens- und Arbeitsbereichen zu machen. Stadtpläne mit Einwohnerzahlen (auch denen der Ausländer) erhält man bei der Stadtverwaltung (Liegenschaftsamt, Ausländeramt, Einwohnermeldeamt).

Besonders wichtig ist es, mit den Ausländern selbst ins Gespräch zu kommen. Man kann zum Beispiel die ausländischen Kollegen oder die ausländischen Kinder aus der Klasse der eigenen Kinder zu sich nach Hause einladen. Solche Aktionen müssen natürlich behutsam sein, damit sich die Ausländer nicht überrannt fühlen. Erfolgen die Kontakte zu unvermittelt, können sie zu einer Negativerfahrung für beide Seiten führen. Für den ersten Schritt ist also viel Zeit nötig.

Was tun?

Häufig gerät man durch die Berührung mit dem »Problemfeld« schon in Handlungszwang. So wird man etwa gebeten, beim Suchen eines Kindergartenplatzes, einer Wohnung oder beim Kauf eines neuen Autos behilflich zu sein. Diese Einzelaktionen sollten jedoch nicht daran hindern, sich gründlichst über die Zielsetzung und dann über die Konzeption der Initiative zu unterhalten und entsprechende Beschlüsse zu fassen.

Aus der nachstehenden Tabelle gehen die Ziele von einhundertfünfzig befragten IGs in der Bundesrepublik hervor, die im außerschulischen Bereich arbeiten (Mehrfachnennungen waren möglich):

Ziele	Initiativgruppen (in %)
Schulisches Lernen und schulische Integration	48,0
Erlernen der deutschen Sprache	42,0
Allgemeine Sozialisations- und Integrationshilfe	27,3
Soziale und kommunikative Fähigkeiten	19,3
Ausgeglichene psychische Entwicklung	13,3
Spielfähigkeit und musische Fähigkeiten	8,0
Emanzipation und Chancengleichheit	18,0
Aufklärung über die eigene Lage	10,7
Selbsthilfe und Selbstorganisation	8,7
Abbau von Vorurteilen bei der deutschen Bevölkerung	4,7
Soziale Kontakte zu deutschen Erwachsenen und Kindern	3,3
Öffentlichkeitsarbeit	2,7
Hilfe und Beratung der ausländischen Eltern	4,7
Offenhalten der Reintegration	4,7
Vorschulische Förderung	1,3
Sonstiges	8,0
Keine Antwort	2,0

(Aus: Akpinar/López-Blasco/Vink, *Pädagogische Arbeit mit ausländischen Kindern und Jugendlichen.* München 1977.)

Natürlich besteht keine Verpflichtung, sich an diese Liste zu halten, sie kann aber als Anregung dienen. Aufgrund der Problemanalyse kommt man häufig zu dem Schluß, daß in der Ausländerarbeit *sehr viel* zu tun sei. Die anfängliche Zielsetzung gerät deshalb sehr breit, und erst nach der Erfahrung, was von der Gruppe auf Dauer geleistet werden kann, wird sie eingeengt und präzisiert. Selbst wenn man sich also in der Gruppe auf Zielperspektiven einigt, ist die Zieldiskussion doch niemals ganz abgeschlossen. Wichtig ist, daß sich *alle* Mitglieder einer Initiative an der Zieldiskussion beteiligen, sich über ihre Vorstellungen äußern, die sie hinsichtlich Zielsetzung und Arbeitsweise der IG haben und sagen, was sie konkret zur Verwirklichung beitragen wollen und können.

Wie arbeiten?

Mit welchen Mitteln und Methoden die gesteckten Ziele erreicht werden sollen, hängt von verschiedenen Faktoren ab:

- Zeit und Qualifikationen der IG-Mitglieder,
- räumliche, materielle und finanzielle Gegebenheiten,
- konkrete Problemstellung und Ausgangssituation (welche ausländischen Kinder und/oder Erwachsenen sind es, wo wohnen sie, wo gehen sie in die Schule, welche Lehrer sind kooperationsbereit usw.)

Welchen Aktionen die befragten einhundertfünfzig Initiativgruppen den Vorzug gaben, geht aus nachfolgender Tabelle hervor:

Aktivitätsbereich/ Vermittlungsformen	Initiativgruppen (in %)
Hausaufgabenhilfe	40,7
Sprachförderung	32,0
Elternarbeit	12,7
Ausflüge und Fahrten	10,7
Allgemeine Freizeitangebote	9,3
Feste	6,0
Öffentlichkeitsarbeit	8,7
Gremienarbeit	2,0
Spiele	24,7
Didaktische Spiele und Lernspiele	20,7
Rollenspiele	19,3
Sport und Bewegungsspiele	4,0
Musische Tätigkeiten	11,3
Umwelterkundungen	8,7
Therapiestunden	4,7
Projektmethode	5,3

Aktivitätsbereich/ Vermittlungsformen	Initiativgruppen (in %)
Einzelgespräche	10,0
Thematisierung von Konflikten	6,0
Betreuung in deutschen Familien	2,7
Kooperation mit Lehrern	2,0
Sonstiges	14,0
Keine Antwort	6,0

Mehrfachnennungen waren möglich; N = 150

(Aus: Akpinar/López-Blasco/Vink, a.a.O., 1977)

Mit diesen Grobkategorien ist über die eigentliche Arbeit der Gruppe noch relativ wenig gesagt. Den Schülern bei den Hausaufgaben zu helfen, kann die unterschiedlichsten Formen annehmen: Es kann täglich oder einmal wöchentlich stattfinden, in der Wohnung der Kinder, der des Helfers, in der Schule oder sonstwo, es kann einzeln oder in Gruppen geschehen, mit oder ohne Kontakt zum Lehrer, in Form einer systematisierten Nachhilfe – die auch Defizite aufzuarbeiten versucht – oder einfach, damit die Aufgaben gemacht werden. Man kann bei der Hausaufgabenhilfe auf Erfolgskontrolle bedacht sein – oder auch nicht. Man kann spezielles Übungsmaterial einsetzen – oder darauf verzichten. Man kann die gesamte Hausaufgabenhilfe in ein umfassenderes Nachmittagsprogramm einbauen – oder die Kinder nach Hause schicken, wenn sie ihre Aufgaben erledigt haben. Die beste Konzeption ist diejenige, die den jeweiligen Ansprüchen der IG-Mitglieder, ihren Fähigkeiten und Möglichkeiten, den Umfeldgegebenheiten (Räume, Zeit, Geld, Unterstützung durch Lehrer, Eltern, Träger) und den Bedürfnissen der Zielgruppe selbst (den Ausländern also) am ehesten gerecht wird.

Gruppendynamisches

Bei der Zielfindung und vor allem bei der Konzeptionsentwicklung sind immer Kompromisse notwendig, die es auszudiskutieren gilt. Häufig werden zwar gute Ideen in der Gruppe vorgetragen, die sich aber mangels Voraussetzungen und Möglichkeiten nicht realisieren lassen. Der gefundene Konsens, welche Ziele verfolgt, welche Aktionen eingeleitet und wie gearbeitet werden soll, wird am besten

schriftlich fixiert und jedem Gruppenmitglied (und sonstigen Interessenten) in die Hand gegeben. Auch die Zuständigkeit der einzelnen für verschiedene Bereiche und Aufgaben sollte klar abgegrenzt sein. Das konsequente Schreiben von übersichtlichen Protokollen bei Sitzungen und Aktivitäten hat sich als entscheidende Hilfe für eine kontinuierlich sich weiterentwickelnde und aufeinander aufbauende Arbeit erwiesen. Die Protokolle dienen nicht nur als Gedächtnisstütze und als Anknüpfungspunkt für die weitere Arbeit und Diskussion, sie bieten auch die Möglichkeit der Reflexion über das, was getan und gesagt wurde.
Häufig entzünden sich aber bereits an solchen Punkten (Protokoll-Schreiben ja oder nein) heiße Diskussionen. In den meisten »Sachfragen« sind immer auch persönliche Erwartungen und Einstellungen (die Furcht, angegriffen zu werden, sich verteidigen zu müssen, sich profilieren zu müssen) und andere subjektive Aspekte mit verpackt. Wirklich sachlich argumentieren läßt sich erst, wenn diese Ängste, Aggressionen und spezifischen Erwartungen aufgedeckt werden. Dazu sind in der Regel keine gruppendynamischen Trainings nötig, wohl aber ausreichend Zeit, damit sich zwischen den Gruppenmitgliedern eine vertrauensvolle Atmosphäre entwickeln kann. Man sollte sich zumindest anfänglich die Hälfte bis ein Drittel der Zeit für Gemeinschaftsaktionen lassen, die Spaß machen: Spiele, Essenkochen, Ausflüge, gegenseitige Besuche, in die nach und nach auch die Aktionen selbst (die gezielte Arbeit der IG) einbezogen werden. Wenn die Sache gut läuft, lassen sich immer mehr auch die »Betroffenen«, selbst die ausländischen Erwachsenen, Jugendlichen und Kinder in diese Aktionen integrieren. Eigentlich sollte schließlich die gesamte Arbeit Spaß machen und auch einen persönlichen Gewinn bringen. Sich nur auf karitative Wehmut gründende Aktionen sind nicht geeignet, Ausländer dem Ziel voller Akzeptierung in der deutschen Bevölkerung und einer freien, selbständigen Lebensgestaltung näher zu bringen.

Gruppengröße

Die Effektivität der Arbeit wächst nur selten mit der Größe der Gruppe, und es ist daher nicht sinnvoll, die Gruppe unter allen Umständen vergrößern zu wollen. Ohne dabei allzu wählerisch zu sein, ist die Überlegung wichtig, wer in

die Gruppe und die Arbeit paßt. Das Vertrauen darauf, daß sich jemand in der Gruppe noch »entwickelt«, wird oft enttäuscht. Selten ist jemand zum vollen Engagement zu bewegen, der zur Mitarbeit oder zu der mehrheitlich verabschiedeten Konzeption erst überredet werden muß.
Viele Initiativen kommen nicht weiter, weil immer wieder Neulinge dazustoßen, die nicht an den Grundsatzdiskussionen beteiligt waren und diese nachzuholen versuchen. Neulinge sollten in die Gruppe dadurch »eingemeindet« werden, daß ihnen alle bisherigen Protokolle zum Lesen gegeben werden. Offene Fragen können dann in Einzelgesprächen geklärt werden.

Verbündete und Unterstützung
Nur wenige IGs können ohne Verbündete und ohne Unterstützung existieren. Förder- und Spielmaterial, die Anmietung von Räumen oder die Einstellung eines hauptamtlichen Mitarbeiters (der für die Kontinuität der Arbeit, die Konzeption und Organisation wichtig sein kann), setzen erhebliche Geldmittel voraus, die beschafft werden müssen.
Um Zuschüsse bei der Kommune, dem Land, dem Bund, bei Stiftungen und Verbänden beantragen zu können, ist die Gründung eines gemeinnützigen Vereins notwendig: Sieben Mitglieder, eine Satzung*, die mit dem Beamten am Verwaltungsgericht abgesprochen werden muß, eine Gründungsversammlung, über die ein Protokoll angefertigt wird, und die notarielle Bestätigung der Protokoll-Unterschriften des Vorstandes sind dazu nötig.
Weitere Formalien sind für eine offizielle Förderung nicht zu erfüllen, aber es sind eine Reihe taktischer, politischer und inhaltlicher Voraussetzungen zu schaffen, um das Image eines förderungswürdigen Vereins zu erhalten und Forderungen durchsetzen zu können. Wichtig ist zum Beispiel, eine Lobby zu haben: Stadträte, Schulrektoren, Lehrer, Wissenschaftler oder andere anerkannte oder zumindest einigermaßen akzeptierte Persönlichkeiten. Man gewinnt solche Fürsprecher um so leichter, je klarer die Konzeption

* (Muster z.B. in: AGG-Materialien, Sonderheft 4, 1978, S. 206; ausführlich beschrieben in: Balon/Dehler/Schön (Hrsg.), *Arbeitslose: Abgeschoben, diffamiert, verwaltet. Arbeitsbuch für eine alternative Praxis.* Frankfurt (Fischer Taschenbuch Bd. 4204) 1978, S. 215 ff).

und die Arbeit des Vereins ist. Die Fürsprecher sind ständig auf dem laufenden zu halten und ins Gruppengeschehen so weit wie möglich einzubeziehen, damit sie sich auch mit der Arbeit identifizieren können. Man sollte sich aber nicht zu eng an einzelnen Gruppierungen und Parteien orientieren. Auch die Mehrheitsverhältnisse im Gemeinderat etwa müssen beachtet werden, wenn man von diesem Gremium unterstützt werden möchte.
Wichtig ist auch, einen Verwaltungs- und Finanzspezialisten an der Hand zu haben, der weiß, wo welche Anträge gestellt werden können, welche Ämter für welche Zuschüsse zuständig sind, welche Fristen eingehalten werden müssen, wie die Kasse und die Kassenbücher zu führen sind, wie die Ausgabenbelege gesammelt werden, welche Ausgaben sich der Verein erlauben darf und wie insgesamt ein Finanzplan erstellt und eingehalten werden kann.
Wichtig ist vor allem auch die Öffentlichkeitsarbeit. Wenn die Arbeit nach den Ferien wieder aufgenommen wird, neue Räume bezogen werden, ein Fest gefeiert wird, ein Info-Stand oder eine Straßensammlung (die jedem gemeinnützigen Verein möglich ist) organisiert wird, wenn ein Vortrag oder eine Podiumsdiskussion stattfindet usw., sollte die Presse eingeladen und sollten Pressemeldungen abgegeben werden. Meist werden solche Meldungen von der Lokalpresse und auch vom Regionalfunk gerne aufgegriffen.
Die Basis dafür, daß man eine Öffentlichkeitsarbeit auch mit gutem Gewissen betreiben kann, ist die dauerhafte Arbeit mit und für die Ausländer, die sich auch an solchen Öffentlichkeitsaktionen beteiligen und dazu ermuntert werden sollten, ihre Probleme selbst darzustellen und für ihre Interessen einzustehen.
Bei diesen Öffentlichkeitsaktionen ist die Arbeit anderer Stellen zu beachten. Es geht natürlich nicht, so zu tun, als sei man selbst der erste, der für Ausländer endlich etwas tut, wenn andere bereits – geräuschloser – etwas getan haben. Mit der Kommune, den Gewerkschaften und den Verbänden der freien Wohlfahrt sollten gleich bei der Gründung der Initiative Kontakte aufgenommen werden. Durch klare Abgrenzung der Arbeitsbereiche lassen sich Konflikte vermeiden und sogar Bündnispartner gewinnen.
Häufig arbeitet am Ort oder in der näheren Umgebung bereits eine Initiativgruppe (dies gilt vor allem in den Bal-

lungsgebieten), in die man einsteigen, mit der man kooperieren oder von deren Informations- und Erfahrungsvorsprung man zumindest profitieren kann. Adressen über Initiativgruppen sind erhältlich bei:

Deutsches Jugendinstitut,
Saarstr. 7, 8000 München 40

Institut für Sozialarbeit und Sozialpädagogik (ISS)
Weberstr. 33, 5300 Bonn

Verband der Initiativgruppen in der Ausländerarbeit e.V.
Rheinweg 34, 5300 Bonn.

6. Die Möglichkeiten jedes einzelnen

Nicht jeder kann – oder will – in einer Initiativgruppe arbeiten. Es bleiben aber auch für den einzelnen viele Möglichkeiten, sich in seinem eigenen Lebens- und Arbeitsbereich zu engagieren:

– Meist wohnen Ausländer in unmittelbarer Nachbarschaft. Es bietet sich immer eine Möglichkeit, mit ihnen Kontakte zu knüpfen. Man kann zum Beispiel auch die ausländischen Nachbarskinder einladen, zusammen mit den eigenen Kindern Hausaufgaben zu machen oder zu spielen.

– Es gibt Ausländer am eigenen Arbeitsplatz. Die Kontakte zu ihnen reichen nur selten über die Arbeitszeit selbst hinaus. Man kann sich aber mit ihnen – wie mit den deutschen Kollegen – für gemeinsame Unternehmungen verabreden.

– Es gibt ausländische Kinder im Kindergarten und in der Schule der eigenen Kinder. Man kann zu den Kindern und ihren Eltern Kontakt aufnehmen. Man kann etwa nachfragen, ob die ausländischen Eltern alles verstanden haben, was auf einem Elternabend verhandelt wird. Man kann zu ihnen nach Hause gehen und ihnen erklären, was auf einem Elternabend, an dem sie nicht teilgenommen haben, besprochen wurde. Man kann darauf dringen, daß sich die Lehrer für die ausländischen Kinder in der Klasse besonders einsetzen. (Dafür werden ihnen aufgrund von entsprechenden Verordnungen auch Stunden angerechnet.)

Die Gefahr der Frustration oder gar des Scheiterns solcher und anderer individueller Aktionen wird dadurch verringert, daß man sich vorher über die Mentalität, die Lebensweise und Probleme der jeweiligen Nationalität informiert. Noch wichtiger als eine theoretische Informiertheit ist allerdings die Haltung, mit der man Ausländern begegnet. Um es zu wiederholen: Die karitative Haltung – und natürlich auch die herablassende, gönnerhafte – ist nicht geeignet, eine Beziehung zu Ausländern aufzubauen und ihre Integration voranzutreiben. Erst der Respekt und die Offenheit gegenüber Ausländern und ihren Erfahrungen, Verhaltensweisen und Lebensgewohnheiten kann das »Ausländerproblem« verändern. Es bleibt für jeden noch sehr viel zu tun.

Manfred Hohmann

Was kann man lesen?

Die wissenschaftliche Literatur zur Ausländerproblematik ist inzwischen sehr breit geworden, zu breit, um sich ohne weiteres darin zurechtfinden zu können. Manfred Hohmann gibt Empfehlungen zum Weiterlesen.
Manfred Hohmann ist Professor für Allgemeine Pädagogik an der Universität Essen. Er hat bisher verschiedene Forschungsprojekte und Modellversuche zur Ausländerproblematik durchgeführt, hat unter anderem auch in der Richtlinienkommission für den Unterricht ausländischer Kinder in Nordrhein-Westfalen mitgearbeitet und ist Vertreter der Bundesrepublik in der Arbeitsgruppe »Ausbildung von Lehrern für Ausländerkinder« beim Europarat.

Mit dem Interesse an den sozialen, politischen, wirtschaftlichen und pädagogischen Aspekten der Ausländerproblematik ist in den verflossenen zehn Jahren eine Flut von Veröffentlichungen entstanden, die heute auch für den Spezialisten kaum noch überschaubar ist. Nur ein geringer Teil dieser Veröffentlichungen ist in Buchform erschienen, den weitaus größten Anteil bilden Aufsätze, Artikel, Statistiken, Dokumentationen, Empfehlungen, Verordnungen und ähnliche Publikationen. Ein erheblicher Teil dieser Publikationen kann nicht über den Buchhandel bezogen werden; er gilt demnach als »graue Literatur«. Wichtige wissenschaftliche Untersuchungen sind als Auftragsforschung durchgeführt und daher häufig nur in Auszügen und Zusammenfassungen oder gar nicht der Öffentlichkeit zugänglich. Dominierten zunächst Schriften mit nur wenig spezialisierter Thematik und programmatischen oder sozialkritischen Tendenzen, hat in den letzten Jahren die Zahl der sachlich informierenden und analysierenden Schriften mit stärkerer Tendenz zur Spezialisierung auf einzelne Aspekte

des Ausländerproblems zugenommen. In der Vielfalt der erörterten Aspekte spiegelt sich die Breite der Problematik wider, dennoch läßt sich nicht verkennen, daß die meisten der vorliegenden Veröffentlichungen von dem Interesse eines relativ engen Kreises von Autoren und Lesern her bestimmt werden, die aufgrund eines besonderen sozialen, pädagogischen oder wissenschaftlichen Engagements der Ausländerproblematik nahestehen.
Diese Situation kann nicht ohne Folgen für die Auswahl der hier vorzustellenden Bücher bleiben. Unter den neueren Veröffentlichungen ist die Zahl der Bücher, die eine allgemeine und überblicksartige Information für ein breiteres Leserpublikum geben, relativ gering. Andererseits wird auch der Leser, der bestimmte und spezielle Fragen beantwortet haben möchte, nicht immer die erwünschten Informationen erhalten. Die formale Begrenzung der hier vorzustellenden Literatur auf Bücher führt dazu, daß nicht immer der neueste Entwicklungs- und Kenntnisstand getroffen wird. In den meisten der hier berücksichtigten Bücher sind die Literaturangaben jedoch so umfangreich, daß dem engagierten Leser eine weiterführende und vertiefende Lektüre ohne weiteres möglich sein dürfte. In einzelnen Fällen soll auch sogenannte »graue Literatur« vorgestellt werden; hier finden sich vor allem für den praktisch engagierten Leser wertvolle Anregungen und Informationen.

1. Literaturüberblick

Wer Lektüre unter bestimmten Fragestellungen betreibt oder sich einen Überblick über ein Sachgebiet verschaffen will, greift häufig zu Bibliographien. Zur Situation der Ausländer gibt es derartige Bibliographien bisher nur in geringer Zahl, zudem können und wollen die hier vorliegenden keinen Anspruch auf Vollständigkeit erheben. Einen auf den sozialen und pädagogischen Bereich beschränkten Literaturüberblick für die zwischen 1970 und 1976 erschienenen Veröffentlichungen vermittelt:

Günter Cremer, *Sozialisationsbedingungen ausländischer Kinder und Jugendlicher in der Bundesrepublik Deutschland. Eine Literatur- und Forschungsdokumentation*, München 1977.

Dem pädagogisch interessierten Leser gibt diese Schrift eine erste brauchbare Einführung. 144 Buch- und Aufsatztitel werden hier inhaltlich kurz vorgestellt; die ausgewählte Literatur erscheint nach Themenbereichen gegliedert und wird durch ein differenziertes Stichwortregister erschlossen. Manche wichtige Veröffentlichung bleibt in dieser Auswahl allerdings unberücksichtigt.

Einen etwas breiteren Adressatenkreis spricht dagegen die von R. Pfriem und J. Vink begonnene Reihe an:

Ruth Pfriem/Jan Vink, *Ausländische Arbeiter und ihre Familien.* Frankfurt, Heft 1, 1976; Heft 2, 1978; Heft 3, 1979.

Den derzeit wohl vollständigsten Überblick vermitteln die Literaturinformationen in den seit 1973 jährlich viermal erscheinenden:

Materialien zum Projektbereich »Ausländische Arbeiter«. Hrsg. von der Arbeitsgemeinschaft der katholischen Studenten- und Hochschulgemeinden (AGG), Bonn 1973 ff.

Die »Materialien« dienen als Kontakt- und Informationsorgan vor allem für die im außerschulischen Bereich tätigen Initiativgruppen für die Arbeit mit ausländischen Kindern, Jugendlichen und Erwachsenen, bringen aber Informationen zum gesamten Spektrum der Ausländerproblematik. Bibliographische Hinweise finden sich nicht nur auf »zitationsfähige« Literatur, sondern auch auf unveröffentlichtes Material, beispielsweise beabsichtigte oder abgeschlossene Examensarbeiten. Neben ausführlichen Beiträgen zu Einzelfragen der Ausländerbeschäftigung und ihrer Konsequenzen enthalten sie Materialien zur Ausländerpolitik, Buchbesprechungen sowie Hinweise auf Veranstaltungsangebote, Medien und Arbeitsmaterialien.

Wenngleich die »Materialien« zur Gattung der »grauen Literatur« zu zählen sind, haben sie sich als sehr dauerhaftes Publikationsorgan erwiesen, dessen Lektüre jedem zu empfehlen ist, der sich intensiver mit dem Ausländerproblem auseinandersetzen will. Sie gehören somit zur geringen Zahl der in der Bundesrepublik erscheinenden Periodika in diesem Bereich. Erwähnenswert ist in diesem Zusammenhang auch die seit 1976 viermal jährlich erscheinende Zeitschrift:

Deutsch lernen. Zeitschrift für den Sprachunterricht mit ausländischen Arbeitnehmern. Hrsg. vom Sprachverband

»Deutsch für ausländische Arbeitnehmer e.V.«, Heidelberg, 1976 ff,

die auch für den engeren Bereich des Sprachunterrichts für jugendliche und erwachsene ausländische Arbeitnehmer hinaus Informationen und Anregungen vermittelt.

2. Literatur zur Gesamtsituation der Ausländer

Die Konrad-Adenauer-Stiftung (Institut für Kommunalwissenschaften) unternahm 1976/77 den Versuch, in einer groß angelegten Reihe von Studien und Gutachten die Situation ausländischer Arbeitnehmer und ihre Probleme analysieren zu lassen. Die Veröffentlichung erfolgte unter dem gemeinsamen Titel »Integration ausländischer Arbeitnehmer«. Bisher erschienen folgende Arbeiten:

Konrad-Adenauer-Stiftung (Kommunalwissenschaftliches Institut) (Hrsg.): *Integration ausländischer Arbeitnehmer.* Band 13, 14, 15, 16 und 18 der Reihe: *Kommunalwissenschaftliche Studien*, Bonn 1976/77.

Sowohl von Breite und Ausführlichkeit wie vom Anspruch her sind die hier veröffentlichten Arbeiten vor allem für den Leser empfehlenswert, der sich detaillierter mit der Situation ausländischer Arbeitnehmer in der Bundesrepublik befassen will, wenngleich die hier verarbeitete Literatur in der Regel nur bis Ende 1975 reicht. Eine Liste der einzelnen Studien mag die Konzeption des Gesamtwerks veranschaulichen:

Bd. 13: *Integration und Akkulturation*
Einstellungen der deutschen Bevölkerung und der ausländischen Arbeitnehmer
Berufliche Aus- und Fortbildung ausländischer Arbeitnehmer

Bd. 14: *Schulbildung ausländischer Kinder*

Bd. 15: *Ausländische Arbeitnehmer und örtliche Verwaltung*

Bd. 16: *Ausländer und Siedlungsstruktur*
Wohnsituation und Wohnwünsche ausländischer Arbeitnehmer
Freizeit ausländischer Arbeitnehmer
Wohnungs- und siedlungsstrukturelle Maßnahmen

Bd. 18: *Bedarf an ausländischen Arbeitskräften*

Einen anderen, weniger fachlich-spezialisierten und wissenschaftlich-anspruchsvollen Zugang vermitteln:

John Berger, Jean Mohr, *Arbeitsemigranten – Erfahrungen, Bilder, Analysen*, Hamburg (Rowohlt Taschenbuch, Bd. 6946) 1976.

Durch eine Kombination literarischer und fotografischer Darstellungen versuchen die Autoren, die Situation der Ausländer, ihre Erfahrungen und Erlebnisse mit- und nacherlebbar zu machen, ohne dabei die politisch-ökonomischen Hintergründe der Ausländerproblematik aus dem Auge zu verlieren. Das Buch regt zum Nachdenken an und ist vor allem für denjenigen wertvoll, der die versachlichende Analytik wissenschaftlicher Publikationen scheut.

In der Reihe allgemeiner Situationsdarstellungen und -analysen nehmen die Publikationen einen besonderen Platz ein, die exemplarisch die Lage der Ausländer und ihrer Familien in einer Stadt darstellen und gerade dadurch die Gesamtsituation dem Leser konkreter werden lassen:

Maria Borris, *Ausländische Arbeiter in einer Großstadt – Eine empirische Untersuchung am Beispiel Frankfurts.* Frankfurt 1973.

Diese Arbeit gibt einen auch heute noch lesenswerten Einblick in die Situation der ausländischen Arbeitnehmer vor der Rezession von 1973, stellt die sozioökonomische Situation in Italien, Spanien, Griechenland und der Türkei dar und illustriert durch die Ergebnisse der Untersuchung die Einstellungen, Wünsche und Erfahrungen der Ausländer aus ihrer eigenen Sicht.

Eine neuere Stadtstudie wurde im Auftrag des Ministers für Arbeit, Gesundheit und Soziales in Nordrhein-Westfalen von einer Forschergruppe des Instituts für Sozialarbeit und Sozialpädagogik, Frankfurt, erstellt:

Angelika Langenohl-Weyer u. a., *Situation der Familien ausländischer Arbeitnehmer in Nordrhein-Westfalen am Beispiel Duisburgs*, 2 Bde., Düsseldorf 1976.

Diese Studie ist zwar als Forschungsbericht geschrieben und enthält viel nüchternes Zahlenmaterial, sie beleuchtet aber mit viel Engagement die Lage der Ausländer im Rhein-Ruhr-Gebiet für die Zeit nach der Rezession und ergänzt insofern die Arbeit von M. Borris. Die Autoren haben eine Fülle einzelner Aspekte untersucht, die zusammengenom-

men ein geschlossenes Bild der Ausländersituation in großstädtischen Ballungsgebieten wiedergeben.
Sehr viele interessante Informationen zur Lebenssituation türkischer Arbeiter enthält die wenig bekannte volkskundliche Studie:

Halil Narman, *Türkische Arbeiter in Münster. Ein Beitrag zum Problem der temporären Akkulturation*, Münster 1977.

Anhand von statistischem Material und ausführlichen Auszügen aus Interviews mit türkischen Arbeitern werden hier Arbeitssituation, Wohnverhältnisse und Ernährungsgewohnheiten von Ausländern unter dem Zwang der Anpassung an die Lebensumstände der deutschen Wohnbevölkerung dargestellt.
Von allgemeinerem Informationswert, allerdings mit hohem wissenschaftlichen Anspruch geschrieben, ist eine soeben veröffentlichte Arbeit:

Hartmut Esser u. a., *Arbeitsmigration und Integration. Sozialwissenschaftliche Grundlagen,* Königstein/Ts. 1979.

Diese Schrift arbeitet die bisherige Diskussion des Integrationsproblems auf und führt sie weiter, enthält aber auch – teilweise spezialisiert – Untersuchungen zur betrieblichen Integration und Beschäftigung ausländischer Arbeitnehmer. Zur Einführung scheint sie mir wenig geeignet, empfehlenswert ist sie allerdings für eine vertiefende Auseinandersetzung, zumal sie ein relativ aktuelles und umfassendes Literaturverzeichnis enthält.

3. Literatur zu speziellen Fragen

Unter den mit speziellem Interesse geschriebenen Veröffentlichungen nehmen die Darstellungen und Diskussionen zum Ausländerrecht wegen ihrer grundsätzlichen Bedeutung einen breiten Raum ein. Dieses Thema ist in den letzten Jahren mit viel Engagement behandelt worden. Eine Buchveröffentlichung, die den aktuellen Entwicklungsstand des Ausländerrechts wiedergibt, existiert z. Z. allerdings nicht. Eine detaillierte Einführung in die Diskussion vermitteln jedoch zwei Aufsatzsammlungen:

Tugrul Ansay/Volkmar Gessner (Hrsg.), *Gastarbeiter in Gesellschaft und Recht*, München 1974.

Georg Albrecht (Hrsg.), *Das Düsseldorfer Reformprogramm zum Ausländerrecht*. Bonn 1976.

Zahlreiche Ansätze zur Analyse und Kritik des Ausländerproblems gehen von der politisch-ökonomischen Grundlage marxistischer Theorien aus. Als Beispiel dafür ist eine Darstellung der Rechtssituation aus der Sicht eines Ausländers zu nennen:

Haris Katsoulis, *Bürger zweiter Klasse. Ausländer in der Bundesrepublik*, Frankfurt/New York 1978.

Ausgehend von der rechtlichen Situation wird hier ein Konzept emanzipatorischer Ausländerpolitik beispielhaft vorgestellt. Das Buch ist informativ und auch als Einführung geeignet, die Situationsanalyse reicht allerdings nur bis 1976.

Eine Reihe von Veröffentlichungen konzentriert sich thematisch auf die Probleme der Sozialisation und die soziale Lage der ausländischen Kinder und Jugendlichen:

Achim Schrader u. a., *Die zweite Generation. Sozialisation und Akkulturation ausländischer Kinder in der Bundesrepublik*, Kronberg/Ts. 1976.

Diese Schrift stellt die Prozesse von Sozialisation, Akkulturation und Identitätsbildung ausländischer Kinder und Jugendlicher der zweiten Ausländergeneration in den Mittelpunkt. Sie basiert auf den Ergebnissen einer in den Jahren 1971 bis 1974 im Großraum Duisburg durchgeführten Untersuchung und vermittelt wertvolle Anregungen für eine differenzierte Betrachtung sozialpädagogischer und unterrichtlicher Aufgaben gegenüber dieser Adressatengruppe.

Die gleiche Gruppe haben auch zwei andere lesens- und nennenswerte Studien im Auge:

Ursula Mehrländer, *Einflußfaktoren auf das Bildungsverhalten ausländischer Jugendlicher. Vergleich italienischer und deutscher Auszubildender und Jungarbeiter*, Bonn 1978.

Peter-Alexis Albrecht/Christian Pfeiffer, *Die Kriminalisierung junger Ausländer. Befunde und Reaktionen sozialer Kontrollinstanzen*, München 1979.

Beide Schriften gehen davon aus, daß in Zukunft die Probleme der zweiten und dritten Ausländergeneration, vor allem der Jugendlichen, besondere Aufmerksamkeit verdienen. Anlaß für die vergleichende Studie von Mehrländer ist die steigende Zahl ausländischer Jugendlicher, die arbeitslos oder als ungelernte Arbeiter tätig sind. In ihrem Forschungsbericht untersucht sie Bedingungen und Konsequenzen dieser Situation. Albrecht und Pfeiffer konstatieren eine im Vergleich zur Gruppe der gleichaltrigen Deutschen hohe Kriminalitätsbelastung bei den heranwachsenden Ausländern (18–21 Jahre), aber noch höhere bei den ausländischen Jugendlichen (14–18 Jahre). Sie stützen dabei die von Fachleuten seit langem vertretene These, daß hier eine »soziale Zeitbombe« mit noch unabsehbaren Konsequenzen für die deutsche Gesellschaft tickt.

Zahlreiche Veröffentlichungen thematisieren pädagogische Fragestellungen, greifen aber häufig über diesen Bereich hinaus auch die Probleme der sozialen, politischen und ökonomischen Randbedingungen auf und können daher auch sehr gut zur Einführung in den gesamten Themenbereich der Ausländerproblematik dienen:

Manfred Hohmann (Hrsg.), *Unterricht mit ausländischen Kindern*, Düsseldorf 1978.

Angelika Langenohl-Weyer u.a., *Zur Integration der Ausländer im Bildungsbereich. Probleme und Lösungsversuche*, München 1979.

Während das erstgenannte Werk vor allem auf die Bedürfnisse und Probleme eines schulpädagogisch interessierten Leserkreises zugeschnitten ist, wenden sich Langenohl-Weyer u. a. vor allem an die Gruppe der im außerschulischen Bereich tätigen Pädagogen.

Neben diesen allgemeineren pädagogischen Darstellungen gibt es zahlreiche weitere, meist auf bestimmte unterrichtliche Aspekte zugeschnittene Veröffentlichungen, die vor allem für den fachlich interessierten Leser empfehlenswert sind, in denen aber auch der nicht fachlich vorgebildete Leser einen guten Einblick in die Situation der ausländischen Kinder und Jugendlichen erhält. Probleme des Sprachunterrichts behandeln:

Gabriele Pommerin, *Deutschunterricht mit ausländischen und deutschen Kindern*, Bochum 1977.

Johannes Meyer-Ingwersen u. a., *Zur Sprachentwicklung türkischer Schüler in der Bundesrepublik*, (2 Bde.), Kronberg/Ts. 1977.

Abb. 21 Sie lernt Deutsch.

Meyer-Ingwersen u.a. gehen von den Ergebnissen eines Forschungsprojektes zur Zweisprachigkeit türkischer Kinder aus, beziehen Stellung zum gegenwärtigen System des Unterrichts für ausländische Schüler und sprechen Empfehlungen aus. Für den Sprachunterricht schlagen sie eine zweisprachige Methode vor und geben dem Lehrer dazu konkrete Handreichungen. Pommerin analysiert die allgemeinen und spezifischen Bedingungen des Deutschunterrichts für die ausländischen Kinder und entwickelt ein Konzept für einen gemeinsamen Deutschunterricht für deutsche und ausländische Schüler.

Ähnlich wie Meyer-Ingwersen u. a. tendieren immer mehr Veröffentlichungen dazu, die pädagogischen Probleme in Richtung auf eine vergleichende Sozialisationsforschung zu analysieren und daraus Konzepte für pädagogisches Handeln abzuleiten:

Ursula Neumann/Hans H. Reich, *Türkische Kinder – deutsche Lehrer*, Düsseldorf 1978.

Die Autoren gehen von konkreten Erfahrungen deutscher Lehrer oder von Verhaltensweisen oder Aussagen türkischer Schüler aus, wenn sie versuchen, einzelne soziale, schulische und sprachliche Probleme aus den soziokulturell oder migrationsspezifisch bedingten Erfahrungen der Kinder zu erklären und den Lehrern darauf bezogene praktische Vorschläge zu machen. Gerade dieser situationsnahe Ausgangspunkt der einzelnen Überlegungen macht das Buch auch für einen breiteren Leserkreis empfehlenswert.

Ähnliche Ziele, wenn auch nicht von konkreten Situationsschilderungen aus, verfolgen:

Brunhilde Bauer/Jürgen Wolff, *Spanische Schüler – deutsche Lehrer. Sprachvergleich als Hilfe für den Anfängerunterricht und allgemeine Informationen,* Düsseldorf 1977.

Gabriele Mertens/Ünal Akpinar, *Türkische Migrantenfamilien. Familienstrukturen in der Türkei und in der Bundesrepublik. Angleichungsprobleme türkischer Arbeiterfamilien: Beispiel West-Berlin,* Bonn 1977 (AGG).

Neben der schulischen und unterrichtlichen Arbeit mit ausländischen Kindern und Jugendlichen hat sich in den letzten Jahren ein breites Feld außerschulischer und unterrichtsbegleitender Aktivitäten entwickelt, in dem, meist auf privater Basis, Initiativgruppen tätig sind. Auf die besondere Bedeutung und den hohen Informationswert, den das Kontaktorgan dieser Initiativgruppen hat, wurde bereits hingewiesen (AGG – Hrsg. – : Materialien zum Projektbereich »Ausländische Arbeiter«, Bonn 1973 ff). Ziele, Strukturen, Didaktik und Methodik dieser außerschulischen Arbeit sind dargestellt bei:

Ünal Akpinar u. a., *Pädagogische Arbeit mit ausländischen Kindern und Jugendlichen. Bestandsaufnahme und Praxishilfen,* München 1977.

Anregungen für die Arbeit dieser Initiativgruppen finden sich in:

AGG (Hrsg.), *Materialien zur Arbeit mit ausländischen Jugendlichen,* Bonn 1978.

Hier wird die allgemeine, rechtliche und politische Situation der Jugendlichen vorgestellt, praktische Hinweise für die Gründung und Finanzierung der Arbeit von Initiativgruppen gegeben sowie methodisch-didaktische Anregungen für die praktische Arbeit vermittelt.

Die Erkenntnis, daß die Probleme der ausländischen Arbeiter nicht nur die Ausländer selbst angehen, sondern eine soziale Frage für die Gesellschaft der Bundesrepublik darstellen, hat folgerichtig dazu geführt, daß einzelne Veröffentlichungen dieses Thema auch als Gegenstand von Erziehung und Unterricht deutscher Kinder und Jugendlicher behandeln. Trotz dieser sehr speziellen Zielsetzung sind vor allem auch diese Schriften zur Einführung in den Problemkreis für ein breiteres Leserpublikum geeignet. Mit sehr einfachen und kindgemäßen, aber auch für Erwachsene eindrucksvollen Texten und Bildern arbeitet das Werk von:

Ernst Zieris, Lars Harmens, *Kennst Du mich?*, Aachen 1976.

Zieris und Harmens verstehen es, deutschen Kindern die Heimat und die Lebensbedingungen der ausländischen Altersgenossen durch den Kontrast zur Lebenswelt der Deutschen in der Bundesrepublik aufzuzeigen. Dabei wirken sie niemals aufdringlich, auch dort nicht, wo für eine Gemeinsamkeit zwischen Deutschen und Ausländern plädiert wird.

Von gleicher Eindringlichkeit sind die Texte aus dem Bereich der Arbeiterliteratur, die Koch zu einem Lesebuch zusammengestellt hat:

Herbert R. Koch, *Stimmen aus ihrer Welt. Stimmen deutscher und ausländischer Arbeiterinnen und Arbeiter.* Dortmund 1977.

Diese Schrift, vor allem die im 6. Kapitel zusammengestellten Zeugnisse, könnten Jugendlichen und Erwachsenen eine Einführung in die Probleme der Ausländer auf literarischem Niveau vermitteln – ein Versuch, der bisher einmalig ist.

Speziell an Lehrer wenden sich dagegen:

Ausländische Arbeiter in unserer Gesellschaft. Unterrichtsmodelle zur Friedenserziehung. Bd. 1: *Grundschule* – hrsg. von Helmut Essinger, München 1974; Bd. 2: *Sekundarstufe* I und II – hrsg. von Hermann Müller, München 1975.

Diese Schriften gehen von einer allgemeinen Einführung in den Themenkreis aus, die relativ breit verschiedene Aspekte des Ausländerproblems berührt, und geben brauchbare methodisch-didaktische Hinweise, die allerdings wegen der Darstellungsform überwiegend für den Lehrer interessant sein dürften.

4. Literatur über Herkunfts- und Aufnahmeländer

Die Zuwanderung von Ausländern führt dazu, daß Menschen aus unterschiedlichen politischen, sozialen und ökonomischen Systemen, mit unterschiedlicher soziokultureller Prägung, miteinander leben und arbeiten müssen. Dieses Aufeinandertreffen geht nicht konfliktfrei vor sich und führt vor allem in den Aufnahmeländern zu Problemen, weckt aber auch das Interesse an Informationen über die Herkunftsländer und mündet nicht selten in eine vergleichende sozial- und erziehungswissenschaftliche Forschung ein. Einzelne der vorliegenden Veröffentlichungen sind derartigen Fragestellungen gewidmet. Vor allem von ökonomischen und politischen Problemstellungen gehen aus:

Reinhard Lohmann/Klaus Manfrass (Hrsg.), *Ausländerbeschäftigung und internationale Politik. Zur Analyse transnationaler Prozesse,* München/Wien 1974.

Dieses Buch enthält wertvolle Informationen für den, der sich mit der allgemeinen Situation der ausländischen Arbeitnehmer unter besonderer Berücksichtigung internationaler Verflechtungen zwischen Herkunfts- und Aufnahmeländern befassen will. Die veröffentlichten Arbeiten stammen aus Untersuchungen, die vom Forschungsinstitut der Deutschen Gesellschaft für auswärtige Kulturpolitik in Auftrag gegeben wurden. Sie tangieren folgende Themenkomplexe: Entstehung, Ursachen und Antriebskräfte der internationalen Migration, Auswirkungen auf die ökonomischen, politischen und sozialen Strukturen der Bundesrepublik und auf die einzelnen Herkunftsländer (Jugoslawien, Türkei, Italien).

Auch in der pädagogischen Literatur gibt es Ansätze zu einer vergleichenden Betrachtungsweise. Die Darstellungen gehen von einem Zusammenhang zwischen Bildungs- und Sozialsystem aus, bieten jedoch meist nur Darstellungen einzelner Ländersysteme, ohne zu einem Vergleich im engeren Sinn vorzustoßen:

Ursula Boos-Nünning/Manfred Hohmann (Hrsg.), *Ausländische Kinder. Gesellschaft und Schule im Herkunftsland,* Düsseldorf 1979.

Günter Mellinghaus, *Der fremde Nachbar,* Tübingen 1977.

Hermann Müller (Hrsg.), *Ausländerkinder in deutschen Schulen,* Stuttgart 1974.

Während bei Müller die Darstellungen der Situation in den einzelnen Herkunftsländern nur Teil eines Versuchs sind, die gesamte schulische Situation der Ausländerkinder zu beschreiben, konzentrieren sich die beiden anderen Schriften auf die Darstellung der Bildungs- und Sozialsysteme in den Herkunftsländern. Die einzelnen Beiträge bringen viele wichtige Informationen, sind aber von unterschiedlichem Wert, weil die einschlägigen Probleme in den einzelnen Herkunftsländern bisher unterschiedlich weit erforscht worden sind.

Noch spärlicher sind Veröffentlichungen zur Situation der ausländischen Arbeitnehmer in den Bildungs- und Sozialsystemen der Aufnahmeländer. Ein beachtenswerter Ansatz dazu findet sich bei:

Ernst Gehmacher u. a. (Hrsg.), *Ausländerpolitik im Konflikt. Arbeitskräfte oder Einwanderer? Konzepte der Aufnahme- und Entsendeländer,* Bonn 1977.

Der Vorzug dieser Studie ist u. a. darin zu sehen, daß die einzelnen Beiträge, jeweils konzentriert auf einen Teilaspekt der Ausländerproblematik, nicht nur die Situation in den wichtigsten westeuropäischen, sondern auch in den nordamerikanischen Industrienationen darstellen und dabei auch auf die Migrationspolitik der einzelnen Herkunftsländer eingehen.

Letztlich kann eine Darstellung von Literatur über Ausländer für Inländer nur subjektiv auswählen, zumal sie von jemandem geschrieben worden ist, der als Erziehungswissenschaftler Zugang zur Ausländerproblematik gefunden, selbst veröffentlicht und Veröffentlichungen angeregt hat. Leser (und Autoren), die ihre Interessen nicht oder nur unzureichend berücksichtigt finden, mögen daher mit den Mängeln Nachsicht üben, die der hier versuchten Darstellung zwangsläufig anhaften.

Fotonachweis

Romano Bertollo: Abbildung 12, 19 und 20;
Jens Heilmeyer: Umschlagfoto und Abbildung 2, 3, 8 und 15; Hans Huchtmann: Abbildung 14;
Franz Lernet: Abbildung 10; Traudel Müller: Abbildung 1; alle übrigen Fotos: Initiativgruppe und Forschungsstelle »Ausländerkinder« Freiburg (Horst Busch, Dr. Siegfried Bartels).

Bitte umblättern:

auf den nächsten Seiten informieren wir Sie über weitere interessante Fischer Taschenbücher.

Informationen zur Zeit

Originalausgaben

Gunnar Adler-Karlsson
Der Kampf gegen die absolute Armut
Die Kluft zwischen Nord und Süd wird immer größer. Deutsche Erstausgabe. Band 4201

Balon/Dehler/Schön (Hrsg.)
Arbeitslose: Abgeschoben, diffamiert, verwaltet
Arbeitsbuch für eine alternative Praxis. Band 4204

Borchert/Derichs-Kunstmann (Hrsg.)
Schulen, die ganz anders sind
Erfahrungsbericht aus der Praxis für die Praxis. Band 4206

Hendrik Bussiek
Bericht zur Lage der Jugend
Band 2019

Drewitz/Eilers (Hrsg.)
Mut zur Meinung
Gegen die zensierte Freiheit. Band 4202

Furth/Greffrath
Soziologische Positionen
Interviews und Kommentare. Eine Einführung in die Soziologie und ihre Kontroversen. Band 1976

Gronemeyer/Bahr (Hrsg.)
Niemand ist zu alt
Selbsthilfe und Alten-Initiativen in der BRD. Band 4210

Anton-Andreas Guha
Die Neutronenbombe
oder Die Perversion menschlichen Denkens. Band 2042

Gerd E. Hoffmann
Erfaßt, registriert, entmündigt
Schutz dem Bürger – Widerstand den Verwaltern. Band 4212

Ernst Klee
Gefahrenzone Betrieb
Verschleiß und Erkrankungen am Arbeitsplatz. Band 1933

Behinderten-Report
Band 1418

Behinderten-Report II
»Wir lassen uns nicht abschieben«. Band 1747

Pennbrüder und Stadtstreicher
Nichtseßhaften-Report. Band 4205

Psychiatrie-Report
Band 2026

Informationen zur Zeit

Originalausgaben

Peter Kuntze
China – Supermarkt 2000?
Wie eine Weltmacht die Industrialisierung vorantreibt.
Band 4207

Lamprecht/Malanowski (Hrsg.)
Richter machen Politik
Auftrag und Anspruch des Bundesverfassungsgerichts.
Band 4211

Märthesheimer/Frenzel (Hrsg.)
Im Kreuzfeuer: Der Fernsehfilm Holocaust
Eine Nation ist betroffen.
Band 4213

Michael Mildenberger
Die religiöse Revolte
Jugend zwischen Flucht und Aufbruch. Band 4208

Heinz Timmermann (Hrsg.)
Eurokommunismus
Fakten, Analysen, Interviews.
Band 2004

Viet Tran
Vietnam heute
Bericht eines Augenzeugen.
Deutsche Erstausgabe.
Band 4214

Fischer Taschenbücher

Anders leben – überleben

Das alternative Programm im Fischer Taschenbuch Verlag

Günter Altner/Inge Schmidt-Feuerhake (Hrsg.)
Die Gefahren der Plutoniumwirtschaft
Band 4023

Anders arbeiten – anders wirtschaften
Herausgegeben von Joseph Huber
Band 4033

Anders leben – überleben
Hrsg.: Hans-Eckehard Bahr/Reimer Gronemeyer
Band 4002

Hans Christoph Binswanger/Werner Geissberger/Theo Ginsburg (Hrsg.)
Wege aus der Wohlstandsfalle: Der NAWU-Report
Band 4030

Bio-Energie
Unerschöpfliche Quelle aus lebenden Systemen
Band 4014

K. William Kapp
Soziale Kosten der Marktwirtschaft
Das klassische Werk der Umwelt-Ökonomie
Band 4019

Rudolf Brun (Hrsg.)
Der grüne Protest
Herausforderung durch die Umweltparteien.
Mit Beiträgen von: G. Altner, C. Amery, H. Bossel, E. Eppler, H. Gruhl, V. Hauff, R. Jungk, P. Menke-Glückert, K. Oeser, G. Verheugen u. a.
Band 4022

Michael Busse
Arbeit ohne Arbeiter
Wem nützt der technologische Fortschritt?
Band 4015

Die Auto-Dämmerung
Sachzwänge für eine neue Verkehrspolitik
Band 4040 [August '80]

Stephen Diamond
Was die Bäume sagen
Leben in einer Landkommune
Band 4034

Energiepolitik ohne Basis
Vom bürgerlichen Ungehorsam zu einer neuen Energiepolitik
Hrsg.: Carl Amery, P. C. Mayer-Tasch, Klaus M. Meyer-Abich
Band 4007

Der Fischer Öko-Almanach
Daten, Fakten, Trends der Umweltdiskussion
Herausgegeben von Gerd Michelsen, Fritz Kalberlah und dem Öko-Institut, Freiburg/Br.
Band 4037

Christine Föppl
Die Vollbeschäftigungsformel
Wirksame Rezepte gegen die Arbeitslosigkeit
Band 4009

Yona Friedman
Machbare Utopien
Absage an geläufige Zukunftsmodelle
Mit einem Vorwort von Robert Jungk
Band 4018

Herbert Gruhl
Ein Planet wird geplündert
Die Schreckensbilanz unserer Politik
Band 4006

Hatzfeldt/Hirsch/Kollert (Hrsg.)
Der Gorleben-Report
Ungewißheit und Gefahren der nuklearen Entsorgung
Band 4031

Hadayatullah Hübsch
Alternative Öffentlichkeit
Freiräume der Information und Kommunikation
Band 4042 [Oktober '80]

P. C. Mayer-Tasch
Ökologie und Grundgesetz
Irrwege, Auswege
Band 4038 [Juli '80]

Massenmedien – spontan
Die Zuschauer machen ihr Programm
Band 4011

Frances Moore-Lappé
Die Öko-Diät
Wie man mit weniger Fleisch gut ißt und die Natur schont
Band 4013

James Robertson
Die lebenswerte Alternative
Wegweiser für eine andere Zukunft
Band 4026

Sonne!
Eine Standortbestimmung für eine neue Energiepolitik
Band 4029

Hans A. Staub
Alternative Landwirtschaft
Der ökologische Weg aus der Sackgasse
Band 4035

Soziale Experimente in der Bewährung
Sanfte Veränderung in einer harten Wirklichkeit.
Berichte aus den USA
Band 4041 [September '80]

fischer alternativ

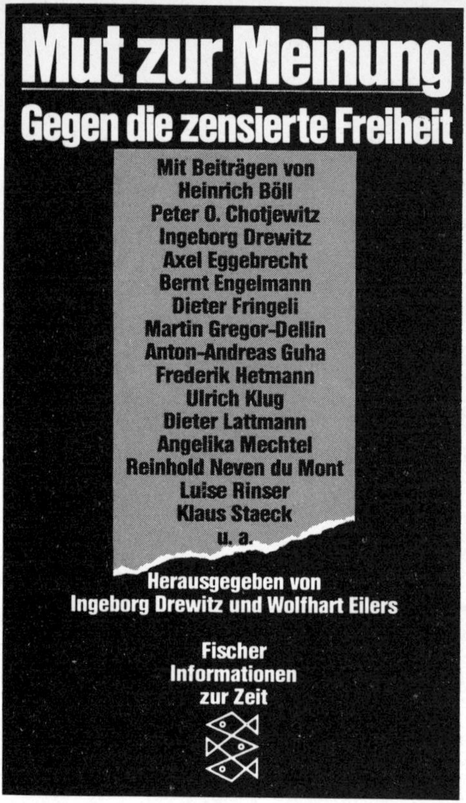

Wie sieht das geistig-politische Klima in der Bundesrepublik nach der Tendenzwende aus? Wie kam und kommt es zu den zahlreichen Zensurmaßnahmen gegen Autoren, die es wagen, sich kritisch zu Gegenwartsfragen zu äußern? 28 Autoren zeigen, daß und vor allem wo die Freiräume, die Bedingung für die Möglichkeit kritischer Auseinandersetzung, fehlen. Sie zeigen auch, daß die vielzitierte Ausgewogenheit nicht etwa gefährdet ist, sondern erst einmal hergestellt werden muß. **Mit Karikaturen von Marie Marcks**

Originalausgabe/Band 4202

Fischer Taschenbücher